五代十國風雲錄

十國卷

姜狼豺盡 著

目錄

江山代有才人出

二十多年前，大王還沒識多少字，更不敢冒冒然讀古書。作為古典文學的啟蒙，先是拿本《三國》湊數，隨後，就囫圇吞棗地開啃《水滸》。多說是少不看《水滸》，但對於施老爺子的筆桿子，當年青澀的大王非常佩服。一晃，多年過去，梁山好漢俺說不全（貓三狗四的綽號俗名太多，大王總記不住），開頭那首歪詩卻還記得：

朱李石劉郭，梁唐晉漢周，
都來十五帝，播亂五十秋。

施老爺一時興起而看似胡拉亂扯的這幾句，其實就是我們後世所稱的「五代十國」。說起五代，真是個讓人人搖頭的「季世」，一個亂七八糟的、催人淚下的、鬼靈精怪的、讓人崩潰的時代——中原有後梁、後唐、後晉、後漢、後周，此外還有前蜀、後蜀、吳、南唐、吳越、閩、楚、南漢、南平以及北漢。這個讓中國人迷惘的時代，是繼兩晉南北朝之後的、歷史上第二個大亂世。亂的時間，雖沒有後者長，卻也一樣的積骨成山、血流成河。

後梁的朱溫，殘暴不仁，兒孫不肖，又喜歡與兒媳通姦。給自己兒子戴綠帽子，朱三真乃古今一大忍人、惡人。為此，氣得宋朝寫史的歐陽修老夫子摔筆而起，大罵：「天下惡梁久矣！」

後唐的李存勖，倒差一點複製漢光武劉秀的中興之路。沒想到，他初得中原，就開始驕淫亂政。特別是他身為皇帝，卻是個戲曲超級票友，重用伶官干政，信任腰下無柄的宦官，最終落得以九五至尊之身，死於蕪雜亂軍箭下。

後晉石敬瑭甘做「兒皇帝」，靠著契丹乾爹滅了後唐得中原，戰戰兢兢過把皇帝癮，卻落得個千古罵名。雖然這個沙陀爺們本人善終於床簀，國祚不過是二世而終。

後漢的劉知遠，志大才疏。其兒孫平庸如家犬，守住塊巴掌大的地盤就不錯了。偏出了個做事想為人先的兒子，結果讓人給做了。

後周的「郭雀兒」郭威有點本事，人還算厚道。他的家業，全拜他的內侄柴榮光大。這個柴爺，真是個讓時人、後人都傾倒的、千載難見的大帝級人物。如果上天給他二十年時間，或許一個不遜於漢唐盛世的強大帝國就將在東方噴薄而出。可惜柴榮命短，當了五年皇帝就撒手早逝，最終讓看似厚道的趙匡胤憑空揀了個大便宜！

歷史雖然不能假設。但是，大王依然要說，假如柴榮多活十年，肯定不會有宋朝的出現。

自朱溫滅唐到柴榮歸天，五十三年間，五家八姓，輪流坐龍廷。一家屁股沒坐熱，就又換一家。而五個朝代呢，都出奇短命，昏君還占多數。（當然明君倒也有幾個：李嗣源、郭威、柴榮。）加上周邊還有十「國」互相攻伐，那五十年，真是天下百姓的噩夢！回首那個時代，真應了張養浩的詞裡說的：「興，百姓苦！亡，百姓苦！」

這段歷史如同亂麻，翻史書實在讓人頭疼。這些草莽「天子」們當初打得挺熱鬧，倒沒想著後人編書麻煩。

回思二〇〇六年，大王忙活寫宋史《刀鋒上的文明》的時候，起初很想把這團亂麻的尾巴仔細梳理一下，結果，草稿一打就是十幾萬字！我暗忖道：要是五十三年歷史都耐心細緻地考證一番，要花多少功夫！

為了避難趨易，大王走捷徑，乾脆把五代史跳過去先放一邊，想倒吃甘蔗最後甜，很想等以後有空再寫這段歷史的專集。

幾年下來，紅塵勞碌，萬事奔波，大王也忙的夠戧。草上翻飛之餘，有時候愣悚，細思那個並不華麗的、讓人無限神往的五代亂世，感到有些心有餘而力不足。

沒料到，一日，大王登陸上著名天涯網站的煮酒欄目，忽然發現了有個叫「姜狼豺盡」的傢伙，正在大寫《五代十國》，且粉絲成群，鬧騰得特別熱鬧。

惴惴之餘，大王起初還不屑，自有大阿Q精神撐著：「大王我已經打通中國歷史脈絡大關，難道你小子還能比我牛！」豈料，細細一看，這個「姜狼豺盡」，真讓大王倒吸一口冷氣——如此讓人頭痛的、混亂無極的五十多年，在他筆下，整體脈絡清晰異常，敘事風格簡潔流暢，章節之間收放有度，每每吊人胃口，讓人讀之欲罷不能。

特別讓大王悵然的是，這廝語言幽默風趣，視角獨特不凡，看了姜狼豺盡的五代史，大王急火攻心，憂憤交加：憂者，這廝搶先我一步，把五代史給「弄」了；憤者，這廝寫到這份上，崔顥題詩在上頭，大王日後再不敢想這個題材了！

大王沉靜下來後，也稍許感到欣慰：江山代有才人出！

這個以「江郎才盡」諧音的「姜狼豺盡」，只能讓他出一頭第也！

真金必然發光。大王即使先於他寫了五代史，這廝也會後浪壓前浪，讓大王難堪。畢竟，他的文字太鮮活，他的史觀太獨特，他的鋪陳太有趣，他的宏大敘事太圓渾！

大王一直在中國互聯網對歷史寫作新人誨語諄諄：你要弄歷史，而不是被歷史弄！因為，不剔去鉛華，如何見得歷史真容？我一向覺得，出於興趣而不是出於功利的歷史寫手，就是要用有別於僵化的歷史教科書的角度，去回溯我們中華昔日的榮光和跌沉，並通過歷史的前因後果，推想沉思我們今天的一切。

但是，在汗牛充棟的各種史書中，剔除偏見、錯漏、編造，以及分清各個朝代統治者根據他們自己需要而莫名其妙添加的「佐料」，再把它梳理清楚，去偽存真，著實不易啊。

這個「姜狼豺盡」，他做到了！

歷史，既不是死亡的人與事物，也不是年代、數字、人名、名詞解釋的乾燥混合體。如果都能像「姜狼豺盡」能達到「精緻的寫作」，我們讀者在欣喜之餘能進行「趣味的閱讀」。結果，我們一定能夠得到一種猶如在沉睡的歷史深處突然發現珍寶奇物般的、超乎想像的驚喜。

是為序。

赫連勃勃大王（梅毅）

前言

在中國歷史上，漢朝和唐朝是大多數中國人最為驕傲的時代。漢家雄魂，唐家氣魄，自古以來便為史家所稱道。漢朝常被稱為第一帝國，唐朝被稱為第二帝國，漢唐對今日國民心態影響深遠。

漢唐之後各經歷了一次大分裂時期。一次是漢朝之後極為著名的三國，本和其他歷史時期並沒有兩樣的三國，經過羅貫中小說的開山之作《三國演義》的渲染，成為現代中國人最為熟悉的時代之一；唐朝之後是五代十國，五代十國和三國的歷史軌跡極為相似，但和三國的歷史知名度相比，五代十國則有些沒沒無聞，雖然羅貫中同樣也有一部《殘唐五代史演義》流傳於世，但在民間基本上沒有多少影響。

但對於現代中國而言，五代十國的歷史意義遠在三國之上。自從趙匡胤欺柴榮孤兒寡母，陳橋兵變建立宋朝以來，一懲五代君輕臣重之弊，加強了對權力的控制，開中國「重文輕武」之先河，重新塑造了民族的性格，自此中國人的血液中便不再知尚武為何物。晉高祖石敬瑭為一己之私，悍然出賣北方戰略屏障燕雲十六州，致使中原無險可守，受制於強悍的游牧民族。漢族政權兩次亡天下，極大地改變了中國歷史的進程。

五代是指唐朝滅亡後、宋朝建立前，在中原地區存在的五個政權：朱溫建立的梁，李存勖建立的唐，石敬瑭建立的晉，劉知遠建立的漢，郭威建立的周。在歷史上，這五個短命小朝廷都被視為正統。

正史皆以五代為正統，十國只是附於五代，知名度相對更低。不過要是提及一個人物，想必大家都會恍悟。中國詞史上的開山鼻祖李煜，正是五代後期十國之一的南唐末代皇帝。「問君能有幾多愁，恰似一江春水向東流」之後沒多長時間，李煜便被宋太宗趙光義下牽機藥毒死，只留下一闋闋帶著歷史血腥味的詞章，無言地在向歷史陳說李煜的悲劇。

十國是指楊行密建立的吳，李昪建立的南唐，錢鏐建立的吳越，王建建立的前蜀，孟知祥建立的後蜀，馬殷建立的楚，高季興建立的荊南，劉隱建立的南漢，王審知建立的閩以及劉崇在今山西建立的北漢。這還沒有包括劉守光建立的燕政權，李茂貞建立的岐政權，周行逢建立的湖南政權，留從效和陳洪進建立的清源軍，張氏和曹氏在大西北建立的歸義軍，以及契丹貴族耶律阿保機建立的遼，在雲貴高原一帶的大理政權。

從政權傳承的角度來看，五代開始於西元九〇七年朱溫廢唐稱帝，終於九六〇年趙匡胤廢周建宋，僅五十多年的時間。但從歷史發展的角度，五代十國應該從王仙芝、黃巢起義算起，一般是以西元八八〇年黃巢入長安為起點，到西元九七九年宋太宗趙光義滅北漢為止，近一百年的時間。類似地，如果把三國從西元二二〇年算起，那麼，三國歷史的韻味便至少去掉了十分之七，《三國演義》不僅缺少了呂布、貂蟬、曹操之間的男女風情。故事也沒有了官渡之戰和赤壁之戰的驚心動魄場面。

五代十國存在的時間長短雖然和三國大抵相當，但這一時期政權遠多於三國，所以過程之曲折、鬥爭之殘酷、命運之無常，讓歷史都為之震撼。歷史總是這樣，驚心動魄之後，是無限的感慨……

引一

當創建大唐開元盛世的玄宗皇帝李隆基和他的前兒媳楊玉環在華清池鴛鴦共浴、極盡纏綿的時候，是否想到了千里之外的范陽城裡，那個大腹便便的范陽節度使安祿山在幹什麼？也許想到楊貴妃的「祿兒」正在頂風冒雪，為自己守衛著大唐萬里江山，或者恭恭敬敬地給自己寫奏章，陳述對自己的忠誠。

李隆基想到這些，肯定會更加愜意，然後盡情享受楊玉環帶給他的無上快樂。做皇帝其實也很辛苦，一旦失了勢，比雞犬尚且不如，梁武帝一世英雄，最終卻落得個餓死台城的下場。李隆基能把皇帝做成這樣，已經很知足了。

安祿山也確實是個人物，以「少數民族」的身分，能做到范陽、平盧、河東三道節度使，手控重兵，生殺自如，成為名副其實的「東北王」，等閒人物是做不到的。安祿山的智商和情商都非常高，他知道想保住自己的地位，除了皇帝外，皇帝身邊的那些紅人同樣一個也得罪不起。

李隆基身邊三個最能說得上話的人：號稱唐朝第一美女的楊玉環、號稱唐朝第一奸臣的李林甫以及號稱唐朝第一太監的高力士，都被安祿山要盡手段籠絡過去，至少這三位不給安祿山穿小鞋。朝中唯一橫豎看安祿山不順眼的只有李隆基的大舅子楊國忠。楊國忠運氣好，因堂妹楊玉環入侍大內，這個只會賭錢撒潑的無賴之徒，平步青雲，做了宰相，主管財政，深得「妹夫」李隆基賞識。

不過自安祿山得寵之後，楊國忠不住地吐酸水，這也是小人常態。為了扳倒安胖子，楊國忠沒少說安祿山的壞話：「祿山陰懷首鼠，人心不測，陛下宜防其變。」李隆基以為楊國忠吃醋，大笑不信。

楊國忠不死心，又來嚼舌頭：「陛下若不信，可召其來見，祿山必不敢來！」李隆基也有些動搖，也想試試安祿山的忠心。天寶十三年（西元七五四年）正月，詔安祿山入朝。這時的安祿山尚沒有下定反心，說來便來。

安祿山知道這是楊國忠暗中搞鬼，便乘勢告了楊國忠的刁狀：「臣是個胡人，大字不識一個，本不念及此，賴陛下恩信，才做了節度使。只是楊國忠素嫉臣之功，早晚要害臣，怕以後再也見不到陛下了。」說罷號哭——當然是裝出來的。

李隆基七十多歲的人，耳根子軟，安祿山對他這個「乾爹」極為孝敬，且顧及楊玉環的面子，好言相慰，勸回北京。皇太子李亨也嫌憎安祿山，屢勸父皇要提防安胖子，李隆基已經被安祿山灌了迷魂湯，打死也不信。

當是時，天下太平，盛世空前。杜甫有詩云：「憶昔開元全盛日，小邑猶藏萬家室。稻米流脂粟米白，公私倉廩俱豐實。」李隆基做了四十年太平天子，大唐國勢如日中天，李隆基以為李家天下將世世代代傳承下去。

可李隆基萬沒有想到，僅僅一年後，大唐帝國千秋萬代的夢想就在他眼皮底下徹底破滅。最殘忍的是，讓李隆基背上千古罵名的正是他最信任的乾兒子，會跳迴旋舞，會在楊乾娘身上撒嬌的祿兒——安祿山！

安祿山「專制三道，陰蓄異志，殆將十年」，久有反心，只是李隆基待自己恩重如山，心有愧疚，本打算等李隆基死後再反。但是安祿山的死敵楊國忠屢次構陷他，安祿山被逼得走投無路，狠了狠心，決定和李隆基撕破臉皮，至於老頭子難過，由他去吧。

唐天寶十四年（西元七五五年）十一月，唐范陽、平盧、河東三道節度使安祿山打著清除奸臣楊國忠的旗號，糾集奚、契丹、室韋各部，以及本部兵馬十五萬，號稱雄兵二十萬，氣勢洶洶地殺過黃河，要滅掉李家老頭子，成就他安氏的萬代基業。

由於天下承平日久，數十年不見刀兵，軍民人等，各安舊業，誰也不會想到，一場場天大禍向他們襲來。安祿山起兵南向，河北河南軍民驚駭不已，亂兵所到之處，州牧縣宰，均望風而逃，河北一帶，土崩瓦解。

楊國忠得信，歡天喜地地來報告安祿山造反的消息。由於事出楊國忠之口，李隆基不相信，等到告發安祿山造反的奏章雪片般飛送到李隆基的手上，老頭子才相信「乾兒子」真的反了，傷心、氣憤，又無可奈何。為了保住自己的老命，李隆基先後派出一時名將高仙芝、封常清、哥舒翰出關剿逆。沒想到這幾位都是銀樣鑞槍頭，中看不中使，全都被安祿山給收拾了。隨後安祿山在洛陽稱帝，國號大燕，自號為聖武大皇帝。「燕」軍又下河東、華陰，鋒鏑直逼長安門戶潼關。

噩耗傳來，李隆基差點沒被嚇死，潼關若失，老命難保。為了不做梁武帝第二，李隆基除了逃跑，沒第二個選擇。不過李隆基、安祿山這對活寶像極了二百年前的蕭衍老公和侯景，唯一不同的是，蕭衍餓死台城前還見過侯景，痛罵侯景負恩。而李隆基和安祿山則山水遙迢，永無相見之日。

楊國忠是蜀人，自然慫恿逃到西川，雖然隴西是李唐祖地，但隴西地勢平坦，不如蜀中地形險要易守。唐至德元年（西元七五六年）六月，李隆基帶著皇子皇孫、妃嬪美人、貴族大臣狼狽地朝西川逃去。最可笑的是，逃就逃吧，居然還弄個「西征」的名號。安祿山在東邊造反，他卻向西

「親征」，西邊有賊嗎？

李隆基活到這個歲數，還要受盡磨難，說來也是可憐。西逃路上，吃盡苦楚。最讓李隆基終生不能釋懷的是，他一生最愛的女人楊玉環在馬嵬坡被譁變的士兵逼死，楊國忠也被亂兵所殺。李隆基好不容易跑到成都，慶幸自己終於不必做「梁武帝」了，實在不行就做「劉備」吧。

這年七月，皇太子李亨在靈武（今寧夏靈武）沒有經過李隆基的同意，公然稱帝，奉李隆基為太上皇。李隆基顧命要緊，把這副爛攤子甩給兒子也好。

唐至德元年（西元七五六年）六月，安祿山的「燕軍」耀武揚威地進入長安，這場中華民族歷史轉捩點的安史之亂達到了高潮，但隨之也陷入低潮。安史起事注定只是一場戰亂、一個歷史轉捩點，而不是改朝換代。排除所謂唐朝氣數未盡的宿命論觀點，更重要的是安祿山等人面前的不再是封常清等水貨，而是以郭子儀、李光弼等人為代表的大唐名將。

安祿山天生不是皇帝的命。一年後，這場叛亂的第一主角安祿山被兒子安慶緒殺掉，安慶緒被史思明殺掉，史思明被兒子史朝義殺掉，史朝義被部下李懷仙殺掉，執頭獻與唐廷，一場大亂，就此收場。

雖然平定了安史之亂，但唐朝也自此一蹶不振，各地軍閥乘勢而起，自掌軍政財大權，開始武裝割據，奉唐朝皇帝為「精神領袖」，這就是唐朝歷史上著名的「藩鎮割據」。終唐之世，藩鎮之禍也沒有解決掉。雖然唐憲宗時平定淮西，藩鎮著實老實了一陣子，但這不過是狂潮洶湧前可怕的平靜而已。

李隆基雖然最終回到了長安，但受盡了兒子李亨和太監李輔國的氣，加上思念楊玉環，心力交瘁。唐代宗寶應元年（西元七六二年）四月，一代風流天子李隆基病逝於長安神龍殿，壽七十八歲。雖然他有幸沒有做梁武帝第二，但威赫千古的大唐帝國實際上在他手中徹底喪送。這個罪名，李隆基要永遠地背負下去。

引二

李隆基死後，大唐帝國也絲毫沒有復甦的希望。僅僅十三天後，威赫一時的大太監李輔國發動政變，捕殺悍后張氏、越王李係等人，所謂中興大唐的肅宗李亨聞變驚死，皇太子李豫繼位。李亨的「中興」和漢光武帝劉秀再造大漢江山並開創光、明、章盛世遠不能相比，《舊唐書》也只是把他比做了東遷雒邑的周平王姬宜臼和偏安江東的晉元帝司馬睿而已。

玄、肅之時，唐朝不過是出了一窩家賊，尚無外患。但唐代宗李豫時代，吐蕃趁著安史之亂東向發展，不僅攻陷河西千里形勢之地，還將西域百萬平方公里的土地盡數笑納，一躍成為西方強國。唐朝的西部邊境居然從巴爾喀什湖一線急速退至天水，距長安不過百里之遙。唐朝衰勢可見一斑。

唐大曆十四年（西元七七九年）五月，當了十七年皇帝的李豫病死，皇太子李適即位，就是唐德宗。李適即位伊始，便由宰相楊炎制定並實行了兩稅法。這次稅費改革對歷史的影響殊大，砍掉了許多亂七八糟的稅種，簡併為戶稅和地稅。兩稅法先算出國家財政總支出數，然後再確定國家財政收入的總數，中央政府將財政大權死死抓住，保證了李唐政權的存在。楊炎素有能名，只是他有個永遠也洗不清的歷史污點。楊炎黨附於權臣元載，和德宗時另一個理財高手——整頓漕運、改革鹽務的劉晏有仇，尋機害死劉晏，留下千載罵名，實在可惜。

我們多認為宋朝造就了現代中國社會形態之格局，其實這個格局發端於唐德宗時期，當然這時的形態發展還很不明顯。隨便舉個例子，名列唐宋八大家的韓愈和柳宗元在文風上與宋朝那幾位區別不甚大。宋朝文風不似唐朝雄渾，這與國勢有莫大的關係，看看此時唐朝的疆域圖就明白了，河西大片土地歸屬吐蕃就是成於德宗時代。

李適在位時間不算短，二十六年。永貞二十一年（西元八〇五年）正月，德宗皇帝「龍馭上賓」，殘疾兒子李誦繼位。唐順宗李誦在位不滿一年，在任內卻發生了一件驚天動地的大事件，讓名臣王叔文進行改革。因為這次改革觸動了宦官集團和權貴集團的利益，而被皇太子李純聯合兩派打倒，王叔文被殺，王伾死於貶所，其餘八人均被貶為邊州司馬，史稱二王八司馬事件。其中名氣最響的有兩個人：柳宗元和劉禹錫。

以前課本上有一篇《李愬雪夜入蔡州》，講的是唐憲宗李純派大將李愬平定淮西軍閥吳元濟的故事。李純「睿謀英斷」，不甘心李家天下被那夥藩鎮糟踐，對軍閥們實行鐵腕政策，打掉了一個吳元濟，換來了十幾年的相對和平。唐憲宗元和年間是唐詩「中興」的一個關鍵時期，唐詩史上著名的大詩人白居易、元稹、劉禹錫，以及韓愈、柳宗元都活動在這一時期。

可惜唐憲宗對外有餘，對內不足，宦官集團勢力在唐憲宗時日漸坐大，干預軍政，國勢日衰。元和十五年（西元八二〇年）正月，李純死於宦官陳弘志之手，這也開了唐朝宦官殺皇帝的先河，影響極其惡劣。

有史家說唐憲宗時才算是唐朝真正的中興，其實就元和年間的形勢來說，比肅、代、德諸朝稍好一些，但最終自毀前程，也不算是真正的中興，不過是迴光返照罷了。

之後的唐穆宗李恆更加沒用，昏庸透頂，內不能制宦侍，外不能制強藩，只知沉湎酒色，庸碌無為。長慶四年（西元八二四年）正月，三十歲的李恆便成了「古人」。唐敬宗李湛很有意思，他像極了七百年後的明武宗朱厚照。不過大明朝太師、鎮國公、總督軍備威武大將軍朱厚照想必一定對李湛這個頑童嗤之以鼻，任劉瑾權焰喧天，終被正德幹掉，而懵懂少年李湛卻醉後被太監劉克明幹掉，年僅十八歲。弟李昂繼位，史稱唐文宗。

李昂之世，宦禍日熾，連李昂的日常起居都要受宦官的約束，活得非常窩囊。李昂倒不似唐敬宗那般頑劣，也有恢復祖業的志向，但志大才疏，用人不明。他為了和以仇士良為首的宦官集團進行對抗，提拔了兩位「改革家」鄭注和李訓，準備除掉太監們，重新控制權力。

可哪知鄭注和李訓是繡花枕頭一包草，貪功心切，貿然發動政變，就是唐史上著名的甘露之變。可惜事機不密，被宦官們發覺，撲滅鄭李，關了李昂的禁閉。仇士良利用控制的禁軍對政敵進行殘酷的反報復，共殺死六百多人，宰相王涯也暴屍街頭。李昂名為皇帝，實為囚徒，生不如死。唐開成五年（西元八四〇年）正月，在位十四年的李昂鬱鬱死去。

佛教史上有個名詞稱作「三武一宗滅佛」，是說歷史上三個謚號或廟號為「武」的皇帝沉重打擊佛教勢力，分別是北魏太武帝拓拔燾（辛棄疾千古絕唱《永遇樂》中的佛狸就是他），北周武帝宇文邕，以及唐穆宗的五兒子唐武宗李炎。一宗是指五代後周世宗柴榮（以後會專門講到他的事情）。李炎在內政中抑制宦官，鬥倒了飛揚跋扈的大太監仇士良，基本控制最高權力。

武宗非常信任唐史著名的「牛李黨爭」的李黨黨首李德裕，充分放權，讓他大展拳腳。李德裕也確實有兩把刷子，秉承憲宗的鐵腕政策，打擊藩鎮，並對吐蕃採取戰略攻勢，大大改善了唐朝的生存環境。

武宗貶佛崇道，經常吃所謂的仙丹，結果吃壞了肚子。臨死之前，李炎下詔立叔父光王李忱為皇太叔，確定李忱皇位繼承人的地位。自古傳位，多傳於親生子，沒兒子的便立兄弟侄子，立叔父為「皇太子」的，李炎是史上獨一份兒。

唐會昌六年（西元八四六年）二月，唐武宗病死，皇太叔李忱繼位，就是史稱小太宗的宣宗皇帝。雖然宣宗在位十三年間，天下粗安，但這些多是武宗時打下的底，李忱不過吃了現成飯。就李忱的作為來看，別說無法和真正版本的太宗李世民相比，就是和他的父親憲宗李純相比，也遜色不少。

可能是因為出身和少年經歷的原因，李忱性格上有些缺陷，氣度狹窄。他的母親鄭氏本是淮西鹽鐵使李錡的侍女，後來李錡作亂被唐憲宗平定，鄭氏沒入大內，受到憲宗臨幸，生下宣宗。鄭氏曾經受過憲宗皇后郭氏的氣，在兒子當皇帝後，開始進行報復，把個名門出身的郭氏皇太后活活氣死，死後還不準備把郭太后與唐憲宗安葬在一起，確實做得有些過了。

這個郭氏皇太后出身可非常不一般，很具有傳奇色彩，她的祖父是郭子儀，她的父親是郭暖，她的母親是升平公主。京劇中有出名段《打金枝》，現在許多電視劇經常播放的醉打金枝的情節，說的就是郭暖和升平公主。

第一章

得相能開國　生兒不像賢

——前後蜀的興亡

一

宋人洪邁所著《容齋隨筆》中有一條「取蜀將帥不利」，開頭寫到：「自巴蜀（成都地區為蜀、重慶地區為巴）通中國後，凡割據擅命者，不過一傳再傳。」意思說凡是在四川建立割據政權的，多數是只傳兩代就被消滅了。

這個看似宿命的結論其實並不難理解，歷代取蜀多由兩條路，一條越秦嶺南下，一條由白帝城溯江西上。四川西部是青藏高原，南部是「不毛之地」的南中，兩線合擊，坐守這裡的割據政權無路可逃，只有坐以待斃。

這樣的例子舉不勝舉。蜀漢劉備傳給劉禪後被司馬昭消滅。東晉承漢雖傳五帝，但從輩分上來看還是兩代而亡。元末明初的明玉珍也是傳於明理後被朱元璋消滅。唐末五代也有兩例，許州舞陽（今河南舞陽）人王建先是在兩川建立前蜀，傳至王衍為李存勖所滅。隨後李存勖的姐夫孟知祥又建立後蜀，傳至孟昶後為趙匡胤所滅。

王建，生於唐宣宗李忱大中元年（西元八四七年），長相與眾不同，為鄉里所奇。（古代帝王個個都是這樣，呵呵。）這還算好的，更過分的是一些史家吹牛不上稅，說某某生時，紅光滿室，鄉鄰以為起大火，提水來救，一看是某某家生個大胖小子。然後就有神神秘秘的算命先生稱讚：「此兒貴不可言！」云云。

王建生性無賴，在家鄉是個人見人煩的主兒。長大後沒有正式工作，為了活口，便幹起了殺牛、偷驢或販私鹽的無本買賣，生意還挺興隆。鄉里的鄉親對這個王家無賴極為反感，背後都罵他

「賊王八」。事後看管牲口較嚴，王建的買賣做不下去了，手頭很緊。正好鄰近的蔡州刺史秦宗權到鄉下徵兵，王建乾脆參軍去了。

雖然王建人品不怎麼樣，但有的是力氣，在過去靠身體吃飯的年代是很吃香的，不久就當上了軍隊小頭目，手下也有「十幾個弟兄、七八條槍」什麼的。唐廣明元年（西元八八〇年），唐僖宗李儇為了不想和黃巢「交朋友」，逃到成都去了。為了對付黃巢，秦宗權撥出八千精銳交給太監、忠武監軍楊復光去討黃巢，王建也在其中。楊復光把八千人分成八部，王建任其中一部都頭。

後來其中的鹿晏弘部叛唐，在河南一帶作亂，王建和韓建、李師泰等四位朋友不想留在河南，想到外面闖闖世界。早聽說四川是好地方，眼見為實，幾個兄弟各帶本部人馬蜂擁來到了成都。在成都遊玩的李儇見有人來投靠自己，重賞了王建等人，對外呼為「隨駕五都」，由李儇的乾爹田令孜統一管理。

王建為人狡猾無賴，正投田令孜的脾氣，深為田大人所器重，問王建願不願意做自己的乾兒子。王建暗笑：「你這個老雜毛也想傳香火？不過當他的乾兒了就和皇帝是乾兄弟了。」這樣一本萬利的買賣當然樂得做了。

唐光啟元年（西元八八五年），黃巢起義失敗自殺，李儇打算回老家，但長安久遭戰火，破敗不堪，便到興元（今陝西漢中）待上一段時間。因李儇很喜歡王建，便讓王建做貼身侍衛。王建當然知道皇帝的份量，把李儇侍候好了弄個肥差，何樂不為。興元山路崎嶇，棧道毀壞嚴重，王建小心翼翼地牽著李儇的馬前進。

當夜還沒到興元，便在野外宿營。荒郊野嶺的，李儇只好睡在王建的腿上，王建則一夜未眠。

醒來後，唐僖宗非常感動，把御衣脫下來穿在王建身上，算是褒獎。這樣的榮譽一般人上哪弄去？這比賞倆錢打發了的檔次不知高了多少倍。

而禍害天下的大太監田令孜卻不想回到長安，半路折回成都跟他兄弟陳敬瑄發財去了。李儇這時也管不了這個老太監了，改由另一個太監楊復恭任大內總管。

楊復恭雖然取代了田令孜，但考慮到王建等人是田系人馬，萬一田令孜在成都遙控這些人和自己作對，弄不好就會惹出大麻煩，乾脆把他們都打發掉，於是讓王建去做利州（今四川廣元）的父母官。

山南西道節度使楊守亮看王建有點本事，擔心日後給自己找麻煩，便三番五次召王建去興元，說是要「教給」王建幾招發財的路子。王建知道楊守亮在打什麼算盤，不敢去。手下幕僚周癢對王建說：「今天下分崩，唐室危殆，癢觀兩川軍鎮多無才略，都不是幹大事的人。王公善撫士心，兼有勇略，不乘此亂世謀番事業，豈不可惜？」王建問計：「當如何？」

周癢再道：「閬州有的是錢糧，兼地廣人稠，公可先取閬州，然後俟機入成都，成就霸業，就在此時。」王建大喜。光啟三年（西元八八七年）三月，王建挑動當地的溪洞（今侗族前身）中的好動份子，湊集了八千弟兄沿嘉陵江南下閬州去發財。

閬州刺史楊茂實是陳敬瑄的哈巴狗兒，和主子一樣德性，軟弱無能。聽說王建要找他「學習致富經」，嚇得當夜就逃了。王建入城，自稱閬州防禦使。王建在閬州弄到了不少乾貨，腰包大鼓，還招募不少江湖上的亡命徒，在閬州胡鬧，弄得閬州雞飛狗跳。老鄉綦毋諫勸王建：「大哥你在這裡瞎擺活，終究不是個出路。要做大事，必須軍心民心一手抓，然後乘時擴張，據天下之險自守。」王建覺得有理，手腳也放老實了。

兩川地界本就不大，王建這一折騰，各地的頭頭腦腦都對王建刮目相看。劍南東川節度使顧彥朗和王建曾經在神策軍中一起攪過馬勺，知道王建幾斤幾兩，不想讓王建過來，送了一些錢告訴王建：「兄弟，知道你手頭不寬鬆，哥哥我送點錢糧，好好過日子。不過你最好別來打我的主意，我家剛養了幾條大狼狗，很凶的。」王建知道顧彥朗不好惹，沒敢動他。

劍南西川節度使陳敬瑄在長安的馬球大賽中奪取杜冠後，得到了西川節度使的肥差使。上任之後，陳敬瑄花天酒地，每天雷打不動地要吃掉一隻蒸狗、一壺酒，成天跟一幫閒人胡吃海喝，名聲臭遍了大街。

陳敬瑄聽說王建和顧彥朗打得挺鐵，擔心王建會不會來砸他的場子，便向哥哥田令孜討主意。田令孜搖著羽毛扇笑道：「兄弟別怕，王八是我兒子，天下哪有兒子打老子、叔伯主意的？我一句話就把他召過來，讓他為咱兄弟倆賣命。」於是寫了一封信寄給王建：「兒子，閬州有什麼好玩的，不如到成都來，老爹我保你吃香的喝辣的，少不了你的零花錢。」

王建也知道窩在閬州總不是個辦法，成都是西南大鎮，得成都者得西川，先去成都，再找機會下手。便先派人送家小託給顧彥朗，並作書云：「顧兄幫忙照看家小，弟去成都看望一下老爹，過幾天就回來。」顧彥朗笑罵：「賊王八認沒把兒的當乾爹，都不是什麼好鳥。」王建把事情安排妥當，光啟三年十一月，帶著幾個乾兒子和三千精銳來到成都。

沒想到有人卻勸陳敬瑄：「王建是出名的刺頭，公把王建召來，如何安置他？王建有野心，豈肯屈節做小？」陳敬瑄猛悟：「汝言是！」派人勸王建回去，同時加強成都的防禦以備王建前來滋事。

王建正作著成都王的美夢，行到鹿頭關（今四川德陽境內），聽說陳敬瑄又不讓他來了，不由得大怒，下令進擊成都。軟的不行就來硬的，亂世中拳頭就是道理。在漢州（今四川廣漢）大敗西川軍張頊部，前鋒挺進成都。

陳敬瑄寫信罵王建無恥，王建哪兒管你這些，召集東川的亡命之徒要取成都。成都是西南首府，城牆高大，一時沒拿下來。王建不傻，先去別的地方撈一把。唐文德元年（西元八八八年）三月，王建去攻彭州（今四川彭縣），但被陳敬瑄的援軍給打退了。王建是個機靈人：「西川這麼大，還愁沒爺的活路？」王建大軍在四川境內衝州撞府，燒殺搶掠，無惡不作。陳敬瑄發兵來戰，也被王建給滅了。

這時，東川的顧彥朗見有利可圖，也派兄弟顧彥暉來幫王建，兩軍兵合一處，狂攻成都，但還是沒有得手。王建對成都勢在必得，不聽手下勸，留在漢州，等待機會。

二

唐文德元年（西元八八八年）三月，唐僖宗李儇駕崩，皇弟李曄繼位。唐昭宗李曄和田令孜有仇。當年李曄跟著唐僖宗西逃，因山路難走，腳上起泡，李曄請田令孜弄匹馬騎騎，田令孜大怒：「深山老林，哪兒來的馬！」李曄怒火中燒，記下了這筆賬。

即位之後，李曄不希望西川這樣的戰略後方被陳氏兄弟霸著，要交給心腹人打理，一朝天子一朝臣，從來都是這樣。正好王建和顧彥朗聯名上表，請求把陳敬瑄調離西川。李曄便於六月下詔，以侍中京兆韋昭度為劍南西川節度使，調陳敬瑄回京。陳敬瑄想：「天下大亂，西川險塞，正足資我王事，哪能憑白送人。」不受詔，韋昭度只能在城外待著。

李曄大怒，文德元年十二月，拜韋昭度為西川行營招討使，楊守亮為副使，顧彥朗為行軍司馬，王建為行營都指揮使。同時為了拉攏王建這個「潛力股」，在邛州（今四川邛崍）置永平軍，王建做節度使，當然暫時還是個虛職。韋昭度等人各懷鬼胎，在前線只守不戰。

陳敬瑄向來沒瞧得起這幾個草包，但唯獨害怕王建。陳敬瑄見王建在成都附近瞎轉悠，不太放心，派眉州刺史山行章率五萬大軍出屯新繁（今四川新都新繁鎮），嚴防王建。

王建沒把山行章當個人物，正好拿他開齋。唐龍紀元年（西元八八九年）正月，王建端出自己所有家底，率本部軍在新繁和山行章大戰，西川軍潰亂不治。王建在陣中撒歡，弟兄們也都給王建長臉，排陣橫殺過去。西川軍死傷數萬，伏屍望處，不見盡頭。

山行章騎馬逃去，收集殘兵，退屯濛陽（今四川彭州濛陽鎮）。陳敬瑄大懼，又調七萬人馬赴濛陽。山行章得了援軍，底氣大足，和王建在成都城外相持不下。這就樣一直僵持了近一年，王建等不下去了，是爺們就來個痛快的，做烏龜有什麼意思？同年十二月，王建在廣都（今成都廣都鎮）和西川軍再戰一場，又是一場酣暢淋漓的大勝，西川軍被殺斃無數。山行章走投無路，只好跪降在王建馬前。

這兩場大戰基本把陳敬瑄的老本都賠進去了，陳敬瑄除了會打馬球喝花酒，別的也不會。手上有十幾萬精兵，怎麼就打不過王建？王建是不好對付，陳敬瑄完全可以避實擊虛，出奇兵抄襲韋昭度。拿掉韋昭度，王建沒有了後援，成都面臨的軍事壓力就小了許多。陳敬瑄的軍事能力實在讓人不敢恭維，還是去打馬球吧。

王建得了彩頭，復攻邛州，畢竟這裡是昭宗許給他的地盤。拿下邛州，可以包圍成都。唐大順元年（西元八九〇年）春，邛州刺史毛湘屢戰不利，陳敬瑄湊齊了三千人，讓副將楊儒馳援邛州。哪知楊儒太有才了，進城之後看到王建兵馬強盛，仰天大呼：「唐朝沒救了！看看王建，治軍有力，必能成大事，不如跟他混吧。」帶著三千弟兄出城投降王建。王建大喜，不知道如何獎賞楊儒，乾脆收楊儒做了乾兒子。楊儒自然樂從，多了一個爸爸不要緊，重要的是多了一條財路。

邛州一時拿不來，王建決定先敲掉陳敬瑄，於是回軍成都城下，和韋昭度等人會合。陳敬瑄心中發毛，死亡之神離自己越來越近，對生存的渴望迫使陳敬瑄只能拼死一戰。陳敬瑄在周邊州縣抓壯丁，進城修築城防工事。成都是他的命根子，絕對不能丟給王建。

王建又改變戰略，圍城打援。大順元年六月，王建在成都城外大破茂州（今四川茂汶）刺史李繼昌的人馬，陣前擒斬李繼昌。王建聲威震動川中：「賊王八當世名將，孰敢折其兵鋒？不如投降吧。」資簡諸州應援使謝從本為領頭功，殺掉刺史張承簡，納款王建。邛州兵馬使任可知斬刺史毛湘，執湘頭向王建乞降。蜀州（今四川崇慶）等地也紛紛來降。

成都被圍年餘，糧食吃盡，百姓更加可憐，餓殍市上，饑兒滿市。老百姓餓極了，就翻出城去偷唐軍軍糧充饑。有手腳不麻利的，被唐軍捉到，押到韋昭度面前請處置。韋昭度雖然無用，但心尚向善，歎道：「他們也是被逼無奈，我為宰相，豈能見民饑而不救，都放了吧。」而城中的陳敬瑄知道後，也做了回好人：「戰事太急，我也沒有多少糧食讓百姓充饑，他們只要有本事弄到糧食，我何必做惡人。」話說得滿動聽，但隨後陳敬瑄下令，把越城出降的官民家屬盡數誅殺，備極殘忍，人心大憤。王建又攻了幾次，但還是沒有得手。

成都不比這些等閒郡縣，千年古城，豈是說破就破？王建和韋昭度督軍十餘萬人馬屢攻成都不下，李曄也失去了耐心，下詔還軍，讓王建去守永平軍（邛州）。王建接到詔書，很不高興：「誰說我打不下成都？陳敬瑄困獸坐死，在這個節骨眼上添什麼亂？」周癢給王建出了個好主意：「韋昭度是個飯桶，留下沒用，乾脆把他趕走，我們自己攻成都，我們種的樹不能讓閒人摘果子。如此如此，大事可成。」

王建大笑，去找韋昭度談心：「天下形勢韋公是知道的，東邊朱溫和李克用都不是好東西，萬一他們調戈西向，長安危矣。公不如還京，輔佐皇帝治國。這裡的事就交給我辦吧。陳敬瑄是個潑皮無賴，沒本事的殺才，過幾天我就把他拿下。公以為如何？」韋昭度知道王建想幹什麼，不肯走。

王建見韋昭度不上道，獰笑一聲：「今日不由公了！左右，把盜糧的賊押上來！」王建手下早把被捆成粽子的韋昭度親信駱保推了進來。王建指著駱保大罵：「此賊盜我軍糧，牟取私利，不殺何以慰將士之心！」左右會王建意，當著韋昭度的面，把駱保活剮了，以刀挑其肉食之。王建看著這人間美景，笑問韋昭度：「公願嘗鮮肉否？」

韋昭度嚇得魂飛天外，忙說：「任王公處事，昭度自歸京師。」韋昭度不敢多留，連滾帶爬奔還長安。王建這時還在裝好人，韋昭度行前，跪地奉酒，灑淚送行。（真有手段，不愧梟雄！）然後王建派兵扼守劍門關，不准放中央軍南下。

為了瓦解成都軍心，王建派親信鄭渥詐降陳敬瑄。鄭渥甜言蜜語騙住了陳敬瑄，謀了個巡城的差使。鄭渥白天巡城，觀察城中虛實，晚上送書王建。沒多久，王建就把成都城中的情況摸了差不多了。

大順二年（西元八九一年）八月，王建開始總攻成都，為了讓兄弟們死心塌地地為他賣命，騙將士道：「西川號為錦花城，富極西南，克城之後，玉帛子女，憑爾等隨取，我與爾等共享富貴。」將士大喜，死命攻城。陳敬瑄害怕了，便請田令孜去城上求王建給他們條活路。田令孜已經沒有了往日的威風，厚起臉皮和王建稱兄道弟：「王八哥哥，陳敬瑄和你素無仇怨，何必把人往死路上逼？看我個薄面，給我兄弟留條活路吧。」

你田令孜算個屁？沒把兒的太監，逞什麼威風？面子是自己掙的，掙不來指望別人給你三分薄面，照照鏡子先看看自己的德性。王建回答得堂堂正正：「我與大人有父子之情，本不敢如此。但現在我是奉天下詔命討不臣，公事公辦。不過只要大人能識時務，我保證給你們兄弟一條活路。不然，大人休怪王建無情。」

話都說到這份上了，田令孜還能說什麼，為了保命，也只能投降王建。田令孜回去給陳敬瑄疏通了思想工作，陳敬瑄只好讓田令孜出城投降。大順二年八月二十四日夜，田令孜親捧劍南西川節度大使印綬來到王建軍營，交給王建，算是拜倒在王建門下，王建三軍高呼萬歲。不過王建暫時還用得著田令孜，給了點面子，還稱義父。

隨後，王建把那些經常惹是生非的乾兒子叫來，訓誡道：「孩兒們！爾都是跟我從白骨堆中爬出來的，我不會負爾，入城之後，保你們的富貴榮華。但有一點，絕對不許掠劫百姓，敢犯吾令者，斬！」眾兒要的就是富貴，大喜：「如父命！」

王建率軍進入成都，分兵控制城中，然後居府議政，王建成了名副其實的「西川王」。陳敬瑄失勢若喪家狗，只好伏拜王建腳下，搖尾乞生。王建把陳敬瑄打發到雅州，隨其子雅州刺史陳陶過活。陳敬瑄僥倖保住條小命，想從此金盆洗手，退隱江湖。可惜王建並不想給他這個機會，陳敬瑄懷著對下半生人生的憧憬上路，走到三江（今成都境內），被王建派出的殺手做掉了。

至於田令孜，王建也沒給好臉色看，數月後，王建給田令孜扣上「私通鳳翔李茂貞」的罪名，踹到獄中，扔給田令孜一匹帛布，讓他自行了斷。田令孜長歎：「我好歹也呼風喚雨過，今日雖死，猶不能有辱我的身分。」教獄卒勒人之法，獄卒撕開帛布，繞令孜之頸，用力一勒，田令孜氣絕身亡。田令孜風光半生，沒想到居然落得這樣一個悲慘下場。

三

大順二年十月，唐昭宗李曄封王建為劍南西川節度使、成都尹。王建從鄉下一個偷驢賊，經過十餘年的奮鬥，從血海中拼殺出一路通天大道來，心中甘苦，外人很難體會。王建手段毒辣，行事果決，不拖泥帶水。雖然王建做事不講道德，但古往今來，講道德的又有幾人？宋襄公倒講道德，下場如何？兵以詐立，人以詐生，鐵石心腸方才做得大事，菩薩心腸只能壞事，心不狠，做不穩。

薛居正評價王建「雄猜多機略、意常難測」。想在亂世中謀生存，就得有點手段，曹操奸雄過人，王建也是如此。主政西川後，王建收起以前的無賴性格，折節下士，對那些敢於直言的讀書人大力提拔。唐末大亂，有頭有臉的士族們多避難蜀中，聽說王建善待讀書人，都來找王建要飯吃。王建善待士人是出了名的，多留以重用。

王建雖是文盲，但他就喜歡和這幫讀書人在一起聊天喝茶。沒多久王建喝了一肚子墨水，成了「文化人」了。以前做土匪時可以花天酒地，現在要做大事，就不能再胡作非為了。蜀中百姓得到這樣一個主子，自然也深受其便，也沒人再在背後罵「賊王八」了。

王建霸佔了西川後，嫌地盤太小，容不下他這條大魚，又看上了東川。這時顧彥朗已經病死，他的兄弟顧彥暉主政東川，不久詔書下來，以顧彥暉為東川節度使。但負責傳詔的太監宋道弼行到漢中時，被山南西道節度使楊守亮給扣了下來，楊守亮想的和王建一樣，都想在亂世中渾水摸魚。

大順二年十二月，楊守亮讓兄弟楊守厚發山南兵攻東川節度使駐地梓州（今四川三台），顧彥暉覺得王建和他大哥有過交情，忙派人來求王建出兵。王建大喜：「天以東川授我也！」讓義子王宗侃、王宗弼、大將李將等人打著救援隊的旗號去撈東川。行前王建授以密計：「先打退楊守厚，然後你們設宴招待顧彥暉，座間擒之。」王宗侃領計而去。西川軍如餓虎下山，馳入梓州，三拳兩腳打跑了楊守厚。

王宗侃果然設宴邀請顧彥暉喝酒。只要顧彥暉一來，人頭就要落地。可沒想到王宗弼卻不想讓顧彥暉這麼早完蛋，不然他們還有什麼用？不就是要靠打仗混日子的麼？王宗弼把王建的陰謀捅給了顧彥暉。那誰還敢去受死？顧彥暉託疾不去。

王建正鬱悶，盤踞彭州的威戎軍節度使楊晟想給王建添點亂。唐景福元年（西元八九二年）二月，楊晟派大將呂堯出兵在漢州一帶遊行示威。王建不高興：「媽的，我招你惹你了？」讓都指揮使李簡去摘呂堯的人頭來祝酒。李簡有本事，一戰斬堯，送頭成都。

彭州距成都太近，肘腋之患，不可不除。王建以王宗侃、華洪為將，出西川兵五萬，去取楊晟的人頭。楊晟連折數陣，想到了找人幫忙。不過楊晟大腦發育可能有些問題，居然乞求漢中出兵攻東川，以為這樣王建就會派人救東川。楊守厚當然願意拿下東川。楊守厚先是策反了梓州守將竇行實，讓他做內應，然後發楊守忠、楊守厚來攻東川。沒想到顧彥暉發現竇行實的破綻，殺掉竇行實，嚴備以待。兩位楊先生見事情洩露，回去又不好交差，只好在兩川之間抄掠，尋找機會。

王建發現這兩位楊先生在身邊亂轉，不大高興，派幾員大將出兵分頭收拾兩個姓楊的。幾頓亂揍，把二楊全都給打跑了。邊患稍解，王建開始全力消滅楊晟。王建實在不是個東西，在圍攻彭州不下後，老百姓為躲避戰亂，紛紛逃出城去。王建下令軍中，剽劫百姓身上僅有的一點活命錢，謂之「淘虜」。財物大家瓜分，官大的拿大頭，小的拿小頭。老百姓怨天咒地，王建卻不以為意。

王宗侃有點見識，勸王建：「成大事者必以民心為根本，王公為了這點蠅頭小利而失天下人之心，不是英雄所為，乞主公禁止剽掠，收復民心，然後再戰。」王建反正也撈夠了，下令禁止「淘虜」，百姓大悅，紛紛歸附王建。

盛世時代的統治者都怕老百姓被逼上絕路造反，但亂世中梟雄卻並不是很在意民心。因為亂世講的是槍桿子，民心只是一件可有可無的裝飾品，有無皆不重要。

而顧彥暉自從和王建翻臉之後，也擔心王建要找他的麻煩，派人向已經攻佔山南的鳳翔軍節度使李茂貞求救。景福二年（西元八九三年）春，李茂貞派侄子李繼密帶兵赴梓州，協助顧彥暉防備。王建只好先把彭州放在一邊，帶兵攻東川，在利州（今四川廣元）大破東川、鳳翔聯軍，鳳翔兵落敗逃去。顧彥暉打不過王建，只好乞和。王建令顧彥暉和李茂貞一刀兩斷，顧彥暉不敢不從，王建「其次伐交」的戰略已經實現，便收軍回去。

隨後，王建再趕回彭州城下，督軍攻城。彭州被圍兩年多，彈盡糧絕，王建下令諸軍總攻。彭州軍都快餓趴下了，沒有了力氣，西川軍狂攻入城，楊晟戰死。拔掉楊晟這根刺後，王建又瞄上了顧彥暉，畢竟東川離自己太近，留著就是個隱患。而且李茂貞早就對東川流口水，王建要先下手為強。

唐乾寧四年（西元八九七年）元月，王建派義子王宗侃、王宗阮去攻東川的外圍以孤立顧彥暉。蜀軍很快就攻下瀘州（今四川瀘州）、渝州（今重慶）。東川地盤急速收縮，王建覺得是時候了，於六月親率五萬大軍來攻顧彥暉。沒想到顧彥暉這塊骨頭也太不好啃，王建一直啃到九月，大戰小戰共打了近百場，才攻入梓州。顧彥暉沒地方去，只好聚族飲醉自殺。

階級社會中的戰爭從來都是這樣，任何人走上命運的賭桌，他們的籌碼都是九族的身家性命，勝者風光榮耀，敗者九族夷滅。滅人族者固然可恨，但這卻是鐵定的遊戲法則，如果顧彥暉滅了王建，王建家族同樣一個都跑不了。

王建大軍入城，招搖一番後，讓部將王宗滌留守東川，王建帶著奉唐昭宗之命來勸兩川罷兵的判官韋莊（就是寫下《秦婦吟》的那位）回成都，拜韋莊為掌書記，倚為心腹。

隨後，王建又發兵收取普州（今四川安岳）、昌州（今四川大足）等地，至此，王建併有兩川之地。此時中原的兩大軍閥李克用和朱溫正殺得起勁，環顧周邊，已經沒有什麼勢力能威脅到王建了。

唐天復二年（西元九〇二年）五月，汴梁的朱老三因為唐昭宗李曄被韓全誨等太監劫持到鳳翔，便親率大軍來和李茂貞交朋友，讓他交出皇帝。李茂貞白以為和王建交情不錯，便寫信向王建求援。王建還真夠哥兒們義氣，立刻發兵來救。

天復二年七月，派王宗滌等率五萬蜀軍北上，不過不是去幫李茂貞的，而是去搶關南重鎮興元（今陝西漢中）的。李茂貞的山南西道節度使李繼密發現蜀軍行軍有點不正常，知道王建手腳不乾淨，忙屯兵三泉（今陝西寧強西北），阻止蜀軍北上。

蜀軍此行就是來收拾李繼密的，王宗播率軍攻三泉，一仗沒拿下來，王宗播大憤怒，顧謂將士：「我等行軍為圖富貴功名，今日不勝，何面目再回錦花城？想玩命的跟我上，寧死千軍，不退半步！」蜀軍士氣高昂，急攻鳳翔軍。李繼密立陣不住，鳳翔軍大潰亂，被蜀軍連破四寨，李繼密拍馬逃回漢中。

李繼密剛進城，蜀軍就跟在他屁股後面殺過來了，蜀帥王宗滌身先士卒，披甲執刀，登雲梯直上，眾軍呼嘯隨後，一戰入城。李繼密被堵在城中，只好投降。漢中重鎮落入王建之手，李茂貞的忙也幫完了，留下王宗滌守漢中，大軍自回錦花城。

等朱溫把唐昭宗「請」回去後，李茂貞這才發現，自己的山南險障全都被王建給拿了。李茂貞大呼上當，臭罵賊王八不要臉。

四

李茂貞的鼻涕還沒擦乾淨呢，天復二年九月，守洋州（今陝西洋縣）的武定節度使拓跋思敬也投降了王建。拓跋思敬心裡琢磨：「李茂貞兩面受敵，早晚要完蛋，不如跟王建，好吃好喝的，划算。」拓跋思敬說得很有道理，他們只是給人打工的，管你張三李四，誰給的工資高就跟誰，李茂貞想告他，也沒地方告去。

李茂貞大罵王建耍他，但被耍的不僅是李茂貞，王建手下第一功巨王宗滌也被王建耍了。王宗滌懂軍事、善攬人心，王建開始懷疑王宗滌。加上王宗佶等人屢在王建面前栽贓王宗滌，王建決定除掉王宗滌。

王宗滌死前長歎：「兔死狗烹，何代不然？韓信功大於高祖，猶不免橫死，蜀中今已盡附我王囊下，大王已經用不著我了，能為大王死，何憾？」王建不想多廢話，絞死了王宗滌。

踞有漢中要地，王建的蜀中就可以固若金湯了。三國時劉備之所以要捨命奪回漢中，就是因為漢中是四川盆地的天然防禦屏障，沒有漢中就沒有四川的安全。劉備知道，王建自然也知道。王建這麼玩李茂貞從道德上來說是講不過去的，君子言當有信。但亂世中千萬別講什麼仁義道德，那都是騙人的玩意，在叢林世界中，唯一的真理正義只有一個，那就是實力。換成李茂貞，他一樣會這麼做的。

王建真是交上了狗屎運，天復三年（西元九〇三年）五月，淮南的楊行密攻鄂州（今湖北武漢），荊南節度使成汭出水師去救鄂州。結果兵敗，成汭投水自盡，荊南亂作一團。王建反正已經不要臉了，出兵東向，連下地處巴東的忠州（今重慶忠縣）、萬州（今重慶萬縣）、施州（今湖北恩施）、夔州（今重慶奉節）。同年八月，李曄封王建為蜀王，正式承認了王建在兩川的統治地位。

在王建身邊的那幫朋友中，以朱溫對王建的威脅最大。相比朱溫來說，李茂貞相對較弱，能多吃他一點就多吃，不用客氣。唐天祐元年（西元九〇四年）六月，王建發兵北上，攻秦州（今甘肅秦安）、隴州（今甘肅隴縣），輕鬆拿下。兩川邊境直北推到距鳳翔不足百里，李茂貞嚇得屁滾尿流。

蜀中將士紛紛勸王建乘機拿下鳳翔，永絕邊患。王建大笑：「李茂貞垂死之魚，吾一戰就能破之。不過我們最大的敵人是朱老三，而不是李茂貞。而且李茂貞和朱溫有仇，我們如果留下李茂貞，讓李茂貞作為我們的北方屏障，分擔一些來自朱溫的壓力，豈不更好？李茂貞多活一天，朱溫就不會拿我們開刀。」眾人拜服：「我主英明！」

王建撤軍，並和李茂貞言和，蜀岐結為戰略同盟，並通婚姻。甚至李茂貞手頭緊了，王建都慷慨地送錢送物。王建這招非常高明，朱溫猶如曹操也，王建猶如孫權也，李茂貞猶如劉備也。赤壁之前，劉備勢力弱小，孫權有能力滅掉劉備，但滅劉之後，曹操之患，只能由孫權自己擔當。所以王建留下李茂貞，也是這個道理。

隨著勝利不斷，王建的爪子也越伸越長，到了唐昭宗天佑三年（西元九〇六年），王建又奪取歸州（秭歸）、峽州（今湖北宜昌）。巴東地區是兩川的東部屏障，王建北踞漢中之險，東守江峽之利，兩路無邊憂，王建可以睡個安穩覺了。

王建雖然做了蜀王，卻並不滿足，因為他想做皇帝，可又不願意背上不忠的罵名，希望有人比他先行一步，這樣他就可以拿此公當擋箭牌了。遠在汴梁的朱三很「理解」王建的想法，天祐四年（西元九〇七年）四月，朱溫廢掉唐朝小皇帝李柷，建立梁朝。消息傳到蜀中，王建大喜：「朱老三真夠朋友！」

即使如此，王建也要再做最後一回「大唐忠臣」，書檄天下，要各鎮聯合討伐「逆臣」朱三。可王建的惡名早就傳遍江湖了，沒人信。王建當皇帝心切，不管這些。手下那幫大馬屁精們都在下面竄唆王建：「大王雖盡忠唐室，然唐已滅，大王不必再為唐守節。請大王順兩川軍民之心，自為大蜀皇帝。」王建做害羞狀：「那怎麼好意思呢？」眾人齊道：「好意思！好意思！」

「配合」王建的還不只是朱三，還有青城山上時隱時現的巨人，萬歲縣（今重慶開縣東北）莫名其妙的鳳凰，嘉陵江中若有若無的黃龍，白鹿、烏龜、白雀都不甘寂寞，紛紛冒了出來。這些瑞獸舉橫幅高呼：「請大王即皇帝位！」王建大喜，抱拳作揖：「謝謝捧場！」

在狗頭軍師韋莊的建議下，王建命令蜀中軍民和他一起東向號哭三日，算是對唐朝盡最後一次忠。王建邊哭邊笑：「朱三，你太無恥了！我太謝謝你了！」哭完了，也鬧夠了，蜀王王建於梁開平元年（西元九〇七年）九月，在成都稱帝，國號大蜀，改元武成，史稱前蜀。以韋莊為宰相，唐襲為樞密使。在五代十國時，典章制度最接近唐朝的，除了後唐和南唐外，就是王建的前蜀。

而王建的那幫乾兒子們也都跟著沾光，其中最得勢的是武信軍節度使王宗佶。王宗佶自恃軍功卓著，本期望王建稱帝後能立自己為皇太子，可王建根本就沒這個心思，只給了他中書令的位置。王建有親生兒子，怎麼可能把蜀中江山傳給王宗佶這個外人？李從珂是李嗣源諸子中功勞最大的，照樣被踢到一邊，更何況在王家養子中王宗佶功勞不算多麼突出。雖然他改姓王，但畢竟不是王家的血脈，王建要真把位子傳給王宗佶，難保不會上演徐知誥易徐為李的把戲，王建的後代能不能活下來都是個問題。階級社會中的權力，從來都姓私不姓公。

在以血緣為基礎的家天下時代，帝王選擇繼承人，自然首選親生骨肉。若沒有親生子，也要在同姓近親中選擇一個，一般不會選擇外姓。像柴榮那樣是特例，所以，柴榮能當上皇帝在一定程度要「感謝」劉銖這個殺人狂。

王宗佶心中憤恨，想架空王建，指使御史中丞鄭騫等人上書王建，請拜王宗佶為大司馬，總統六軍，也就是實際上的軍方最高領導人。王建能夠發家致富，靠的就是軍隊，怎能憑白給了王宗佶這個不相干的人？

王宗佶也是個大笨蛋，這點道理都看不出來，讓親信連續三次上書要求王建交出軍權。樞密使唐襲和王宗佶素來不和，俟機進讒道：「王宗佶素浮人望，文武全才，萬一哪天陛下山崩，諸皇子沒一個是王宗佶的對手。」王建徹底被激怒了。可還沒等王建找王宗佶算帳呢，王宗佶自個倒送上門了，死乞白賴地要求王建交軍權。王建哪容忍得住？喝令武士當場宰掉王宗佶，同時將王宗佶的朋友鄭騫賜死。

在五代十國這個大亂世中，英雄鮮有，梟雄輩出，狗雄更遍地都是。英雄和梟雄的區別在於人格的純粹與否，而就成事過程和手段而言，並沒有什麼質的區別。英雄和梟雄都會耍手腕，有時甚至英雄還會耍賴，比如漢太祖劉邦。劉邦並不是什麼流氓無賴，而是真英雄，「仁而愛人，意豁如也」。這樣的人能算是流氓無賴？不過無論英雄還是梟雄，至少都能在一定程度上做到「仁而愛人」。沒點心胸，如項羽匹夫之勇，斷然做不成大事。

王建在這一點上就做得不錯，雖然自己出身鄉野無賴，但王建善待士人、善馭武將，終王建之世，蜀中固若金湯。提到蜀中文士，倒想起一個笑話：前唐宰相韋昭度之子韋巽仕蜀。韋巽憨厚愚拙，王建因為是故人之子，所以也善加擢用。有些人瞧不起韋巽，當著他面說風涼話：「三公門前出死狗。」韋巽出身京兆韋氏，天下望族，故人譏之。韋巽並不傻，反譏道：「死狗門前出三公。」其滑稽若此。

王建共有十一個親生兒子，最長的王宗仁身體殘疾，不適合接班，遂決定以次子王宗懿為皇太子。

王建妻妾成群，而最得寵的卻不是正室周氏，而是兩位姓徐的大美女。五代宋初有一個大名鼎鼎的花蕊夫人，就是後蜀皇帝孟昶的愛妃，但這個時期其實還有一個花蕊夫人，論資色才貌均不遜色後蜀版的花蕊夫人，這就是王建所寵愛的小徐妃。

徐氏姐妹年方花信之時便被王建納入宮中，極受寵幸。因愛屋及烏，王建對大徐妃生的王宗衍也格外疼愛。大小徐妃雖然受寵，但知道皇太子王宗懿不是她們生的，一旦嗣位，她們肯定落不到好果子吃。大小徐妃自然希望能扳倒王宗懿，改立王宗衍，肥水不流外人田嘛。

王宗懿為人輕佻無方，做事毛躁。王建對樞密使唐襲非常寵信，但王宗懿偏偏看不上唐襲，經常在背後說壞話。王建不喜歡王宗懿這樣對朝政指手畫腳：老子還沒死呢！王宗懿有頭無腦，繼續在外面搖唇鼓舌，讓王建大為不滿。唐襲看到皇太子對自己這個態度，也擔心王宗懿即位對自己不利，便使出扳倒王宗佶的手段，在七十歲的王建面前嚼舌根子：「皇太子私下罵陛下是個老不死的，請陛下加派甲兵自衛。」

王建大驚，急命唐襲召重甲入宮。王宗懿則以為唐襲要搞掉自己，也不動動腦子就率親軍在大街上和唐襲的部隊幹了起來。唐襲命短，被王宗懿的人馬給射死了。王建知道了，以為王宗懿要弒父，還反了這個王八蛋了。（還別說，王宗懿真是個「王八蛋」。）遣義子王宗賀收拾王宗懿。

王宗賀帶的是正規軍，很快就殺散了王宗懿的雜牌部隊。王宗懿逃出成都，身上沒錢只好到處討飯吃，結果被老百姓認出來了：「哇！這不是皇太子嗎？」告了官。王建派王宗翰去勸王宗懿回來，畢竟骨肉連心。但還沒等王宗翰到地方，王宗懿已經被人殺了。

大小徐妃逮到了機會，豈肯放過？天天逼著王建立王宗衍為太子。王建哪敢不依，即立王宗衍為皇太子。

五

糟糕的家事已經把近七十歲的王建折磨得不成樣了了，鳳翔的岐王李茂貞卻在盤算著吃王建的老肉。蜀永平元年（西元九一一年）八月，他派奔降自己的前梁朝大將劉知俊兵犯蜀境。王建聞報大怒：「朕雖老朽，亦不可欺！」發王宗侃、王宗賀北上教訓劉知俊。沒想到在青泥嶺（今陝西略陽北）被劉知俊給狠狠修理了，死傷慘重。

王建見前線不利，便親至前線鼓舞三軍士氣。王建到底是一世梟雄，蜀軍士氣果然大振，連破鳳翔軍二十餘寨，李茂貞見沒撈到什麼油水，只好灰頭土臉地撤軍。

永平五年（西元九一五年）十一月，蜀軍再次北上，再破李茂貞，連得數州，李茂貞已經被打傻了，不敢再對王建有什麼心思。此時劉知俊懼李茂貞要拿自己發洩，獻關入蜀。

王建對劉知俊的到來並不熱心，劉知俊能背叛朱溫和李茂貞，難保不再背叛自己。劉知俊不為蜀人所喜，有人經常在王建面前詆毀他。成都市面上流傳著一句讖言「黑牛出圈棕繩斷」，王建胡亂琢磨：「這姓劉的又黑又醜，而且我兒孫輩多以宗、承為名，我若死，彼豈不要滅我家族？」當機立斷，族滅了劉知俊。

王建雖然殺了劉知俊，但他心裡很明白，以他兒孫輩那般飛鷹走馬的公子脾性，在亂世中也是活不長久的。亂世中出頭的人只有兩種選擇：要麼把別人斬盡殺絕，要麼被別人斬盡殺絕。王建對此又憂又急。到了前蜀光天元年（西元九一八年）六月，一代亂世梟雄王建死於成都，年七十二歲。

有時不得不感歎造化弄人，中國歷史四個為正史所承認的蜀國中，居然有三個從建國到滅亡如此相似，出現了三個蜀先主劉備、王建、孟知祥，出現了三個蜀後主劉禪、王衍、孟昶。劉備天下梟雄，曹操與備煮酒論道，操謂備曰：「天下英雄，使君與操，本初之徒不足數也。」

如果類似曹操的朱溫能有機會和王建坐在一起喝兩杯，大概朱溫也會這麼說王建的。論人品，王建遠不如劉備，但論起手段，相差無幾。亂世中能吃上梟雄這碗飯的，天下沒有幾人，王建算是一號。

群臣奉皇太子王宗衍在王建靈前即皇帝位，改第二年為乾德元年，尊王建為高祖皇帝，為避聖諱，王宗衍去掉「宗」字，改名王衍。歷史上有兩個王衍，一個是「清談亡國」的西晉王衍王夷甫，後來長大被竹林七賢之一的山濤驚為「天人」：「何物老嫗，生此寧馨兒，然誤天下蒼生者，必此人也！」；一個就是這位蜀後主王衍，這位小皇帝是個標準的飯桶，與其說他當皇帝，不如說是他的老娘和老姨當皇帝。

徐太后和徐太妃因子而貴，貪婪的嘴臉立刻就露了出來。二徐在宮中開了一家「烏紗帽專營店」，公然賣官鬻爵。消息一傳來，舉國轟動，那些有錢無權的人士開始大肆活動。徐老娘和徐老姨經常開烏紗帽拍賣會，老規矩：價高者得！拍賣會現場不知擠掉了多少雙鞋子，拍賣槌也拍爛不少。

不過二徐賺了大把的銀子，二人經常帶著王衍一起數錢，不知樂翻多少次，王衍在旁邊興奮地大叫：「哇！發財了！」那些奪標的人士比王家母子更興奮：「十倍的利，老子下半輩子就可以享福了。」賣來賣去，最終賣掉的是民心，倒楣的永遠是老百姓。

王衍不知從哪搜羅來一大幫太監，天天和這幫人廝混在一起，政事也甩給了太監們，其中宋光嗣、宋光葆最為得勢，人稱「二宋」（和北宋的「二宋」：宋癢、宋祁沒法比）。王衍喜歡玩，坐不住，嫌宮中不好玩，便派人大造宮殿，名稱也起得天花亂墜，什麼太清、迎仙、降真、蓬萊、飛鸞的。

這樣的人當皇帝，身邊肯定不會有好貨，韓昭、顧在珣、潘在迎這些擅長溜鬚拍馬的、宮人中擅長巧為奉迎的，加上那幫太監，一夥人成天在宮中花天酒地，打情罵俏。王衍的乾兒王宗壽看不過去，在宴中哭勸王衍要以江山為重，不要再這樣胡鬧下去了。還沒等王衍斥責，韓昭等人立刻圍上來辱罵王宗壽，王衍也跟沒事人一樣，王宗壽號泣而去。朝中那些正人君子看到皇帝昏悖如此，也懶得去管了，聽天由命吧。

王衍是一個很了不起的帽子改革家，他看到國人都戴一頂只能勉強蓋住腦門的小帽子，很不耐煩，下詔禁止戴這種不倫不類的帽子。不過帽子還是要戴的，王衍身體力行，經常戴一頂自己糊的大帽子招搖過市，還讓宮人都戴金蓮花狀的帽子，穿上道袍，臉上抹上濃粉。國人一看皇帝這麼耍，樂得亂蹦，都改成這模樣了。（真是荒唐！）

王衍的猴子性格決定了他將成為一個偉大的旅行家。當然他的地盤就那麼大，別人家的一畝三分地是去不了，只能在蜀中亂竄。王衍打著視察地方工作的旗號開始了公費旅遊。王衍不喜歡小打小鬧，每次出行都大張旗鼓，鐵甲衛隊數萬隨駕，招搖蜀中。

在巡幸至閬州（今四川閬中）時，王衍還幹了一件極不道德的事。他看上了閬州居民何康家的漂亮女兒。也不管何家女兒已經許配人家了，強行搶過來受用。雖然給了何女的未婚夫一點東西作為補償，可未婚夫看到妻子被搶，嚎啕大哭，活活的給氣死了。（真是情種！）

這樣的缺德事幹一次就已經很損「陰德」了，王衍居然幹了兩回。前蜀乾德四年（西元九二二年）四月，王衍又覺得大臣王承綱的女兒不錯，王女和何女一樣馬上就要過門，王衍照樣搶了過來。王承綱想要回女兒，王衍大怒，貶其流茂州（今四川茂汶）。王女性格剛烈，不要這場富貴，自殺身亡。

王衍在蜀中胡鬧，而此時中原已經天翻地覆了。後梁龍德三年（後唐同光元年，即西元九二三年），後唐軍攻入汴梁，梁帝朱友貞自殺。李存勖初得中原仍不滿意，聽說王衍昏庸無道，便起了貪心。因不知王衍底細，先派客省使李嚴出使蜀中。

李嚴拉大旗做虎皮，先嚇唬王衍。在朝見時李嚴向蜀中人士讚揚起了李存勖的赫赫武功：「吾皇鄴下紹唐，即出鄆州，掃破殘梁餘孽。縛王彥章於馬前，誅朱友貞於汴城。偽梁遣兵三十萬，盡解甲束手。吾皇地盡隴涼，東開海疆，閩越臣屬，契丹懼伏。四海之內，莫敢不臣。敢不臣者，大唐鐵騎三十萬迸力兼併，蕩掃無遺。」

大太監宋光嗣不服，當下詰問：「請問李君，近聞契丹坐大，以貴主之力，能無懼乎？」李嚴大笑：「契丹化外夷服，豈當吾掃？在我唐皇帝看來，契丹不過就是一隻蝨子罷了，大唐雄師百萬，什麼時候怕過契丹？」宋光嗣啞口無言。

看來蜀人都不太了解中原形勢，聽李嚴如此大聲宣揚，都面面相覷：「朱梁居然被滅了，下一個會是誰，我們？」王衍很不高興，以為李嚴在吹牛，不冷不熱地將李嚴打發回去了。

李嚴看到王衍是個只知道吃喝玩樂的花花公子，國勢已不可救，急回洛陽向李存勖彙報。李存勖當然大喜，決定出兵滅蜀。於後唐同光三年（前蜀咸康元年，西元九二五年）九月，命魏王李繼岌、樞密使郭崇韜率大軍越秦嶺南下滅蜀。

王衍這時還想公費旅遊，正好天雄軍節度使王承休邀請皇帝前去秦州（今甘肅秦安）玩玩。王承休為了誘引王衍過來，在秦州大造行宮，強奪民間美女入行宮，教以歌舞，然後畫成圖形，送給王衍。王衍大喜：「承休誠忠臣也！」準備北上巡幸秦州。其實王承休搞得這些東西並不是最吸引王衍的地方，王承休美豔絕世的老婆嚴氏才是王衍真正的目的。

蜀秦州節度判官蒲禹卿上言勸阻：「蜀都強盛，雄視鄰邦，邊亭無烽火之虞，境內有腹心之疾，百姓失業，盜賊公行。內政不治，恐非尋樂時也。」王衍的老娘徐太后也哭勸兒子不要冒險北上。王衍死活不聽。

王衍大駕行至利州（今四川廣元），聽說唐軍入境，嚇得頭發暈腿抽筋。王宗弼有本事，安慰王衍：「有臣在，陛下勿怕！蜀軍十萬，足以滅河東軍。陛下扼守利州險要，遣兵擊郭崇韜即可。」王衍稍安下心來，命王宗勳、王宗儼、王宗昱領兵三萬擊唐軍，王衍在利州等著大軍勝利的消息。

唐軍此時已經殺到興州（今陝西略陽），蜀興州刺史王承鑒狡猾，溜了。唐軍李紹琛部先行，在三泉（今陝西寧強西北）遭遇蜀軍王宗勳等部，唐軍士氣正盛，蜂擁而戰。蜀軍這些年戰事荒𢢾，在士氣上就落了下風，被唐軍一通斬殺，大敗潰散，三位王爺也逃了。王衍一聽敗報，速命王宗弼去收拾逃跑的三招討，然後一路狂奔逃回成都。

蜀中文武見勢不妙，也紛紛為自己安排後路，他們知道蜀亡已成定局，不如早降，尚不失富貴。蜀武德軍留後，宋光葆獻轄下五州，武定軍節度使王承肇獻三州，山南西道節度使王宗威獻五州。唐軍一路衝殺過來，天雄軍節度副使安重霸早就想投靠李存勖，設計把王承休騙回成都，然後獻出天雄軍。

大蜀皇帝王衍逃到成都城外，城中文武嬪妃出城拜迎，王衍居然還有心思玩花活，自己竄到嬪妃中做回鶻隊伍翩然入城。王衍高高踞坐殿上，問文武有何妙計退強唐。這幫人花天酒地慣了，哪有什麼妙計，都低頭不說話，心想：「妙計只有一個，那就是投降。」

而奉命去殺王宗勳等人的王宗弼早就起了背叛王衍的心思，他聯繫了王宗勳一起先行投降唐軍。王宗弼率軍回到成都，把一干太監押客給砍翻了，然後將王衍以及太后太妃等人軟禁西宮，等待李繼岌入成都。王宗弼實在缺德，讓心腹人去國庫，把所有的財寶都搬到自己家中，以備打點唐朝當用。

唐軍勢如破竹，一直殺到綿州，李存勖寫信勸王衍早識時務，不然後果自負。王衍已經當了王宗弼的俘虜，再當一回俘虜也不覺得丟人了，為了活命，只好把兩川土地人口加上自己的尊嚴，一併送給了李存勖。

十一月，唐軍進入成都，前蜀滅亡。

李存勖滅了王衍，當然興奮（也沒幾天興奮的了），命令王衍舉族內遷至洛陽，接受「封賞」。王衍是個沒心肝的，亡國就亡國吧，反正到了洛陽還不失為萬戶侯。可惜李存勖想的和王衍大不一樣，因為這時李嗣源已經率亂兵西進，李存勖把主要精力用在對付李嗣源上，對王衍總有些不放心。

得寵戲子景進便對李存勖說：「陛下現在要東征叛黨，魏王還沒回來，王衍家族人太多，萬一他們在洛陽作亂，陛下豈不是大勢去矣。不如斬草除根，絕了後患。」李存勖也做如此想，派遣太監向延嗣去滅掉暫留長安的王衍一行人等。而樞密使張居翰卻私下把詔書中的「王衍一行」改成「王衍一家」（無奈中的善舉）。向延嗣到了長安，向還在作「安樂公夢」的王衍宣布了李存勖的旨意。

王衍大哭乞活，王衍的老娘大徐妃哭天搶地：「我兒舉國降順，當初皇帝答應許我王氏不死，怎麼如此言而無信，李存勖說話不算數，早晚要得大報應的！」這還有什麼用？向延嗣命人動手，同光四年（西元九二六年）三月，王氏一族盡數被誅死在秦川驛。

當初王建懷疑劉知俊要對自己的子孫斬盡殺絕，族滅了劉知俊，可他哪料得到讓自己斷子絕孫的並不是劉知俊，而是他從來沒見過面的李存勖。命運就是這樣無常，機關算盡太聰明，反誤了卿卿性命！滅族是人類歷史上最悲哀的事情，但在亂世卻再尋常不過了，王建不也是滅了劉知俊一族？自己的家族為人所滅，不過是該得的「報應」而已，禍不及己，必及子孫，歷史就是這樣，經常讓人無語。

六

伐蜀之前，前樞密使郭崇韜曾經在李存勖面前力薦太原尹孟知祥：「此行必平巴蜀，而能為陛下守兩川者，非您的姐夫孟知祥莫屬。」所以平蜀後，李存勖便調孟知祥為劍南西川節度副使行節度事，同時兼任成都尹。

在五代十國時，河北邢台是一個「皇帝生產大戶」，除了更加出名的後周太祖郭威和世宗柴榮外，就是這個成都尹孟知祥了。孟知祥雖然在沒當皇帝前名氣不算大，但他的來頭卻不少。孟知祥累世仕河東，叔伯輩都做過大鎮節度使，而且孟知祥還是後唐太祖李克用的侄女婿，和李存勖是近親。兩川這樣的重地，還是交給自己的親戚打理比較放心。

孟知祥受命來到洛陽，李存勖宴行，交代孟知祥：「蜀中富麗，較中原為多，今日遣卿赴任，以親且賢故也，卿勿負朕所託。」李存勖意思是讓孟知祥去成都後，別忘多撈點寶貝給他。孟知祥這時還沒起什麼異心，伏拜而去。

同光四年春，孟知祥到成都赴任時，駐蜀唐軍發生大亂，郭崇韜被李存勖授命殺死，魏王李繼岌率師北上。剛到成都，就發生西南行營馬步軍先鋒康延孝在漢州發生叛亂的事件。孟知祥也是個見過大世面的，你康延孝算老幾，也敢太歲頭上動土？即遣本部會同行軍司馬任圜和劍南東川節度副使董璋一起剿滅康延孝。

隨後不久，洛陽發生重大事變：大唐皇帝李存勖被郭從謙亂兵害死，魏王李繼岌自殺，大總管李嗣源入洛陽繼位。中原易主，孟知祥又不是李嗣源的嫡系，內自不安，自然要給自己尋條後路。四川這地方「環滁皆山也」，在動亂年代最適合搞割據，孟知祥也有這個想法。只是隔壁的東川節度使董璋也同樣這樣打算，董璋驍勇善戰，是孟知祥的勁敵。

孟知祥先在成都大造甲兵，分立「義勝」、「驍銳」、「義寧」、「飛棹」、「定遠」等軍共七萬勁卒，建立一套內外線防禦體系，由大將李仁罕、趙廷隱等人帶領，做好一切應戰準備。不過孟知祥暫時還沒有公開和李嗣源翻臉，不能讓人先抓了把柄。

而朝中的樞密使安重誨不喜歡孟知祥，卻和董璋關係很不錯，經常在李嗣源面前踢孟知祥的屁股，李嗣源對孟知祥也不放心。任圜為了討皇帝歡心，對李嗣源說：「前魏王率師回朝時，孟知祥在成都富戶身上刮了六百萬貫，將四百萬貫犒軍，自己還留著二百萬，陛下何不讓孟知祥把這些錢交上來，也好增加財政收入。」李嗣源一聽有錢，自然眼開，遣太僕卿趙季良入蜀催孟知祥把二百萬貫錢上繳國家財政。

孟知祥不呆不傻，知道經濟對軍事建設的重要性，哪裡捨得，一毛不拔做回鐵公雞。於是給李嗣源上表說：「臣是個窮光蛋，吃喝都成問題，快揭不開鍋了，陛下還是自己想辦法吧。」不過孟知祥知道趙季良很有能耐，把他留了下來做軍師。換人去送信。李嗣源一聽：「什麼，你也敢跟朕哭窮?!你要是沒錢，天下都是窮光蛋了。」

孟知祥得寸進尺，寫信給李嗣源，請皇帝好人做到底，把留居晉陽的家眷放行入蜀。李嗣源拿這個親戚一點辦法也沒有，放就放吧。李嗣源讓來接人的孟知祥心腹人武漳去晉陽，接瓊華長公主、妾李氏和李氏所生的三子孟仁贊（後改名孟昶）西行。瓊華長公主當然願意和丈夫團圓，成都富華不遜晉陽，只要一家人能享盡天倫之樂，在哪不都一樣？

李嗣源越想越覺得孟知祥心懷不軌，不能讓他在成都太得意。後唐天成二年（西元九二七年），李嗣源遣客省使李嚴為西川兵馬都監。孟知祥見李嗣源在自己身上插把刀，哪誰能答應?手下人勸孟知祥不要放李嚴進來搗亂。孟知祥獰笑道：「我姓孟的出道江湖以來，還沒怕過誰，李嚴豈是我當懼怕的人！」

李嚴剛到成都，便被孟知祥請去喝酒，李嚴仗著自己有「金鐘罩鐵布衫」的功夫（實際上就一張鐵嘴，沒別的什麼本事。），欣然赴宴。剛到地方還沒坐下喝兩盅呢，孟知祥高坐於上，按劍大喝道：「當年莊宗滅蜀，李公是主謀，現在蜀中人士一聽李公再來，皆觳觫若待屠之牛。況且現在地方各鎮都廢除了監軍職能，你來何為?」

李嚴看到席間眾人均佩劍侍立，不由得害怕，跪地求孟知祥給條生路。孟知祥冷笑三聲：「眾怒難犯，今李公自來送死，我當為蜀人討還個公道！來人，動手！」侍立一旁的親將王彥銖大步上前，一腳將李嚴踹倒在地，拔劍就刺，李嚴喪命當場。

孟知祥倒打一耙，上表誣告李嚴：「李嚴行不軌，詐傳聖諭，自稱受詔命任職西川節度，而且李嚴假賞將士之名，私吞公款，蜀人皆怒，臣已斬此賊。」

洛陽城中的李嗣源接到奏表，氣得大罵孟知祥：「孟知祥滿嘴跑驢車！哪有此事！」但人家山高皇帝遠，他又能拿孟知祥怎麼著？為了不把孟知祥逼到絕路上，只好讓李嚴白白死掉，再派李仁矩做客省使，去成都安撫孟知祥。李仁矩戰戰兢兢把李嗣源的意思告訴了孟知祥，孟知祥也沒把他如何。

天成二年四月，準備入蜀的孟知祥家眷風塵僕僕來到鳳翔，而已經臣服後唐的鳳翔軍閥李從儼（李茂貞之子）聽說李嚴被殺，便先將孟家老小軟禁起來，上表李嗣源請把孟家的老小扣作人質，不然孟知祥能反上天去。李嗣源搖頭苦笑：「扣下來就能保證孟知祥不反了？由他們去吧。」李從儼只好放行。

李嗣源明白，就算扣下孟知祥的家小，也不會讓孟知祥回心轉意臣服洛陽。老婆死了可以再找，兒子死了可以再生，地盤沒了，讓孟知祥上哪弄去？找李嗣源要，李嗣源能給他嗎？李嗣源雖然文盲，但論起心計來，確實很不一般。

西川離李嗣源太遠，一時半會兒搆不著。而盤踞東西兩川的孟知祥和董璋都在打對方的主意，眼饞對方的地盤，經常暗中亂打王八拳。即使現在滅不了對方，也要削弱對方的實力。天成三年（西元九二八年）二月，董璋想出了一個餿主意：勸東川的鹽販子們把東川的鹽販到孟知祥的地盤上去賣，想看看是東川的鹽多，還是你孟知祥的錢多。哪想孟知祥做得更絕，他在漢州（今四川廣漢）設置了三個鹽稅局，對前來西川販鹽的販子們重重加稅。想到我地頭發財？哪這麼容易。鹽販子見孟知祥如此摧毀工商業，大為不滿，只好不再來西川做生意了。董璋的經濟牌打不下去了。

天成四年（西元九二九年），李嗣源又想在孟知祥身上拔毛，再派李仁矩告訴孟知祥：「朕準備在南郊祭祖，手頭較緊，兄弟看我老臉，不要多，一百萬，我知道你有錢！」孟知祥照例哭窮：「陛下，我上哪給你弄一百萬去啊，我還沒買彩票呢，等中了五百萬再說吧。」只給了五十萬。另一路的董璋更絕，李嗣源朝他要五十萬，董璋連哭帶鬧，也只上繳了十萬，把李嗣源氣得直哭：「朕怎麼遇上這兩隻鐵公雞！」

天成四年十二月，後唐樞密使安重誨看也不能在董璋身上撈多少油水，想踢掉董璋。安重誨請李嗣源任命李仁矩為閬州刺史，和李嗣源的親信、綿州刺史武虔裕一起，防備董璋。安重誨密使李仁矩在李嗣源面前胡謅了一些董璋的罪狀，李嗣源自然不高興，下詔武信軍節度使夏魯奇加緊遂州（今四川遂寧）的城防建設，並增兵川中。董璋知道李嗣源想拿他開刀，為了自保，派人到成都向孟知祥求救，並願意讓小兒子娶孟知祥的千金。

孟知祥還在生董璋唆使鹽販子到他地盤上搗亂的氣，不想搭理董璋。身邊軍師趙季良勸：「朝廷此舉，意不在董璋，而在主公。董璋若滅，唇亡齒寒，公將何為？」孟知祥這才轉過彎來，聯合董璋對抗朝廷，並派趙季良赴梓州和董璋商談結盟事宜。

後唐長興元年（西元九三〇年）二月，趙季良回成都覆命。孟知祥問他董璋那邊情況如何，趙季良道：「董璋為人貪婪殘暴，而且志大才疏，這種不按規矩出牌的人其實最可怕，主公不可不防。不過現在我們還要利用他，以後必須除掉他。」孟知祥笑：「季良辛苦，董璋匹夫，吾不懼也！」

董璋與孟知祥連名上書：「陛下在兩川腹地增兵，川人慌恐，請陛下為兩川著想，撤出蜀中。」李嗣源還不想把他們逼反，雖然沒有同意，但派使安撫董孟。

李嗣源想忍辱負重，可董璋這門大炮早就對李嗣源不滿了，這樣跟李嗣源鬧下去，什麼時候是個頭？九月，董璋發兵攻打遂州、閬中等地。孟知祥按照事先約定的計畫，派都指揮使李仁罕、漢州刺史趙廷隱、簡州刺史張業等人去與東川兵合攻遂州，都指揮使侯弘實等人攻閬州。

李嗣源果然坐不住了，怒氣沖天地對指責他軟弱的安重誨說：「我做人堂堂正正，從不行負人之事，但人若負我，朕必拿他開刀！」

朝廷方面出馬的是李仁矩。李仁矩有志無才，打心眼裡瞧不上董璋。等東川軍攻到閬州城下時，手下部將給李仁矩提出了正確建議：「董璋剛到這裡，士氣正盛，兵法云擊其惰歸，請大人堅守勿戰，等把東川賊的士氣洩沒了，朝廷的援軍也到了，到時我們再戰，必可大勝。」李仁矩大笑：「董璋這王八蛋也會用兵？川兵也會打仗？誰告訴你們的?!」

上次李仁矩奉命去東川要錢，差點被董璋活吃了，自然想滅掉董璋出這口惡氣。盡出本部兵到了城外，要和董璋玩命。哪知李仁矩的中央軍比東川兵更不會打仗，兩軍還沒交手呢，中央軍就竄回城了。

董璋大喜，乘勢攻城，東川軍在董璋的英明領導下，很快破城，李仁矩成了董璋的「客人」。董璋哪能放過李仁矩，連同李仁矩的家小，一併送上西大。

七

敗報傳到洛陽，激怒了李嗣源，下詔先滅董璋滿門，再遣女婿石敬瑭為東川行營招討使，遂州刺史夏魯奇為副，全力征剿董璋。而此時西川軍李仁罕所部已經開始攻遂州，夏魯奇讓馬軍都指揮使康文通去鬥鬥李仁罕。誰知康文通太識時務了，聽說董璋已經破了閬州，思忖遂州早晚也要丟掉，不想為朝廷送死，在陣前投降李仁罕，夏魯奇嚇得閉門死守。

另一路的董璋率軍北上準備攻利州（今四川廣元），但半路上老天不幫忙，下了大雨，糧草運輸不暢，董璋只好返回閬州再想辦法。孟知祥聽說董璋撤了，大罵：「董璋白癡！利州是北川的糧草基地，而且地勢險要，得到利州，就可以拒石敬瑭於關外。董璋不會用兵，早晚要出事。」急派人告訴董璋，表示願意出兵幫助董璋守劍門（即劍閣關），防備石敬瑭。可董璋一直在暗防孟知祥，怕他渾水摸魚，在亂中給自己插釘子，便以早就有準備為由拒絕了。

董璋破壞聯盟的舉動不僅惹怒了孟知祥，而且董璋此舉等於替孟知祥賣命，董璋的實力哪能和強大的中央軍對抗？從這點就可以看出，為什麼最後取得兩川的不是董璋而是孟知祥了，孟知祥想的比董璋要長遠，做事謹慎。亂世中要想混出頭來，一要膽大，二要心細，孟知祥都具備。但董璋卻是膽大心粗，這樣的人是翻不起多大風浪的。

孟知祥也摸透了董璋的底細，知道和這樣的人合作不可靠，一為了自己的後路，二為了將來滅董璋打伏筆，派水師沿江東下，去取三峽要地夔州（今四川奉節）。孟知祥要在董璋身後插上一刀，可這時的董璋卻風光無限，一連奪下果州（今四川南充）、巴州（今四川巴中）等地。

長興元年十一月，朝廷方面的石敬瑭大將軍也率軍來到了川中，中央軍立刻給了董璋一個大耳光。駐防川中的中央軍馮暉部、王弘贇部聯合西征軍王思同部、趙在禮部越過人頭山（今四川廣元雲台山），奇襲劍門關，東川軍無備，被斬殺三千餘人，劍門重鎮被中央軍收了回去。董璋這才知道害怕，忙又去向孟知祥求救。孟知祥聽說劍門丟了，精神極度緊張，破口大罵董璋：「飯桶，你壞了我的大事！」

劍門一丟，川中腹地最可靠的防禦點就是劍州（今四川劍閣縣），孟知祥也知道劍州的戰略地位，急遣大將李肇日夜兼程趕到劍州防禦。行前告誡李肇：「只要能守住劍州天險，成都無憂。」李肇奉命而去。孟知祥怕李肇不頂事，又讓在遂州的趙廷隱部速抵劍州協守。並為了防備中央軍走龍州（今四川江油）沿涪江南下偷襲成都，調部將李筠（和後周李筠不是同一人）守龍州。

趙廷隱趕到劍州，會合李肇共守險地。趙廷隱是個將才，時值天寒時節，將士有畏戰之心。趙廷隱哭告將士：「兄弟們如果不打退中央軍，一旦成都失守，我們妻則淪為人妾，子女則為人僕奴，孰不悲乎?!」眾人被趙廷隱一激，才悟此中利害，眾志成城，固守劍州。

沒多久，中央軍就攻了過來，西川軍死守不出。到了夜間，西川軍龐福誠、謝鍠部冒死出北山，繞到中央軍營後，鼓角吶喊。中央軍不知道後面有多少西川軍，不想被人下餃子，嚇得逃回劍門。

消息傳到成都，孟知祥大喜，對將佐說道：「若不是我先守劍州，萬一劍州失手於中央軍，彼無後顧之憂，則抄襲東川。董璋無能，必然棄城而逃，東川如果丟了，我們都逃不了一個死！中央軍拿不下劍州，肯定要打龍州的主意，幸虧我下了先手。」眾人狂拍馬屁：「主公神算！」

孟知祥肚裡的貨就是比董璋多，果然中央軍下一個目標就是龍州。孟知祥早算定此招，中央軍剛到龍州，就被西川軍潘福超部迎頭痛擊，慘敗回劍門。孟知祥還沒來得及鬆口氣時，前線水師傳來主將張武病死的消息，為了不影響軍心，又調袁彥超去代替張武。

長興元年十二月，朝廷方面派來的天雄軍節度使石敬瑭來到劍門，督軍攻劍州。趙廷隱終於等來了大名鼎鼎的石敬瑭，要見識一下他的厲害，調了五百神射手埋伏在山路。石敬瑭率軍來攻，西川軍吶喊應戰。中央軍一時沒招架住，朝後撤退，這時西川弓箭手開始進行射箭比賽。中央軍哪想到還有此一劫，被射死無數，後面的趙廷隱又殺了過來，中央軍潰不成行。石敬瑭狼狽逃回劍門，向岳父告急：「老爹，救命啊！」李嗣源再派安重誨入川平叛。安重誨還不如石敬瑭，一路上弄得雞飛狗跳，不久被召回賜死。

到了長興二年（西元九三一年）正月，李仁罕攻破遂州城，夏魯奇自刎身亡。二月，石敬瑭見安重誨也不濟事，也領教過孟知祥的厲害，糧食也吃得差不多，不想死在這裡，撤軍北去。兩川兵很好客，見石敬瑭要回家，哪能不扶上馬送上一程？一直送到利州，石敬瑭才拍拍身上的灰塵，抖抖疲憊的精神，回洛陽待罪去了。趙廷隱和東川軍同入利州，兩軍會合，免不了客氣一番。

趙廷隱急密告孟知祥：「董璋是西川大患，今日不除，他日必為我憂。不如利用董璋前來犒軍的機會，做掉他，兼併東川，橫行天下。」可孟知祥這時還不打算和董璋撕破臉，畢竟中央軍隨時可能再來找他們算帳，便沒有同意。董璋果然來了，在趙廷隱那裡吃了幾頓飯便回去了。因孟知祥有令在先，趙廷隱不敢貿然動手，長歎可惜：「千載一時之機，就這樣白白浪費，以後我們麻煩就大了。」

其實沒什麼可惜的，在中央軍確定不再來蜀中之前，董璋絕不能除。除董璋容易，但孟知祥併了董璋一夥後，還需要時間在東川建立自己的威信，一旦中央軍再殺過來，東川軍一定能聽孟知祥的指揮？萬一投降了中央軍，孟知祥必死無疑。孟知祥不愧是戰略高手，知道「兩利相權取其重，兩害相權取其輕」的道理。

對孟知祥威脅最大的中央軍終於偃旗息鼓了，孟知祥明白接下來就要和董璋攤牌了。為了搶佔先手，孟知祥讓李仁罕去帶領西川水師東下，從戰略上包圍董璋。李仁罕真有兩下子，不久就順江取下忠州（今重慶忠縣）、萬州（今重慶萬縣）、夔州（今四川奉節）。長江沿岸均被孟知祥布下棋子，可以對董璋收網了。

中央軍雖然撤出蜀中，但孟知祥不敢保證李嗣源以後不再來找事，而且為了消滅董璋，就必須先和朝廷方面講和，以免兩面受敵。只要中央軍不趁亂西下，他就有戰勝董璋的把握。孟知祥利用朝中重臣安重誨被殺的機會，向李嗣源「認錯」。幕僚李昊提醒孟知祥：「主公現在還沒和董璋翻臉，應該叫上董璋一起上表，免得董璋抓住我單方面毀約的把柄。」孟知祥一聽有理，就給董璋寫信，商量共同向李嗣源謝罪。

董璋接信哭罵：「孟公家小俱已到成都，沒有後憂，自然可以和朝廷復好。可董璋親眷人頭早就落地，我謝他娘個鬼！」而孟知祥站著說話不腰疼，派李昊再去勸董璋：「我們是玩不過李嗣源的，真把老頭子惹毛了，我們都要完蛋，請董公以兩川事為重，不要意氣用事。」

董璋根本聽不進去，大罵孟知祥。李昊立刻告訴孟知祥：「東西兩川不可並立，必存一亡一。董璋開始懷疑主公，不久必然攻我，請主公早作打算。」孟知祥笑道：「穹佐勿憂，董璋之智，豈在我外！」

果然，長興三年（西元九三二年）四月，董璋大舉進攻西川，東川軍進入漢州（今四川廣漢）白楊林地界，大破西川兵。孟知祥急聚集文武議事，趙季良不愧是個小諸葛，對董璋看得很透，說道：「董璋不過匹夫勇耳，難服三軍。現在他自來送死，主公應該去會會他。東川兵精銳盡出，我師應該一舉殲滅東川前部，彼軍士氣大沮之日，就是董璋授首之時！」趙廷隱和趙季良一個意思，孟知祥決定先讓趙廷隱去對付董璋，自己隨後就到。

董璋用兵真是小兒科，連「知己知彼」都做不到，他居然寫信給孟知祥，說趙季良和趙廷隱等人已經暗中投降自己。孟知祥看信大笑：「董璋也敢給我玩反間計?!」趙廷隱也是大笑。

沒多久，前線傳來敗報：董璋攻入漢州。孟知祥知道事宜速不宜緩，留趙季良守成都，親提銳卒赴漢州去滅董璋。長興三年五月，兩軍會於雞蹤橋（今四川廣漢縣北三十五里處），準備開始血戰。

沒想到董璋看到孟知祥軍容嚴整，有些膽怯，把陣腳朝後移。東川兵看到董璋也不過是個羊質虎皮，不由得大怒：「讓我們曬太陽有意思嗎？有種的何不與西川兵決戰?!」董璋這才領兵前衝。剛一交手，東川兵發生譁變，一部人馬投降孟知祥。

孟知祥命令三軍撲殺東川兵，不過東川兵也不弱，趙廷隱部屢戰不勝，形勢一度有些逆轉。孟知祥知道生死一念間，擎劍在手大喝：「給我擊殺董璋的後軍！」兵馬使張公鐸率軍大進，東川軍陣形被衝亂，西川軍興奮地猛殺。董璋收腳不住，帶著親兵逃回梓州（今四川三台）。孟知祥命趙廷隱追殺董璋，自己回到成都等捷報。

八

長興三年五月，董璋被西川軍大敗後，狼狽竄回梓州。本想休整一下再去找孟知祥尋仇，沒想到守城大將王暉竟然敢挖苦董大帥：「太尉盡出東川精銳討孟知祥，怎麼只逃回了這幾個弟兄？太尉用兵真如神也！」董璋這時已經非常難過了，被王暉這一弄，勾起傷心往事，號啕大哭，卒無一言以對。

王暉是個識時務的豪傑，看到董璋這副落魄模樣，知道董璋活不長了，便起了二心，決計殺掉董璋，投靠西川。董璋正準備吃飯，王暉和董璋更識時務的侄子董延浩率兵來殺董璋。董璋嚇得半死，帶著老婆逃上城去，趕緊讓指揮使潘稠調兵防禦王暉。

潘稠奉令下去，沒多久，董璋就見潘稠帶兵上城，以為幹掉了王暉，便問：「王暉人頭在哪裡？」潘稠笑道：「就在公頸上。」沒等董璋反應過來，人頭就被潘稠給割了下來。

王暉、潘稠等人開城投降趙廷隱，趙廷隱送董璋人頭於孟知祥。孟知祥最危險的敵人董璋終於被消滅，兩川地盤被李家從王家奪過來不到七年，就成了太原孟家的私產。孟知祥為了炫耀自己的豐功偉績，決定到梓州轉轉。

這次能滅東川強敵，趙廷隱的功勞最大，但守遂州的李仁罕卻嫉妒起趙廷隱來，當眾人面辱罵趙廷隱。趙廷隱火爆脾氣，哪忍得住，兩人口角相爭。孟知祥在梓州犒完軍後，準備回成都，東川重地，必須找得力心腹人駐守。李仁罕和趙廷隱對孟知祥都是絕對的忠誠，想在二人中選一個，但二人關係此時已勢同水火，孟知祥一時也拿不定主意。問李昊：「你看他們誰更合適守東川？」

李昊知道李仁罕和趙廷隱都對東川志在必得，得罪哪一個都不好，乾脆和稀泥：「二將軍皆有意東川，留下一個必讓另一個惱火。不如主公自領東川，另置二將軍。」

孟知祥的主要任務是負責兩川的一把手，不可能把精力放在東川上，想來想去還是留下趙廷隱，讓李昊主政梓州，李仁罕回遂州。李昊可不想留在二人中間受夾板氣，賴在孟知祥身邊回了成都。孟知祥這樣的安排很不好，李仁罕的自尊受到嚴重打擊，肯定不服。果然，李仁罕連給孟知祥寫了七封信，大意：「東川重地，不宜輕授他人，請主公自任，不然眾人必不服某些人。」趙廷隱也來信自辯：「廷隱僕才，本不敢奢望東川，都是李仁罕逼出來的。」

孟知祥頭都大了，為了不至讓二人刀兵相見，只好委屈趙廷隱，在閬州設保寧軍，以趙廷隱為節度使，孟知祥只能代理東川軍政。趙廷隱對此極為不滿，甚至要找李仁罕練練，誰的本事大誰就去東川。李昊苦苦相勸，要趙廷隱以大局為重，不要給主公添麻煩了。趙廷隱好歹也要給孟知祥個面子，就此作罷。

雖然李仁罕和趙廷隱鬧彆扭，但這只是兩人的意氣用事，他們對孟知祥都沒異心。蜀中文武一看孟知祥成了名副其實的「兩川節度使」，不如給孟知祥弄個名號，紛紛勸孟知祥自立蜀王。孟知祥當然願意，把腦袋別在褲腰上不就是為了這個嗎？上表請封，並把自己髮妻福慶長公主病逝的消息告訴了李嗣源。李嗣源和孟知祥名義上是近親，免不了哀悼一番。只是李嗣源沒想到孟知祥這麼厚黑，自請封王，氣得直搖頭，但也無可奈何。不允許他稱王，孟知祥一怒之下就敢稱帝，便順水推舟，長興四年（西元九三三年）二月冊孟知祥為蜀王，兼東西兩川節度使。

孟知祥和李嗣源的私人關係並不算多壞，兩人在暗中形成一個默契：李嗣源在一日，孟知祥一日不稱帝。其實孟知祥知道李嗣源快七十的人了，能活幾天？自己才剛六十歲，等得起。

憑良心說話，李嗣源對孟知祥很是寬容，同在亂世中討口飯吃，誰也不比誰高尚到哪裡去。自己從李存勖手中奪得政權，孟知祥只不過占著本不屬於自己地盤的蜀中，自己並沒有損失什麼。甚至孟知祥將請李嗣源曾經在同光時期入蜀的數萬唐軍調回去，李嗣源都沒同意，留給「妹夫」用吧，自己老了，快要去地下見李存勖了。

長興四年十一月，六十七歲的李嗣源駕崩，宋王李從厚繼位。孟知祥得到消息後，知道自己終於等到頭了，開始有了提高自己「行政級別」的想法。當然直接說出來有點不好意思，便拐彎抹角放空炮：「先皇帝英武一世，卻讓宋王這個毛孩子繼位，宋王暗弱無能，身邊多是些烏七八糟的小人，中原又要大亂了。」

雖然孟知祥說的是實情，李從厚懦弱，不是個亂世中能守住家業的料子，李從珂也在河中虎視。但蜀中那幫滑頭都知道孟知祥話外有話，出來混江湖，哪個不明鏡也似？還說什麼廢話？累表勸進，請蜀王順從「民意」，即皇帝位。

不知道為什麼，輪到孟知祥準備做皇帝的時候，蜀中瑞獸都沒了動靜，巨人不見了，鳳凰不見了，黃龍也不見了，烏龜兔子大麻雀們也都不知去向。孟知祥這人比較務實，不像王建那樣喜歡玩花活，出洋相，踏踏實實地做自己想做的事就行了，何必搞出那一套，淪為後人笑柄。

後唐應順元年（西元九三四年）正月，蜀王孟知祥在成都稱帝，國號和王建的一樣，仍然是大蜀。不過此蜀非彼蜀，後來史家稱王建的蜀為前蜀，孟知祥的蜀為後蜀。孟知祥改元明德，安安穩穩的在成都坐享富貴。

孟知祥對自己的「前任」王建的長壽很嚮往，王建活了七十二歲，自己離這個「鬼門關」還有十多年呢。孟知祥沒有想到，自己和王建同命不同壽，在六月間接見前來投降的原後唐山南西道節度使張虔釗（就是那位在河中督軍和李從珂開戰被官軍趕跑的那位草包將軍）時，張虔釗跪地向孟知祥敬酒，祝皇帝陛下聖壽無疆。

孟知祥這時忽然感到身體不適，便回宮休息。過幾日病情加重，孟知祥哀歎是活不到王建那個歲數了，便封皇長子孟昶為皇太子，以宰相趙季良、武信軍節度李仁罕、保寧軍節度趙廷隱、樞密使王處回等人顧命。越日，孟知祥「崩」！年六十一歲。皇太子孟昶靈前繼位。

孟知祥能建立蜀國，確實有一定的機緣巧合，不是郭崇韜因為朋友關係推薦了孟知祥，孟知祥終老不過是個大鎮節度。但金子總是要發光的，五代人物數以萬千計，但最終能稱帝稱王的不過數十人，大浪淘沙，機會是一方面，但更重要的是能力。三國曹操手下丞相掾趙戬曾經對四川的地勢有過評價「蜀雖小區，險固四塞、獨守之國。難卒併也。」孟知祥的才能加上巴蜀的先天地理優勢，即使不能北伐中原完成統一，守個十年二十年的不成問題。

有意思的是，孟知祥像極了劉備，拼了一輩子只當一兩年就死了，而孟昶又像極了劉禪，靠老子打下來的基礎坐了三四十年的皇帝，最終都被完成統一的西晉和北宋俘虜（晉和宋又特別相似）。老子種樹兒乘涼，從古至今皆是如此。

孟昶原名孟仁贊，是後蜀高祖孟知祥第三子，孟昶的母親本是後唐莊宗李存勖的低等嬪妃，被孟知祥倒了一個「二手」後生下孟昶。五代時最具名氣的相面大師周元豹曾經見過小孟昶，驚謂其父孟知祥道：「這個小傢伙長相不俗！」孟知祥還以為周元豹想騙兩個錢花花，周元豹神秘兮兮

（現在的大師們都這樣，不然誰相信？）的仔細看了一下孟昶，然後又告訴孟知祥：「此兒將來可做四十年偏安主，絕對不是一般人可及！」孟知祥聽說兒子將來可以做皇帝，那麼自己豈不更應該做皇帝，當然高興了，從此對孟昶極為寵愛。

老爹死的時候，孟昶只有十六歲（漢懷帝劉阿斗十七歲即位），是個半大的孩子。老娘李太后也是個家庭主婦，不太懂治理國事，蜀中大事基本都由趙季良、趙廷隱、李仁罕這些「老一輩地主階級革命家」做主。

在十國中的那幫「後主」中，論起名氣和才氣，除了南唐後主李煜，就是這位孟爺了。孟昶後期昏庸，但其前期尚能勵精圖治，而且為人也很精明。此時孟昶羽毛未豐，還不敢對朝中那些「叔伯大爺」們不敬，把這夥人惹急了，弄不好老爹屍骨未寒，蜀中就得換個國姓。現在還不是自己出頭的時候，要學習「藏拙術」，該裝傻時就裝傻。不招人忌是庸才，傻子才不會招人忌呢，也威脅不到別人。

孟知祥的那些戰友中，數趙季良立功最著，地位最高，為人也不似李仁罕驕騖跋扈，孟昶對他沒有多少反感。而李仁罕做為孟知祥手下的大將，為孟蜀建國立下汗馬之功，孟昶繼位後，李仁罕常以老臣自居。孟昶雖然很討厭李仁罕，因暫時還沒有自己的勢力，所以不便動他。

李仁罕越發登鼻子上臉，覺得「孟阿斗」好欺負，便得寸進尺，暗中指使親信上書孟昶，請「德高望重」的李仁罕同志出任「國防部長」，實際上是要控制蜀國軍權。孟昶本不同意，但架不住李仁罕狗腿子們三天兩頭的招呼，只好勉強答應。孟昶不希望李仁罕勢力坐大，便安排了和李仁罕過節極深的趙廷隱為副，從中牽制李仁罕（孟昶的政治智慧不低）。

李仁罕得勢，朝中自然有人不滿，孟昶當皇子時的朋友韓保正、韓繼勳等人做為「新人」，當然希望能靠著小主子往上爬，可這些老臣生生的堵住了自己升官發財的道路，豈肯甘休？曾經對孟昶說：「李仁罕手中有軍權，早晚要取陛下而代之！」另外比李仁罕資格更老的趙季良、趙廷隱更不願被李仁罕架空，兩路勢力為了扳倒李仁罕而走到一起。孟昶有了趙季良和趙廷隱的支持，腰桿硬了起來，日夜合謀，尋找機會幹掉李仁罕。

李仁罕得了勢，開始胡作非為，搶人家的土地、刨人家的祖墳，壞事做絕。最不能讓孟昶容忍的是李仁罕在府中的陳設已經超過了封建君臣關係的底線，越發證明了李仁罕有不臣之心。孟昶決計除去此獠。

後蜀明德元年（西元九三四年）十月，孟昶在殿中埋伏武士，等到李仁罕上前準備給孟昶施禮時，孟昶大喝為號，幕後武士蜂擁上前，拿住李仁罕，就地砍死。李仁罕死了，他的家人只有一個下場：滅族！

殺了李仁罕，震住了一大幫不拿孟昶當人看的老傢伙們，昭武節度使李肇以前在見孟昶時都拄杖不拜，胡說：「陛下請臣無禮，老臣腳有毛病，拜不了。」孟昶隱忍三分。而李仁罕被殺後，李肇的「病」突然好了，再去朝見孟昶時趕忙把拐杖丟到地上，伏地請安。（你也有害怕的時候？）

明德元年十二月，葬高祖孟知祥於和陵。

九

誅殺李仁罕對孟昶來說是個非常了不起的事情，不禁讓人想起了漢桓帝劉志誅殺大將軍梁冀來。南朝宋大史家范曄說當時「天下猶企其休息」，哪知道劉志是個柴貨，最終「五邪嗣虐，流衍四方。」諸葛亮也不客氣：「未嘗不歎息痛恨於桓、靈也！」孟昶也是這樣的「假冒偽劣」。剷除了李仁罕，孟昶覺得天下無事了，中原再亂也亂不到他的一畝三分地上來，便開始尋歡作樂。孟昶有三個愛好：踢球、跑馬、玩女人。孟昶正當妙齡，精力旺盛，逮到漂亮的小妞自然如饑似渴，日夜采戰，好不快活。

孟昶雖然也是亡國之君，但他這個「蜀後主」比起前任「蜀後主」王衍來，其實人品、素質都高於王衍，是一塊守成之主的好材料，加上趙季良等人的輔佐，外戰不足，自守倒還是可以的。孟昶在宮中胡鬧，剛升任樞密副使的韓保正知道這樣玩下去，過不了幾年孟昶就會蛻變成王衍，孟昶要是倒了台，大家都得喝風去。立刻上書勸孟昶要以國事為重，善養龍體。孟昶知道王衍的故事，也知道王衍怎麼死的，馬上改正錯誤，把女孩們都放出去了，重賞韓保正。

老臣趙季良是蜀國第一權臣，也是孟昶的「相父」，以趙季良的能力，在李嗣源手下最多能當半個宰相，哪有在成都做「諸葛亮」過癮。趙季良發自肺腑的感激孟知祥，所以對孟昶還是盡心輔弼的，也算報答了先主的不世之恩。趙季良見小主子還算知人納諫，也寬心不少，而且自己年歲漸大，力不從心，在後蜀廣政三年（西元九四〇年）四月，上書孟昶請分擔一下自己的壓力。

孟昶巴不得瓜分趙季良的權力，便就坡下驢，派趙季良領戶部，以門下侍郎毋昭裔領鹽鐵，中書侍郎張業領度支。戶部、鹽鐵、度支是謂三司，主管國家財權。人臣的權力過大必然滋生許多不穩定因素，孟昶雖然知道趙季良比較可靠，但人心隔肚皮，誰知道人家怎麼想的？權力就是私器，握在自己手裡最放心。

這時候的孟昶這時還能做到從諫如流，有人給孟昶提建議，侍從覺得此人說話太直，請孟昶罵他幾句。孟昶卻說：「唐初大理寺少卿孫伏伽上書高祖三事與諫太宗停止射獵，高祖、太宗非常高興。今有人諫朕，說明他們是希望朕做個有德的明君，你們不應該勸朕責罵人家。」

孟昶也確實是個守成的好料子，可惜後來變了味，在四十七歲「高齡」時成了趙匡胤的俘虜，成了被人恥笑的亡國昏君，就像李煜一樣。孟昶和李煜的人生軌跡差不多，都亡了國，也都有非常高的文學素養，後世也很同情這兩個「投錯胎」的亡國主，明明是做文學家的料子，卻偏偏做了皇帝。

當然，他們做皇帝時都有一個貢獻：就是在五代十國這個「文學荒漠」中打造了兩片「文化綠洲」。五代十國時，唐朝的文學發展被戰亂破壞得比較嚴重，這個時期內，只有南唐和後蜀的文化氛圍比較濃厚，其中以詞的成就最高。

中國詞史有一個很重要的名詞：花間詞派。花間詞派的得名來源於後蜀詞人趙崇祚所編《花間集》，趙崇祚將晚唐至五代前期的十八位文學家的詞作都收錄其中，編成十卷，廣政三年由歐陽炯作序。《花間集》排名卷首的正是留下千古絕句「雞聲茅店月，人跡板橋霜」的晚唐大詩人溫庭筠的《菩薩蠻》：

「小山重疊金明滅，鬢雲欲度香腮雪。懶起畫蛾眉，弄妝梳洗遲。照花前後鏡，花面交相映。

新帖繡羅襦，雙雙金鷓鴣。」

後蜀詞人群是在五代十國時唯一可以和南唐二李詞人集團相抗衡的文學集團，後蜀詞人中，歐陽炯、鹿虔扆、閻選、毛文錫、韓悰被稱為「五鬼」（南唐有亂政五鬼），都是一時之才俊。後蜀的文學氛圍之所以如此濃郁自然和最高統治者孟昶分不開的，孟昶本身的文學素質也很高，孟昶留有一首《玉樓春》：

「冰肌玉骨清無汗，水殿風來暗香滿。簾間明月獨窺人，欹枕釵橫雲鬢亂。三更庭院悄無聲，時見疏星度河漢。屈指西風幾時來？只恐流年暗中換。」這闋詞寫誰的呢？呵呵，就是後來大名鼎鼎的花蕊夫人。

孟昶能詞，但詞作不多，不過因為一闋《相見歡》讓他這個蜀後主與李煜這個唐後主打了近千年的筆墨官司，這闋《相見歡》我們特別熟悉：「無言獨上西樓，月如鉤，寂寞梧桐深院鎖清秋，剪不斷，理還亂，是離愁，別有一番滋味在心頭。」

讀過這闋詞都知道這是李煜的作品，可清人沈雄《古今詞話》中認為這闋詞是孟昶寫的，而後來「五十年來只欠一死」的王國維卻認為這是李煜之作。是是非非，千年滄桑，真相如何，我們已經很難說清楚了，但這闋詞的經典地位，卻無人能撼動。

孟昶還留下一副中國歷史上最早的春聯：「新春納餘慶，佳節號長春。」趙匡胤滅蜀後，派心腹人兵部侍郎呂餘慶知成都府，而趙匡胤的生日又稱長春節，所以坊間也把這副春聯當成蜀國滅亡的「讖語」。

現代人一提到五代文化，可能第一個想到的就是李煜，不過要論個人文學成就，孟昶遠不如李煜。但對當地文化事業的促進上，後蜀的成就要高於南唐一些。廣政四年（西元九四一年），孟昶下詔編《古今韻會》五百卷，讓人遺憾的是，這部書到了清朝就已經消失了。

孟昶漸漸懂事的同時，跟孟知祥打天下的那一輩人也陸續退出了歷史舞台，廣政九年（西元九四六年），孟昶的「相父」趙季良病死，趙季良死後，孟昶開始漸漸收回最高權力。但宰相張業卻專和孟昶對著幹，張業是個財迷，在民間搜刮了不少民財，加上張業居然敢在自己家中私設監獄濫用私刑，蜀中百姓痛恨不已。

張業在朝中得罪的人不少，翰林承旨李昊、右匡聖都指揮使孫漢韶、控鶴馬步軍都指揮使安思謙都恨透了張業的跋扈，幾人天天在孟昶耳朵邊嚼舌根子：「張業讓其子張繼昭密招江湖亡命徒，意圖謀反！」孟昶也知道張業也沒把自己當人看，再次祭出對付李仁罕的殺招。廣政十一年（西元九四八年）七月，等張業上朝時，孟昶喝令安思謙帶人抓住張業，就地處死，消除了隱患，也爭取到了民心。其他老臣如趙廷隱、王處回等人見皇帝長大了，知道自己該退休了，便都告老還家，從此相忘於江湖，孟昶這才開始實際上的親政。

孟昶和後唐莊宗李存勖一樣，都是需要「相父」管教的人，一旦沒有人管，基本上就成野孩子了。不過孟昶和李存勖不同，孟昶有文化，和後來的宋徽宗趙佶有些類似，孟昶把主要精力開始投入了文化事業上。早在他剛當上皇帝的明德二年（西元九三五年），孟昶就在成都設立了中國歷史上最早的皇家美術機構——翰林圖畫院，並任命大畫家黃筌為「權院事」。黃筌是五代十國時最著名的畫家，《寫生珍禽圖》就是他的代表作品。

孟昶偏安蜀中，中原戰亂波及不到這裡，孟昶便安心的做起了「太平天子」，除了開了幾次貢舉外，就是發展四川的文化事業，成就確實很大。但孟昶「不務正業」，「歪門邪道」搞得紅紅火火，可他的「本職工作」政治卻搞得一場糊塗。

廣政十八年（西元九五五年）五月，大周天子柴榮出師攻打後蜀，聲勢浩大（當然比柴榮下淮南小多了），孟昶連連敗北。後蜀名將高彥儔打不過柴榮的手下王景崇、向訓，被周軍奪去了秦州（今甘肅秦安）、階州（今甘肅武都）、成州（今甘肅成縣）、鳳州（今陝西鳳縣），北方的防禦體系幾近崩潰。

孟昶向柴榮求和，自稱「大蜀皇帝」，柴榮最容不得別人稱大：「朕才是天下主，你一個偏安昏君，怎敢和朕並立？」沒理孟昶。孟昶那顆脆弱的自尊心受到了嚴重打擊，北向大罵柴榮：「你算什麼玩意？朕當年稱帝之時，你不知道在哪個牆角旮旯鼠竊做賊！也敢對朕如此！」（英雄莫問出處，你孟昶不是靠你老子的本事，恐怕節度使你都混不上，居然敢罵柴榮？呵呵）。不過此時柴榮的主要目標是南唐，暫時沒動兩川，孟昶又可以多玩幾年。

說來也奇怪，大凡亡國之君身邊多有一個「紅顏禍水」，來替亡國背黑鍋。齊後主高緯有馮小憐，陳後主陳叔寶有張麗華，李煜有小周后，孟昶也有一個。以上幾位和孟昶的這位比起來名氣都要遜色，就是五代十國史上最具知名度的女人——花蕊夫人費氏。

這位花蕊夫人和前蜀王衍的老姨大花蕊夫人不一樣，費氏花蕊夫人不僅長得傾城傾國，而且極具才思，曾經寫下《宮詞》四十一首。雖然多為豔麗靡華之作，但其中也有一些諷喻詩，足以證明她絕不是一個僅供人欣賞的花瓶。其中一首諷刺唐玄宗、楊玉環和安祿山的宮闈醜聞：「東宮降誕挺佳辰，少海星邊擁瑞雲。中尉傳聞三日宴，翰林當擺洗兒文。」

孟昶得到這麼一個寶貝，興奮得暈倒過好幾次，當老娘一樣供著，極受寵愛。說到諷喻詩，又想起後蜀時一位縣令蔣貽恭的一首《詠蛤蟆》的詩來：「坐臥兼行總一般，向人努眼太無端。欲知自己形骸小，試就蹄涔照影看。」透過描寫蛤蟆來譏諷那些不學無術卻又盛氣凌人的官吏，入骨三分，讓人叫絕。

現在我們都知道成都還有一個別名「蓉城」，而蓉城名稱的來歷正是這位花蕊夫人，花蕊夫人最愛芙蓉花，孟昶為了討好她，下令在成都城中遍種芙蓉。成都四十里長街盛開芙蓉，成都此後也就俗稱蓉城。

十

時間一久，孟昶初期勵精圖治的精神不見了蹤影，便日益奢靡起來，反正他有的是錢。孟昶甚至用金銀珠寶來裝飾自己的尿盆。上行下效，王公大臣都向皇帝學習，百姓深受其害。皇帝一昏庸，小人就立刻跟進，孟昶身邊從此又多了一些溜鬚拍馬的人物，其中最有名的就是自比諸葛亮的王昭遠。

說王昭遠是小人有些刻薄，把王昭遠比做趙括更合適，他熟讀兵法，也頗為自負。王昭遠幼時喪父母，做了僧人智諲的童子。後來被孟知祥看中，陪孟昶讀書，是孟昶的私人秘書。孟昶繼位後，王昭遠自然也跟著升天，先從捲簾大將做起，積數十年之功，終於混到了樞密使。

不僅是王昭遠自比諸葛亮，連孟昶也這樣認為，深加重用。不過孟昶的老娘李太后一直沒瞧上王昭遠，曾經勸孟昶不要相信這個空心蘿蔔，早晚要誤大事，孟昶聽不進去。

孟昶有了這位冒牌諸葛亮，底氣大增，甚至想北伐中原。此時中原已經舊貌換新顏了，五代已經結束，代之而起的是前周殿前都點檢趙匡胤建立的宋朝。趙匡胤志在統一，在消滅了割據荊南的高氏政權以及湖南的周保權後，趙匡胤的下一個目標就是孟昶。

蜀中雖大，終不是中原大國的對手，可王昭遠卻不這樣想，他經常找諸葛亮談心：「先生，雖然您北伐中原功敗垂成，不過不要緊，有學生我在，保證活捉趙匡胤，為你報仇雪恨。」孔明先生在空中大怒，晃動鵝毛扇斥道：「呸，趙匡胤和我有什麼關係？我要的是曹叡。以後少打我的旗號，交商標使用費了嗎你？」

王昭遠雄才大略，身邊也都是些高人。山南節度判官張廷偉給王昭遠出了個好主意：「大人出身寒微，身至樞密，卻無大功於天下，人多不心服。為大人計，不如通使河東，讓劉承鈞出兵攻汴梁，趙匡胤必舉國應之。關右空虛，大人率一支軍出子午谷，趁勢把關西之地給端了。立此不世功，蜀中人士孰敢輕大人？」

王昭遠大喜，勸孟昶聯絡北漢，出兵收復關右。孟昶根本不了解趙匡胤，只是知道他欺負了人家的寡婦孤兒才當上皇帝的，覺得有利可圖，便派部將趙彥韜、孫遇、楊蠲去找北漢找劉承鈞。可趙彥韜等人覺得孟昶這棵樹太小，不夠他乘涼的，便改換了門庭，在汴梁向趙匡胤自首，交出了藏在蠟丸中的密信。並把蜀中地理形勢、軍隊分布畫成圖，交給趙匡胤。趙匡胤正準備伐蜀，正愁對川中形勢不熟，突然間得到這幾個活寶，自然大喜。

宋乾德二年（後蜀廣政二十八年，即西元九六五年）十一月，以忠武軍節度使王全斌為西川行營鳳州路都部署，武信軍節度使崔彥進、樞密副使王仁贍為副，出子午谷。同時以寧江軍節度使劉光義為歸州路副都部署，樞密承旨曹彬為都監，出三峽，大軍六萬合擊西川。

趙匡胤為了讓將士們給他死心塌地的賣命，行前告訴王全斌：「此次伐蜀，朕只要土地與百姓。入蜀後，每得一城，留下兵甲糧草，錢帛盡分給有功將士。」眾人歡呼而去。這次西征，趙匡胤志在必得，提前為孟昶建好了府第，就等孟昶來作客了。

王全斌和劉曹部鋒線直進，勢如壓卵。而孟昶知道趙匡胤發兵後，並不著急，派出「諸葛亮」王昭遠和韓保正等人去教訓宋軍。王昭遠知道宋人從來沒有見過諸葛亮，今天就讓他們嘗嘗諸葛亮的厲害。

王昭遠對前來送行的宰相李昊拍胸脯：「別說趙匡胤的這幾路菜鳥不在話下，就是他的中原，我看取之也似探囊取物一般。此次我領三萬雕面惡少，北行滅賊，先搞掉王全斌，再殺進汴梁城，活捉趙匡胤。宰相當為我準備好慶功宴，等我勝利的消息！」李昊知道王昭遠是個牛皮大王，誰信他這個？暗中狂笑不止。

王昭遠督軍應戰，手中拿著鐵如意指手畫腳：「打到汴梁城，活捉趙匡胤。」宋軍王全斌部入蜀路線和四十年前郭崇韜差不多，而且宋軍多是在周世宗柴榮手下歷練過的好漢，怕你什麼蜀軍？宋軍在三泉（今陝西寧強西北）大敗蜀軍，生擒蜀山南西道節度使韓保正，一路南下。而出三峽一線的劉光義、曹彬部行進也比較順利，攻破後蜀東川重鎮夔州（今重慶奉節），寧江軍節度高彥儔自焚殉蜀。

乾德二年十二月，宋軍行至利州（今四川廣元），終於見到了這位當世諸葛亮。宋軍先發動進攻，一鼓破金山寨，隨後宋軍嘉陵江邊再破蜀軍，王昭遠帶著敗軍哄逃至大漫天寨。到了第二天，宋軍崔彥進部、康萬澤部、張萬友部三路合擊大漫天寨，王昭遠盡出蜀軍精銳，兩軍展開死戰。「兵熊熊一個，將熊熊一窩」，王昭遠酒囊飯袋，帶出來的兵都是如此，一敗而潰。王昭遠還不服，再和武定軍節度趙崇韜糾集殘兵連和宋軍大戰三場，結果全輸，王昭遠鼠竄至劍門（今四川劍閣北）。

孟昶派出皇太子孟玄喆去支援王昭遠，可孟玄喆更是個大飯桶，把行軍當成了遊山玩水。宋軍主將王全斌沒功夫搭理這個傻小子，要盡快殲滅王昭遠部。乾德三年（西元九六六年）春，宋軍史延德部過來蘇（今四川劍閣東南），直撲要塞青強嶺，正在劍門養精蓄銳的王昭遠聽說宋軍到了青強，不想送死，退至漢原坡。

王全斌不依不饒，率軍直進，一直追到漢原坡，宋軍主力對蜀軍發動強烈攻勢，蜀軍軍心渙散，被宋軍好一陣猛殺，死傷無數，趙崇韜被擒於陣上。王昭遠剛開始還有點興致，坐在胡床上指揮戰鬥，看到宋軍逕直朝自己撲來，嚇得脫了盔甲騎馬就逃，一直跑到東川，好容易甩開宋軍。

王先生躲在一間民宅裡，號啕痛哭，眼睛都哭腫了，邊哭邊背起羅隱的詩：「拋擲南陽為主憂，北征東討盡良籌。時來天地皆同力，運去英雄不自由。千里山河輕孺子，兩朝冠劍恨譙周。唯餘岩下多情水，猶解年年傍驛流。」

剛背完最後一句，宋軍騎兵就追了過來，看到王先生如此悲傷，宋軍將士們也心情沉痛的把王先生給捆了起來，押回軍中。而蜀國太子孟玄喆跟蝸牛似的來到綿州（今四川綿陽）時，聽說宋軍已經破了劍門，王昭遠也被捉了，嚇得丟下軍隊，帶著幾個親信逃回成都。

正在成都等待勝利消息的大蜀皇帝孟昶一聽敗報，臉都嚇綠了。他經常嘲笑王衍無能亡國，難道自己真是王衍「轉世」？看來很有可能。孟昶問大臣誰還有什麼好辦法？

將軍石頵給孟昶出了個主意：「辦法倒有一個，就是陛下不要再和宋軍打了，堅壁清野，只守不戰。宋人遠來，加上蜀地艱險，糧草運輸必然不濟。等到他們糧草吃光的時候，陛下再進行反擊，仍然有可能擊退宋軍。」

孟昶覺得這個辦法不怎麼樣，長歎一聲：「算了吧，這招太冒險了。我們孟氏坐守兩川四十年，對將士不可謂不厚，可他們根本不是宋朝的對手。就算堅守不戰，誰能保證他們不貪圖富貴而投降呢？」石頵勸孟昶的這個建議和三國時廣漢從事鄭度勸劉璋是一回事，可劉璋也沒有聽鄭度的，回答的話和孟昶幾乎一模一樣。

其實這個建議雖然能延緩一下蜀中政權存在的時間，但根本不可能改變蜀國滅亡的命運，趙匡胤和劉備不同。劉備北有曹操、東有孫權，一旦攻蜀不下，孫權就有可能下荊州。趙匡胤後顧無此憂，大不了多陪孟昶玩幾年，總歸是個亡字，但等到趙匡胤好脾氣被磨盡的時候，孟昶就算降，也不會有好果子吃的。

宋軍兩路直下，離成都越來越近，孟昶想來想去沒想出一個好辦法，「德高望重」的李昊同志勸孟昶投降，仍不失富貴。孟昶急迫無法，只好命李昊草降表，率文武出降宋軍。後蜀廣政二十九年（即宋乾德三年，西元九六六年）春，後蜀滅亡。

李昊很有意思，四十年前王衍出降後唐，降表就是李昊寫的，沒想到四十年後，李昊居然再次玩了這一手。四川人也特幽默，有人趁夜在李昊家的大門上寫了六個大字：世修降表李家！時人傳為笑柄。

孟昶隨後舉族東遷，來到汴梁。趙匡胤封孟昶為秦國公，並稱孟昶的母親李太后為國母。孟昶看到趙匡胤還不錯，以為總算能有好日子過了，食邑萬戶夠他享受的了。可趙匡胤卻看上了他的寶貝花蕊夫人，但因孟昶在身邊礙眼，不太方便搞到花蕊夫人。想來想去，把孟昶給「想」死了：「乾德三年六月，中書令、秦國公孟昶薨。」趙匡胤素服哀悼五日，追封孟昶為楚王。孟昶死時距他受封秦國公只有短短的七天，在這七天中發生了什麼，許多當事人都明白得很。

孟昶的老娘李氏當然知道兒子是因為什麼死的，沒有哭，只是灑酒於孟昶的靈前：「爾不能以身殉國，貪生怕死，結果以致如此。」李氏此時已斷生念，絕食數日而死。

當年王建風光之時，沒有想到家族會被不相干的李存勖滅掉。孟知祥運氣稍好一些，雖然同樣被不相干的趙匡胤所滅，但孟氏家族都還安然無恙。孟昶長子孟玄喆很受宋朝重用，先後鎮過貝州、定州，後隨宋太宗趙光義北伐契丹，立過戰功，善終於滁州。孟玄喆幾個叔父兄弟也都是善終，終生富貴，只是苦了一個孟昶，因為一個女人橫死。

孟家母子一死，趙匡胤便強行納花蕊夫人入宮，備加寵愛。花蕊夫人哀孟昶之死，心情鬱鬱，但還是在趙匡胤面前強作歡顏。有一次，趙匡胤聽說花蕊夫人詩寫得極好，便讓她寫一首詩給他看看。

花蕊夫人想了想，寫下一首詩：「君王城上樹降旗，妾在深宮哪得知。十四萬人齊解甲，更無一個是男兒！」

趙匡胤大聲叫好！

第二章

割據江東——從楊行密到李璟

一

如果現代人提到吳王，一般會想到誰？估計很多人會說出夫差和孫權的名字。也難怪，夫差和勾踐、西施的「三角戀愛」以及孫權、劉備、曹操扯不清道不明的關係家喻戶曉，不知道他們都不行。除此之外，還有哪個吳王更出名呢？也許是西吳賢王朱元璋，也有人會提到唐太宗李世民的三兒子吳王李恪，當然，也會有人提到五代十國時吳國的創建者楊行密，今天就來說楊行密。

楊行密是廬州（今安徽合肥）人，生於唐宣宗李忱大中六年（西元八五二年），和出生在碭山的朱溫同歲。楊行密和同時期的許多開國帝王一樣，都是「無產階級」出身。出身底層的人多有兩種選擇，要麼人窮志短，要麼窮且益堅，楊行密屬於第二種人。

楊行密二十歲的時候，天下大亂，軍閥混亂，社會動盪不已。楊行密初出江湖，暫時沒混出頭面，只好幹起偷竊的無本買賣。可惜楊行密手技不精，被官府給捕拿到了，送到刺史大人鄭棨那裡。鄭棨一看楊行密這塊頭：好傢伙，跟牛似的。

鄭棨甚奇之，大呼：「好漢！看你不是個庸才，是個幹大事的料子，何必做賊?!現在天下大亂，本官給你一條生路，快去幹點正事謀生吧！」把楊行密放了。不過不久後，鄭棨在當地徵兵，楊行密參了軍。

如果想在江湖上混出個模樣，就得有一技之長，現代社會何嘗不是如此。楊行密有兩樣本事：力大可舉百斤之物，而且長於步行，一日能行三百多里（有些誇張，好像戴宗一般）。有這等本事，何愁混不出頭？放到現在，楊行密可以參加舉重或競走比賽，不敢說就一定能獲得奧運冠軍，弄個亞洲冠軍不是什麼難事吧。

唐廣明元年（西元八八〇年）十二月，唐僖宗李儇為避黃巢逃竄成都，盧州刺史鄭棨為了不和唐朝中央政府失去聯繫，經常派「神行太保」楊行密去成都問聖恭安。只是有些納悶，鄭棨為什麼不讓楊行密騎馬去？難道楊行密走得比馬還快？還是窮得連一匹馬也出不起？後來楊行密奉命駐守朔方（今陝蒙晉交界一帶），代期到，又回到盧州。

楊行密的上級軍官勸盧州刺史郎幼讓楊行密等人再去朔方，楊行密想留在家鄉，一怒之下，將這位軍爺的頭給剁了下來。楊行密入伍這幾年，周圍聚了不少兄弟，楊行密有力氣有本事，自然做老大。楊行密自稱什麼八營都知兵馬使，在盧州自稱老子。郎幼知道楊行密比較野，不敢得罪他，便寫信給淮南節度使高駢：「這位楊兄弟很有本事，節度大人不如讓他來主管盧州吧，給我挪個窩就行。」

高駢也聽說過楊行密這個人，便派人告訴楊行密別當什麼不算數的八營兵馬使了，跟著我，包你吃香的喝辣的。楊行密當然願意，幹黑道買賣終究不是個正路。高駢上奏朝廷，唐中和三年（西元八八三年）二月，唐朝封楊行密為盧州刺史。楊行密沒怎麼費事就吃到了皇糧。

而楊行密的恩主高駢看到黃巢已經把唐朝折磨得不成個樣了，便有心割據，根本不把李儇放在眼裡，罵李儇是漢更始劉玄這樣的蠢貨。李儇大怒，罵高駢無恥，高駢又回書對罵，李儇拿高駢半點辦法也沒有。後來黃巢起義被鎮壓，各路有功藩鎮都有重賞，只有高駢沒刮到半點油水，手下一些人也看高駢無能，跑了不少，高駢腸子都悔青了。

高駢看破了紅塵：人生不過如此，開始信奉道教。然後在揚州建造高樓，高駢則身著道袍，在樓上胡混，淮南事務基本由術士呂用之打理。呂用之經常糊弄高駢，不知從哪弄了把銅劍，騙高駢說：「這是神劍，威力無窮，主公可以防身。」高駢大喜，騎著木頭雕刻的鶴，舞著神劍，高呼「鶴舞翩翩，得道成仙」，在院子裡飛來飛去。

看到高駢走火入魔，手下兩員大將俞公楚和姚歸禮痛心疾首，臭罵呂用之小人。呂用之懷恨在心，正巧慎縣（今安徽合肥東北）鬧「賊」，高駢就派俞公楚和姚歸禮帶兵去剿。呂用之為了除掉這兩人，暗中使人告訴楊行密：「這兩個小人要借剿匪為名偷襲廬州，兄弟你小心些。」楊行密一聽：「那還了得！我的地盤我做主！」

畢師鐸出兵去襲擊俞、姚所部，二人沒有防備，被楊行密殺個過癮。隨後楊行密就在高駢那裡告了二人的狀，高駢這裡早就被呂用之騙傻了，信以為真，重賞了楊行密。（高駢一代名將，居然蠢成這樣?!）

高駢的部將畢師鐸見高駢已經瘋了，也想撈一把，便在唐光啟三年（西元八八七年）四月，聯合高郵守將張雄從駐地高郵出兵，並約請宣州刺史秦彥出兵奇襲揚州。和畢師鐸有過結的呂用之非常害怕，一邊給楊行密寫信快來救人，一邊在城中大肆抓人上城防守。不過畢師鐸有點本事，沒多久便破揚州，呂用之騎著木鶴逃去，邊騎邊喝：「媽的，飛快點！」畢師鐸的目標並不是呂用之，而是高駢，具體一點說，是揚州城。

高駢得知畢師鐸要進揚州，不知所措。都虞候申及勸高駢：「現在形勢緊急，請令公先出揚州避避風頭，然後再集合弟兄們殺回來。畢師鐸是個草頭王，手下沒多少人馬，不足為懼。請令公速下決斷，不然大勢去矣。」高駢天天騎鶴都騎傻了，覺得畢師鐸不像是個壞人，不從申及之計。

這時畢師鐸已經進了城，高駢穿上官服去見畢師鐸。高駢和畢師鐸真有意思，二人穿著官服對拜，高駢拜道：「將軍辛苦！吃早餐了沒？」畢師鐸還拜：「沒令公辛苦，沒呢，有啥好吃的？」這二位真是相當的客氣。

高駢為了套住畢師鐸，封畢師鐸為淮南節度副使，其實揚州城已經成了畢師鐸的囊中物，副不副的都無所謂，高駢的性命也被畢師鐸握在手中。不久，畢師鐸將高駢一家軟禁起來，對高駢等人的飲食供應基本沒有，高駢經常餓肚子。

畢軍和秦彥的宣州軍進城後，開始發財，大掠揚州市。因為高駢這些年斷了對朝廷的進貢，所以高駢積蓄了不少寶貝，這下全都被江湖好漢給刮光了。畢師鐸覺得撈得差不多了，下令禁止剽掠。

這時「大師」呂用之已經逃到廬州，楊行密聽說畢師鐸入了揚州城，心中難免酸溜溜。幕僚袁襲進計楊行密：「方今天下大亂，淮南憑河臨江，是割土為王的好地方。高駢已經失了勢，畢師鐸不是個能成大事的人物，現在揚州無主，將軍不可錯過天賜良機，乘亂取淮南！」此言正中楊行密下懷，親率廬州精兵急馳揚州。

攻下揚州後，幾路暫時聯合的勢力出現了分歧，張雄想多要點東西，畢師鐸以沒有得到秦彥的同意為由不借。張雄大怒，率本部兵倒向了楊行密。楊行密來到天長（今天安徽天長）時，正碰上呂用之這個活神仙，呂用之向楊行密哭訴畢秦二人的惡行，並帶所部加入了楊行密的隊伍，楊行密帶的人馬加上兩路差不多有兩萬，足以對抗畢師鐸了。

楊行密率軍攻城，不過一時沒有得手，便把部隊紮在蜀岡（揚州瘦西湖），等待機會。畢師鐸仗著自己兵力雄厚，連早飯都沒吃就出城找楊行密較量。楊軍雖有兩萬，但楊行密不知道呂用之和張雄的底細，不敢硬扛，詐敗而走。

沒想到畢師鐸的人馬剛撲進廬州軍的大營，就四處找東西充饑，都餓壞了。楊行密沒跑多遠，看到對手如此搞怪，大笑：「今天爺請弟兄們吃餃子，給我殺！」廬州軍開始反擊，畢軍正在廬州軍營中吃早飯，還沒來得及涮碗呢，就被廬州軍一通狂砍，死傷無數，畢師鐸單騎逃回揚州城。

進城之後，畢師鐸窩了一肚子閒氣，問秦彥怎麼辦？秦彥也不知道，便找來自稱神通廣大的尼姑王奉仙，問當如何？奉仙大師胡謅一通：「天神來告，揚州城當死掉一個大人物，然後才能轉危為安。」秦彥笑道：「我和畢將軍也算是個人物，但要說到大人物，除了高駢沒第二人。畢公，意如何？」畢師鐸早就想除掉高駢，大喜，派副將劉匡帶兵去殺高駢這個瘋子。

這時的高大人因為饑餓難耐，正蹲在地上煮皮革吃。有人驚懼萬狀來告高駢：「令公，有人要殺我們了！」高駢不信：「哪有這等事，想必是秦彥給我們送吃的來了。」整肅衣冠，立階下等待美食。哪知道闖進來的不是秦彥，而是劉匡。還沒等高駢問話，眾人就上前把高駢撲倒在地，連踢帶打，邊揍邊罵：「逆賊高駢，上負天下，下殘士民，今天我等要為揚州百姓討還公道！」

高駢被打得眼冒金星，正欲辯解，眾人刀槍齊下，高駢斃命，光啟三年九月，一代名將高駢就這麼離開人世。（何其荒唐，何其悲哀！）而跟著高駢餓肚子的家屬人等，一人一刀，送上黃泉路。然後挖個大坑，把屍體踢到坑裡，埋掉了事。

二

楊行密得知高駢慘死，放聲痛哭，讓三軍將士盡皆帶重孝，對著揚州城號哭三天三夜。高駢對楊行密有大恩，哭哭恩主也是應該的，如果沒有高駢的提攜，楊行密不知道哪年才能混到這個地步。

當然楊行密這也是條苦肉計，在部下面前表演一下：「看我楊某人如何忠義無雙，弟兄們學著點。」楊行密懷著對畢師鐸等人的刻骨仇恨，開始攻城，仍然沒有拿下。楊行密決定困城，餓死畢師鐸。

這招果然陰毒，反正揚州附近有的是糧食，楊行密能等得起。城中的畢師鐸就慘了，被困了半年，別說糧食，草都吃沒了。城中糧食價格一路飆升，但有價無市，有再多的錢也買不來糧食。錢固然重要，但比錢更重要的是糧食，錢有時可以買到糧食，但有時一粒也買不到，因為別人要吃了活命。

城中百姓比畢師鐸還要可憐，因為軍糧吃光了，秦彥所帶的宣州軍開始做起了人肉買賣，死人肉也賣，活人殺了再賣，跟屠宰場一般。（慘不忍睹！）即使這樣，揚州也堅守不了幾天了，人肉吃光了還能吃什麼？

光啟三年十月，楊行密覺得時機已到，命眾軍攻城，畢師鐸和秦彥居然還有力氣頂住廬州軍的狂攻。楊行密越打越洩氣，想收手回師。正在猶豫間，當天夜裡，狂風肆起，大雨劈降。楊行密突然改變主意：「此正破城時也。」決定利用天時襲破揚州。楊行密讓呂用之手下張審威帶著三百不要命的弟兄，趁雨夜模糊之際，城上守軍多饑困難耐，爬上城去，打開城門。

畢師鐸和秦彥已經知道楊行密即將入城，知道自己如果落到楊行密手裡，不定被楊行密給活吃了。忙問「揚州臨時作戰總指揮」王奉仙：「大師給弟子指條活路吧，我們可不想作楊行密的盤中餐。」

奉仙大師罵道：「你們這兩個笨熊，沒讀過兵法？」二人齊道：「讀過，哪句？」王奉仙呸道：「豬！孫子曰過，走為上！」二人大悟：「好主意！手長的打不過腿長的，留得青山在，不怕沒柴燒。」（瞧你倆這點出息！）眾人開門逃去。

楊行密見張審威得手，麾軍冒雨殺入揚州城。入城後，全城地毯似的搜拿畢師鐸，可惜挖地三尺也沒找到。這時楊行密驚愕地發現：城中百姓遍地餓殍，存活下來的只有幾百人，而且都餓得跟鬼似的。楊行密善心大發，急命人運糧到城中，讓這些幸運的百姓吃了個飽。戰爭的殘酷毋庸多言，不僅軍人能感受得到，亂世中的百姓比軍人更能體會戰爭的殘忍，有句俗語講得好：「寧為太平犬，勿為亂世人。」

光啟三年十月，楊行密在揚州自稱淮南留守。但這時的揚州城已經被戰爭掃蕩得近乎徹底破產，楊行密有些猶豫，是不是要回廬州。沒等楊行密考慮好呢，盤踞在河南腹地的「大蔡皇帝」秦宗權也想得到揚州，派弟弟秦宗衡為帥，孫儒、劉建峰、馬殷、許德勳等人為副殺到揚州城下。落難的畢師鐸、秦彥沒地方去，只好厚著老臉，混進了秦宗衡的隊伍裡，一起攻打揚州。

楊行密剛剛趕出了畢師鐸，沒想到自己也成了「畢師鐸」，不過秦宗衡只是屯於揚州西門外，楊行密還能透透氣。秦宗衡開始進攻，楊行密開始防守，中場就是揚州的城牆。秦宗權本想拿下揚州擴大地盤，可汴州的朱溫不想給他這個機會，率軍前來找秦宗權。秦宗權這時也顧不了揚州，保命要緊，急令秦宗衡速率軍回河南，對付朱溫。

秦宗衡是哥哥的提線木偶，讓撤就撤吧，可身邊的頭號大將孫儒卻起了歹意，不想回去，想破揚州弄個山大王當當。從孫儒角度來考慮，何必回去跟秦宗權找工，自己當淮南王豈不是更好？秦宗衡設宴帳中，催問孫儒：「你怎麼回事，我哥哥的話你敢不聽？信不信我殺了你？」孫儒冷笑：「信，我當然信！」上前一刀砍死秦宗衡，收編了人馬，率軍在揚州一帶發財。但秦宗衡手下大將安仁義卻不想跟孫儒混，逃出營中奔降楊行密。

孫儒對畢師鐸和秦彥不放心，又把二人送上了斷頭台，地下找高駢去了。孫儒自做軍中大帥，給自己的隊伍起了一個非常有趣的名字「土團白條軍」。

宣武軍節度使朱溫此時已經兼任了淮南節度使（當然朱溫領的是空頭支票），聽說楊行密很有兩下子，想拉攏楊行密，封楊行密為淮南節度副使，但又讓自己的行軍司馬李璠為揚州留守，實際上朱溫想踢開楊行密，撈走揚州。楊行密豈能答應？不願意收張空頭支票，拒絕李璠入城。李璠哪敢在楊行密的地頭上撒潑耍賴，速將情況告訴朱三，快拿個主意。朱溫知道自己的爪子再長，現在也搆不到淮南，只好先便宜楊行密，讓楊行密做淮南留守。

楊行密現在最需要的不是什麼虛名，而是如何對付強悍的孫儒，看孫儒這架勢，明擺著要吃人，楊行密能不擔心？而且城中的那些人未必就和自己一條心，萬一事發肘腋，悔將無及。楊行密對「盟友」呂用之越來越不放心，這廝能把高駢給糊弄死，難說就不敢要自己。一不做二不休，幹掉呂用之。

楊行密想起還沒到揚州前，呂用之曾經說自己有一大筆錢埋在揚州城中，入城之後就送給楊行密的手下買酒喝。呂用之進城後就把此事給「忘」了，不肯拔毛。楊行密知道單拿這事殺呂用之還不足以服人，就拿高駢之死說事。

光啟三年十一月，楊行密大整士卒，將呂用之叫過來，笑道：「用之兄，弟兄們正等著錢買酒呢，男子漢大丈夫，一言猶駟馬也，怎能無信？」命人拿下呂用之，嚴加拷問，呂用之吃打不過，只好自認倒楣：「某月某日，趁高駢不備，將高駢勒死。」楊行密大喜，立將呂大師腰斬於市。與其說楊行密在為高駢報仇，不如說這是在爭取揚州人心，呂用之在揚州惡行累累，人皆恨之入骨，殺掉呂用之換來人心，划算的買賣。

除掉隱患，接下來就要和孫儒見真章了。手下參謀袁襲勸楊行密：「揚州江左名都，欲成大事者必得之，但現在孫儒聲勢太大，加上城中空虛，現在還不是我們和孫儒死拼的時候，將軍當留條後路，為日後計！」楊行密暫時捨不得離開揚州，便先刮了揚州的地皮，讓部將蔡儔去守老巢廬州。

孫儒在江淮發了一筆橫財後，覺得該去揚州會會楊行密了。唐文德元年（西元八八八年）三月，孫儒率軍攻揚州。楊行密雖然不想走，但眼前形勢對自己不利，大丈夫能屈能伸，何必在此做無用功，撤出揚州，隨後孫儒就進了城，自做淮南節度使。

楊行密想轉道去海陵（今江蘇泰州），袁襲不同意：「海陵小郡，不足容身，不如回到廬州，廬州錢糧夠我們吃的。」楊行密也沒好去處，率軍撤離揚州。

文德元年八月，楊行密在西還路上，突然想改變原定計畫，準備偷襲洪州（今江西南昌）。袁襲道：「洪州被鍾傳控制，一時半會未必能攻下，宣州兵少易攻，而且宣州扼處浙東，得到宣州，我們就可以向東擴張。守城的趙鍠本是秦彥舊部，現在秦彥死了，趙鍠豎了，無足懼也。」

楊行密覺得這辦法好，再一次改變作戰計畫（搞什麼啊你？），直撲宣州。在曷山（今安徽宣城西南三十里處）大敗趙鍠軍，趙鍠逃進城去龜縮不戰。楊行密沒什麼好說的，攻城。宣州城內百姓再次因為楊行密的到來而倒了大楣，餓死無數，趙鍠開城逃跑，被楊行密大將田頵追上去捆成了大粽子，押到楊行密面前，一刀給廢了，趙鍠的大將周本投降了楊行密。

進城之後，眾將四處搶掠財物，只有楊行密手下部將、海州（今江蘇連雲港）人徐溫去搶糧食，然後分給饑餓的老百姓，人心大悅。徐溫是五代十國南唐史上的重要人物，可以說沒有徐溫，就沒有後來的南唐。徐溫此舉也為楊行密掙來了不少掌聲，楊行密自然高看徐溫。

一片喜氣之中，楊行密的頭號謀士袁襲突然病死，楊行密差點疼死，在袁襲靈前哀號不止：「難道這是天意？不想讓我成就大事？為什麼要奪去我的股肱之士！」彷彿曹操哭郭嘉。不過楊行密話鋒一轉：「我為人寬厚，袁襲卻常勸我殺人，怪不得他壽祿不永。」不知道楊行密這是在誇袁襲，還是在貶他。

不久後，老巢廬州被孫儒給抄了，楊行密無家可歸，只好在宣州立足了。因累年作戰，將士疲乏，先事休整，然後進行「圈地運動」，而且只許成功不許失敗，因為無路可退。此時湖州刺史李師悅和杭州刺史錢鏐正在宣州附近上演雙雄會，雙方展開殘酷的拉鋸戰。

楊行密覺得雙雄會不過癮，硬是插進了一腳。唐龍紀元年（西元八八九年）十一月，楊行密盡出精銳交付田頵、李神福等人東進蘇浙，去取錢鏐的常州，常州制置使杜稜不讓田頵進城參觀。田頵同志實在太好玩了，杜稜不讓他進城，他就挖地道進去。沒想到地道居然挖到了杜稜的臥室裡，田頵的弟兄們破土而出，正好看到杜稜，杜稜大驚：「你們是什麼人？」眾人大笑：「你家土地老爺！」上前七手八腳把杜稜給拿了，田頵順利進城。

楊行密前腳剛插進蘇南，朱溫後腳就插進了淮南，打著幫助楊行密的旗號派大將龐師古率大軍渡過淮河來剿滅孫儒，實際上是想開拓地盤，做名副其實的淮南節度使。孫儒這頭也沒閒著，龍紀元年十二月，孫儒過江先繞過錢鏐控制的潤州而攻常州。田頵還沒欣賞完杜稜臥室的裝飾呢，就被孫儒給趕了出去。

孫儒讓劉建鋒守常州，回到揚州。孫儒覺得錢鏐的勢力在潤州比較礙眼，又讓劉建鋒攻潤州。替錢鏐守城的成及不是劉建鋒的對手，讓出潤州跑了。不久，孫儒拿下三吳首鎮蘇州。

拿下潤、常、蘇三州後，孫儒勢力急驟膨脹，成為蘇浙一帶實力最強的軍閥。唐大順元年（西元八九〇年）二月，孫儒挾餘威又在陵亭（今江蘇興化南）收拾龐師古，龐師古太不給朱溫爭氣，被孫儒打得嘴歪眼斜，逃回去挨批了。

古語有云「天下非一人之天下，唯有德者居之，無德者讓之。」這句話的前句話是真話，後半句是假話。地盤就那麼大，誰有本事誰拿走，這靠的不是什麼「德」，而是實力。有德者要得天下，首先要有強大的軍事力量做保證，否則如宋襄公那般迂腐之德，只能落得貽笑千載的下場。

譬如甲乙二人，甲有德無武，乙有武無德，眾人是跟甲呢，還是跟乙呢？毫無疑問，跟從乙的將是絕大多數，為什麼？因為乙手上有刀，可以殺得了人。甲沒有刀，只有德，但德是殺不了人的。不會殺人的人，只能被人殺掉。

三

此時蘇南形勢非常混亂，楊行密、孫儒、錢鏐勢力犬牙交錯，拖成團的咬。楊行密也想在蘇南這碗裡撈食吃，大順元年二月，楊行密趁孫儒集中主力和龐師古對掐的時候，楊行密派大將馬敬言去潤州作客，沒費多少工夫就將潤州拿下。隨後楊行密再派安仁義、田頵、劉威各部進取常州。劉建鋒非常好客，熱情「招待」了安仁義等人，在武進（今江蘇武進）被打敗後，逃出常州，楊行密留李友守常州。

孫儒剛混到手的寶地，還沒拿穩，就被楊行密給端了，不由得大怒。大順元年閏九月，孫儒再派劉建鋒分三路軍過江再取潤州、常州。楊行密手下的同志們也非常好客，見劉建鋒來了，比當初劉建鋒的招待還熱情，全都被打跑了。十二月，孫儒再拿下蘇州，殺掉楊行密大將李友。

孫儒得理不饒人，想趁楊行密倒楣的時候，一舉消滅楊行密。孫儒親自來給楊行密上課，大順二年（西元八九一年）正月，孫儒盡起江淮精銳，過江來滅楊行密，行至溧水（今江蘇溧水），遇上前來防禦的楊行密軍李神福部。來之前楊行密告訴李神福：「敵強則避之，弱則擊之，卑而驕之，然後再戰。」李神福按楊行密的指示，在孫儒面前裝孫子，連連退卻。

孫儒以為李神福真是個孫子，可晚上就領教了這個「孫子」的厲害，李神福在深夜突襲驕狂不已的孫儒，孫儒沒防備，被李神福亂砍一通，孫儒後撤紮營。李神福好像吃了偉哥一般，興奮過了頭，連勝孫儒軍康旺、安景思、李弘章三部。不過孫儒實力倒沒有受到大多損失，繼續作戰。孫儒開始反擊，大將馬殷在黃池（今安徽蕪湖東）大敗田頵、劉威，前鋒直抵宣州。

楊行密有些害怕了，想西奔銅官（今安徽銅陵）。李神福搖頭道：「主公差矣，孫儒孤軍深入，以戰養戰，只要我們堅守不戰，再派騎兵燒掠糧食。他們沒了糧食自然心慌，利求速戰，到時候我們以逸擊疲，怕什麼孫儒？」楊行密覺得有道理，派李神福專門給孫儒的糧草運輸隊搗亂，孫儒軍開始缺糧。孫儒知道利在速戰，不想多說廢話，率大軍西進，楊行密也不甘示弱，決定和孫儒決一死戰。

要說孫儒確實強悍，手下也多是不要命的亡命徒，戰鬥力非常強。楊行密為了保命，管不了這些，帶著幾票弟兄狂吼著殺進陣中，要殺孫儒來一場男人之間的決鬥。孫儒人多勢眾，沒把這點蝦米當回事，很快就把楊行密給圍了起來，楊行密東殺西突，力漸不支，眼見楊行密就要做刀下之鬼。正在絕望時，楊行密手下大將李簡帶著一百多騎兵闖入重圍，大喝：「主公勿憂，李簡在此！」直取楊行密，周遭弟兄眾星捧月，生生的把楊行密給救了回去。

杭州城的錢鏐非常嚮往蘇州，在孫儒盡起主力消滅楊行密之時，趁亂取回了蘇州。楊行密對付孫儒非常吃力，便急使人告救於錢鏐。錢鏐知道楊行密一死，孫儒下一個吃掉的肯定是自己，唇亡齒寒，不能不救，發兵出糧前來支援楊行密。孫儒見一時不能得手，先回揚州。

對孫儒來說，楊行密一日不死，他一日別想安生吃飯。為了徹底消滅楊行密，孫儒破釜沉舟，連揚州這塊戰略根據地也不要了。唐景福元年（西元八九二年）秋，孫儒火燒揚州城，盡起主力前去和楊行密拼個死活，號稱大軍五十萬，如蝗蟲般直撲宣州。說孫儒軍是蝗蟲真不冤枉他，所過之處，燒殺搶掠，甚至殺老弱百姓割肉充作軍糧。

孫儒犯下了一個嚴重的戰略錯誤，雖然楊行密是他必須消滅的勁敵，但放棄揚州這塊戰略根據地，自絕後路。後果孫儒想到沒有？萬一沒攻死楊行密，揚州又被強敵（尤其是朱溫）所據，前有困獸，後有餓狼，進不得，亦退不得，一戰不利必死。孫儒開始還是把揚州作為根本的，但後來卻學習起黃巢來，實行以戰養戰的「流寇主義」，打到哪算哪，撈一票算一票。要做得大事，沒有自己的戰略根據地是絕對不行的。

楊行密得知孫儒捨了血本要和自己玩命，急向文武問計，謀士戴友規勸楊行密圍魏救趙：「這次孫儒來明擺著是要吃掉我們，主公可乘虛派人去揚州發糧食。孫儒部下多是揚州人，跟孫儒混江湖也是出於無奈。只要他們聽說家裡人還活著，必然感主公之恩，不再與我為敵。等孫儒成了光棍，到時主公就可以活拿孫儒。」楊行密大喜：「好計策！」。楊行密確實是個做生意的好材料，他居然能想到先劫了孫儒的糧草，然後帶著這些糧草到揚州發給百姓。我的糧草我還要吃，老百姓餓肚子同樣又不忍心，只好朝孫儒「借糧」了。揚州百姓感恩戴德（不必感謝，這些糧食本就是你們的！）。楊行密空手套白狼，幹了一票無本買賣，賺了大把的民心和戰略空間。

景福元年五月，楊行密和孫儒開始了二選一的超級輪盤賭。孫儒下營陵陽（今安徽青陽附近），楊行密先來挑戰，兩軍大戰，沒有分出勝負，形勢一度僵持。怪不得孫儒不能做成大事，連最基礎的軍事知識都不具備，他的糧食經常被楊行密劫掉，可依然不長記性。楊行密再一次抄了孫儒的糧食，徹底絕了孫儒軍的活路，半點退路都沒了。

孫儒派馬殷、劉建鋒去附近州縣籌糧，然後和楊行密一戰決生死。劉威獻計楊行密：「孫儒破釜沉舟，主公亦當如是，孫儒糧盡無歸路，人心渙散，主公背城死戰，必可擒儒。」楊行密大喜，帶出所有的精銳部隊，關閉城門，自絕後路，和孫儒軍在宣州城外決定到底是孫儒活著，還是他楊行密活著。

兩軍從清晨開始殺起，宣州軍背水一戰，加上後勤充足，吃飽了飯就有力氣。孫儒軍則是餓著肚子打，哪有什麼好結果。被楊行密大軍連破五十座軍營，孫儒大敗。前不久孫儒得了瘧疾，體力虛弱，在兩軍混戰中被宣州軍大將田頵活擒歸陣。孫儒部下一看主帥沒了，誰還有心思打，全都投降了楊行密。

楊行密見活捉了孫儒，泣不成聲，這場遊戲終於結束。楊行密獲勝，獎品是用孫儒鮮血噴染成的錦繡前程。楊行密在宣州城中處死孫儒，孫儒聽說劉威勸楊行密背城死戰，死前長歎：「我臨陣決勝，不意今日墜於劉威瓠中。」楊行密殺掉孫儒，將人頭送到長安。孫儒部將馬殷、劉建鋒得知孫儒被殺，聚眾號哭長拜，率軍西去。

在楊行密創業的過程中，孫儒是楊行密遇到的最難逾越的一道坎，楊行密幾次差點被孫儒滅掉。不過孫儒眼光短淺，像孫儒這樣的人，只能在亂世中做幾年草頭王，真正能成大事的，還得算上楊行密這樣有戰略長遠打算的人物。孫儒一死，淮南一帶盡數入歸楊行密。楊行密要想做大事，就不能窩在宣州，揚州雖然殘破，但揚州的戰略價值卻遠非宣州可比。楊行密留田頵守宣州，自率大隊人馬北上揚州城。揚州屢遭兵禍，尤其是孫儒的破壞，百姓傷亡慘重。楊行密一到，立刻放糧賑民，減免賦稅，免遭兵劫的百姓方才有口安生飯吃。

不過楊行密最近手頭比較緊，想問老百姓「借」點錢花花，當然楊行密不會白「借」，準備用鹽茶等生活必備物資交換。掌書記高勖勸道：「淮南兵禍不已，百姓困苦，也沒有多少錢。我們手頭有茶鹽等物，可以和周邊郡縣交易，不比強行『借』淮南百姓的強？何況我們要在揚州長期待下去。」楊行密大悟，便如高勖所言照辦。

孫儒死後，留給楊行密一支多由河南人組成的數萬軍隊，楊行密在這些人中挑出五千精壯漢子，另設一營安置，待遇比其他軍隊高出一截。楊行密命他們盡披黑甲黑袍，號為「黑雲都」（不知道楊行密的黑雲都遇上李嗣源的橫衝都會如何？絕對精彩，可惜無緣），由自己絕對控制。同時又將盱眙和曲溪的軍隊併為一軍，起名「黃頭軍」，交由心腹李神福統領。

楊行密在淮南崛起，朝廷自然也要順水推舟，在景福元年八月間，讓楊行密以宰相身分（同平章政事）為淮南節度使，也就是「使相」，和朱溫是同一個級別。楊行密和三國的孫權一樣，在自己的地頭上做老大，同時又承認朝廷的統治地位。唐朝雖然名存實亡，但畢竟還有些威望，楊行密也不會傻到學袁術那樣。

得到揚州後，楊行密才算真正有了自己的戰略根據地，和孫儒打了幾年，確實比較疲憊。楊行密利用這個相對和平時期開始在淮南進行政權組織建設，政治說複雜也複雜，說簡單也簡單，長袖善舞，收買人心。楊行密知道亂世中最可靠的是軍心，先收買軍心，楊行密經常下基層單位，和將士們打成一片。

要想牢牢抓住軍權，首先要控制中高級軍官和控制基層軍事單位。前者保證軍令的暢通，後者保證中高級軍官如果叛變，軍權不至於喪失。最底層的人都聽自己的，還怕中高級軍官鬧出什麼事來？楊行密雖然賞賜將士的東西不算豐厚，但楊行密本人也厲行節儉，吃喝用度都比較節約，也讓人抓不到把柄。

對於因為躲避戰亂而逃難的百姓，楊行密派人四處招撫，楊行密給予妥善的安排，保證人人有地種，有飯吃。淮南經濟漸漸有了起色，歸附者越來越多，楊行密的腰包大鼓。

四

楊行密這時的地盤並不算大，楊行密首先拿當初把老巢廬州獻給孫儒的蔡儔開刀，蔡儔在孫儒死後無家可歸，想投靠朱溫。朱溫此時還不便和楊行密翻臉，予以嚴拒。蔡儔無法，便和據守舒州（今安徽舒城）的倪章互為犄角。楊行密對廬州念念不忘，景福元年十一月，派李神福將「黃頭軍」去收復廬州。

李神福攻到城下，蔡儔不戰，楊行密命田頵出兵宣州，自己帶著「黑雲都」來到廬州。原孫儒手下的偏將張顥越城來降，楊行密久聞張顥好勇鬥狠，甚是喜愛，安排在親軍中任頭領。城中的蔡儔知道楊行密的能耐，破城之後難逃一死，索性自殺了。

蔡儔曾經把楊行密的祖墳給刨了底朝天，蔡儔死後，部將勸楊行密也刨了蔡儔祖墳做為報復，楊行密沒有同意。其實刨了蔡儔的祖墳也沒什麼實際意義，反而會讓人覺得楊行密「睚眥必報」，沒有氣量，不划算。回到廬州後，楊行密即命田頵去收歙州（今安徽歙縣）、李神福去收舒州。歙州刺史裴樞善守，田頵屢攻不下，便開始圍城。裴樞不想打了，給楊行密寫信：「放我回長安，歙州君自取之」。楊行密同意，派陶雅代裴樞守歙州，裴樞自去。不久，倪章打不過李神福，棄城逃跑，李神福進入舒州。

唐乾寧二年（西元八九五年），楊行密北上攻濠州（今安徽鳳陽），這場戰事沒什麼懸念，很快拿下。值得一提的是，楊行密在濠州遇到一個流浪兒，看到這個小孩長相清秀、眉宇間有股英氣，喜歡得不得了，便問：「你是哪裡人呀？叫什麼名字？你爹娘呢？」這個孩子大哭：「我是徐州人，今年七歲，無名，爹娘早亡，不知葬在何處，只好浪跡江淮，討口飯吃。」楊行密見他說得可憐，大動惻隱之心，決定收下這個孩子做義子。

不過楊行密的親生兒子楊渥卻討厭這個孩子，當然主要是因為忌妒，此兒長相不俗，誰敢說他長大後不會對自己造成威脅（真讓你猜對了！）？因老爹嚴察，還不敢造次，只是對楊行密表示不滿，其他幾個兄弟也都不希望別人來分享他們的父愛和富貴，鬧了起來。

楊行密萬不得已，只好捨痛割愛，把這個孩子送給重臣徐溫，並對徐溫說：「要不是我家渥兒不喜歡，我絕不會把這個孩子送給你的，此兒大後必能成事，你要好好待他。」徐溫哪敢不從，當下就收了這個義子，取名徐知誥。後來這個徐知誥廢掉吳國皇帝楊溥建立南唐，改名李昪。

朱溫不想讓楊行密這麼得勢，派劉知俊率軍南下，在漣水被淮南軍張訓部打成了光棍，逃回汴梁。楊行密之後如順水行舟一般，四處掠地，連連得手，佔領淮河以南、長江中下游大片地區，並攻下重鎮蘇州。被朱溫形同軟禁的唐昭宗李曄拜楊行密為弘農（今河南靈寶）郡王，弘農距淮南千里之外，楊行密根本不可能去弘農當什麼王爺，李曄此舉不過是希望楊行密能忠於朝廷，千萬別跟朱三這個老不要臉的穿一條褲子。

這時楊行密和朱溫的關係已經降至了冰點，起因居然是朱溫貪圖小便宜，扣留了楊行密派到中原進行茶貨貿易的都押衙唐令回，並把唐令回帶去的一萬多斤茶磚給吞了。楊行密氣得大罵：「朱三無恥！」上表把朱溫的「累累罪行」公布天下，說是要舉淮南大兵討伐朱溫，當然這是嚇唬朱三的，但從此楊行密和朱溫撕破臉皮。

乾寧四年（西元八九七年）正月，朱溫攻鄆州，殺掉朱瑄，其弟朱瑾與河東李克用調來幫助朱家兄弟的大將、沙陀人李承嗣率數千騎兵亡命數百里，渡淮投靠楊行密。楊行密軍地處淮南，多水師而缺騎兵，這次楊行密憑白得到了河東精騎兵，野戰能力大大加強，把楊行密高興壞了。

楊行密高興壞了，朱溫卻氣壞了，想要教訓教訓楊行密，派太師龐師古出清口（今江蘇清江），葛從周出安豐（今安徽霍丘東），隨後朱溫坐鎮宿州，想讓楊行密這個未來的「吳先主」變成現實中的「吳後主」。楊行密知道朱溫這次不是玩虛的，派小孩舅朱延壽去對付葛從周，朱瑾、張訓等對付龐師古。

龐師古愚蠢至極，把軍隊紮在淮南下口，找人下棋去了。朱瑾那還客氣什麼，先是衝進龐師古營中轉了一圈，斬獲不少。龐師古依舊不以為然，朱瑾放淮河水，汴軍死傷無數，淮南軍藉勢追殺，龐師古陣亡，葛從周一路也退了回去，走的時候被朱延遇送了一程，狼狽回去。

楊行密得意之餘，給朱溫寫了一封熱情洋溢的信：「龐師古、葛從周沒資格和我交朋友，朱三兄弟有興趣的話，弟願意和你會會。」朱溫氣得直罵。楊行密大宴文武，厚賞有功人員，對原河東將領李承嗣等人待之甚厚，沙陀人強悍善鬥，楊行密極力拉攏他們。反正這些沙陀人也回不去了，不如為楊行密賣命。

楊行密最近行事頗為順手，心情一舒暢，胃口自然大開。楊行密盯上了浙江的錢鏐，雖然錢鏐實力不弱，但楊行密在想：「孫儒如何？不照樣被我宰掉，錢鏐再橫，能橫得過孫儒？」唐光化元年（西元八九八年）三月，楊行密出兵去取昆山（今江蘇昆山），給錢鏐腹背插把刀，領兵的秦裴有點能耐，很快就佔領昆山。

錢鏐見楊行密如此胡來，大惱：「瞧不起人怎麼著？不給你點顏色看看，真以為錢爺是個孬包！」錢鏐派浙中名將顧全武告訴秦裴做人要講點規矩。顧全武部馳至昆山，先把秦裴困在城中，敲掉了楊行密的援軍。顧全武覺得秦裴是個小蝦米，不如吃蘇州這條大魚過癮，光化元年九月，改攻蘇州。錢鏐隨後發水師進抵蘇州城下，錢鏐一方面考慮蘇州不易攻取，二方面考慮奪蘇州這樣的大功不能白白讓給顧全武，自己做主子的，得有點戰績，好誇服群下。

蘇州的戰略意義對淮南和浙江來說都是得之則強、失之則弱，楊行密忙派李簡、蔣勳率兵馳援蘇州。而楊行密的蘇州刺史台濛困守蘇州，糧草漸漸吃盡，情急之下，只好做了回江湖好漢，棄城破圍而逃，吳越軍進入蘇州。李簡聽說蘇州已經丟了，犯不著前去送死，只好回去。

蘇州雖然拿下，但昆山還在楊行密手中，昆山地處蘇杭之間，留下這根刺，錢鏐覺得不舒服，返軍再攻昆山。秦裴死守，讓老弱兵巡城，壯軍執弓弩射吳越軍，一萬多吳越軍拿昆山孤城沒有辦法。顧全武寫信給秦裴，勸：「兄弟識點時務吧，只要投降，後半生富貴包在我身上。」沒多久，秦裴的「降書」就到了，顧全武大喜，把眾將都叫過來，一起欣賞這封降書。

顧全武打開一看，哪裡是什麼降書，而是一卷佛經。顧全武曾經做過和尚，眾人一看，暗中竊笑。顧全武在弟兄們面前折了面子，臉色白裡透紅，與眾不同，氣得臉都紫了。顧全武發水灌城，昆山城被沖壞。這會秦裴真頂不住了，只好出降。

錢鏐得知拿下秦裴，大喜，錢鏐覺得秦裴能撐到現在，手下至少也有千把個弟兄，就準備了夠一千多人吃喝的宴席，款待新歸附的弟兄。等秦裴等人來到錢鏐面前，錢鏐大驚：「怎麼只有幾十個人？」自己手下一萬多人，竟然還是靠發水才打敗幾十個人，此事傳出來，江湖人豈不笑他錢鏐無能？罵秦裴：「我師萬人，汝不足百人，膽敢拒我雄師，你哪來的膽子？」秦裴歎道：「淮南待我彌厚，不忍背之。今天降是因為實在打不過了，並非心服。」

秦裴明顯是不給錢鏐面子，要換是董昌之類的狗雄，早就一刀廢了秦裴。錢鏐到底是個亂世梟雄，有容人氣量，秦裴是條漢子，這樣的人不能殺，可以給自己手下做做榜樣：「做人當做秦裴！」顧全武做得也不錯，憐惜秦裴孤忠，怕錢鏐一怒之下殺掉秦裴，忙來求情。錢鏐大喜，厚待秦裴而不問。

有得必有失，有喜必有怒，正所謂幾家歡樂幾家愁，楊行密恨透了錢鏐，準備想機會報復。到了唐天復元年（西元九〇一年）八月，江湖傳言：「錢鏐為盜賊所殺！」楊行密耳朵長，聽到了，大喜：「活該！天予不取，必受其咎！錢婆留一死，杭州就是我的了。」楊行密熱火燒心，也不去察察事情真偽，派步軍都指揮使李神福等將兵取杭州。

李神福確實很會用兵，他在青山（在今浙江臨安境內）埋伏好人馬，然後派人散播謠言，說李神福畏戰欲逃。顧全武大喜，率軍來追，結果在青山被李神福迎頭痛擊，斬殺浙軍五千多人，活捉顧全武。

李神福督軍趨進臨安，杭州大驚恐，城中雞飛狗跳，亂成一團。錢鏐率軍死守，李神福雖然有本事，但奈何不了錢鏐。李神福感覺從守城的情況來看，城中主帥必然懂兵法，善將兵，估計錢鏐還活著，不然還有誰會如此從容？李神福知道錢鏐是何等人物，這等人根本惹不起，乾脆送個順水人情，撤吧。錢鏐也不敢和淮南軍玩真的，屈一時，伸一世。出錢塞飽了李神福，吃人嘴軟，拿人手短，李神福撤回淮南。

楊行密的威名已經傳遍天下，江湖之中多傳其智勇。手控淮南諸州，臨江而窺中原，和三國時孫權差不多，便是朱溫，也得懼楊行密三分。李曄為了進一步拉攏楊行密，在天復二年（西元九〇二年）三月，封楊行密為東面諸道行營都統、校檢太師、中書令，加封吳王，後來吳國的名稱也源於此。

楊行密即已得志，心情大好，江北是朱溫的，江南雖然軍閥林立，但要論實力，楊行密自謙第二，沒人敢說第一。當然也許杭州的錢鏐不太服氣，但客觀的說，淮南地接南北，南可取浙閩，北可進中原，而吳越偏居東南，發展空間有限。

上次楊行密聽信了假情報，雖然沒有奪取浙江，但至少把杭州第一名將顧全武給弄來了，可顧全武對楊行密很感冒，楊行密留他也沒用，到了天復二年四月，楊行密把顧全武打發回杭州，並告訴錢鏐：「婆留兄弟，顧全武我還給你，做為回報，你得把秦裴毫髮無損的送回來。」對錢鏐而言，秦裴雖好，終不似顧全武之腹心多年，而且能力上顧全武似乎更出一籌，當然願意做這買賣，兩家皆大歡喜。

楊行密之所以能以一匹夫之力，十餘年間坐定江淮，自身能力是一方面，他手下文武也確實厲害，袁襲就不必說了。像田頵、朱延壽、安仁義等人跟楊行密是白骨堆中殺出來的朋友，感情本來很深。但「同患難易、共富貴難。」楊行密當上吳王之後，開始對田頵等人起了疑心。

當然，田頵這些人也居功自傲，對楊行密也沒大沒小，楊行密便想除掉他們，只是一時還沒動手。天復二年八月，吳越武勇右都指揮使徐綰作亂杭州，並私通田頵，田頵發兵來杭州，並裝好人，勸錢鏐東守會稽。杭州是吳越根本，失杭州即失吳越，錢鏐哪裡肯依？顧全武勸錢鏐：「事急矣，主公速遣質子送於淮南，讓楊行密對付田頵，不然，大勢去矣。」錢鏐無奈，只好把兒子錢傳璙送到揚州，請楊行密發發慈悲。

楊行密知道田頵不安分，但沒想到居然玩得這麼大，田頵要是得了杭州，那還了得。南北朝侯景大言欲入關擒宇文黑獺，高歡欲許之，婁氏曰：「得了黑獺，失一侯景，何益？」歡悟，乃寢景計。楊行密面前的是同樣的形勢，所以楊行密派人去召田頵：「吳越和你有什麼關係？人臣無外交，快點給我回來，不然我就換人守宣州。」

李神福勸楊行密：「田頵為人奸險，不如早除之，以避後亂。」楊行密不同意：「田頵是淮南功臣，威望很高，而且田頵現在還沒有公開造反，除頵容易，但眾將會說我卸磨殺驢，見機行事。」楊行密算是給足了田頵面子，雖然楊行密知道田頵不安分，早晚要反，但凡事要講個證據，田頵現在還算楊行密的人馬，所以楊行密也不便先動手。

田頵打了幾回，沒得手，也顧慮到楊行密那邊，只好撤軍，但卻逼錢鏐送兒子過來，說是要招女婿，明擺著要人質。錢鏐雖然捨不得，但形勢不容人，幸虧兒子多，只好再犧牲錢傳璀（即後來的吳越文穆王錢元瓘），送給田頵，田頵這才回宣州。

田頵不是個安分的人，自思跟著楊行密，混得再好，不過是個高級打工仔，不如自己做老闆自在，決心和楊行密翻臉。但為了謹慎起見，田頵想聯繫河南的朱溫做為外應。天復三年（西元九〇三年）八月，田頵把寓居宣州的唐末大詩人杜荀鶴請來，對杜荀鶴說：「淮南久失王化，今日我當效節王室，煩請先生去汴梁一趟，聯繫一下朱溫。」，杜荀鶴應命而去。

關於杜荀鶴，在這裡多說幾句。杜荀鶴是晚唐為數不多的知名詩人，和皮日休、陸龜蒙、羅隱等人齊名，詩作極有才氣，《山中寡婦》是他的代表作之一，描述了唐末戰亂對社會造成的空前災難，原詩如下：「夫因兵死守蓬茅，麻苧衣衫鬢髮焦。桑柘廢來猶納稅，田園荒盡尚徵苗。時挑野菜和根煮，旋斫生柴帶葉燒。任是深山更深處，也應無計避徵徭。」

提到杜荀鶴，不得不提及另外一個姓杜的，誰呢？就是杜牧。杜荀鶴是杜牧在池州做刺史時和一個當地女子風流過後產下的私生子。杜牧因家中有個「河東獅」，經常踢翻醋罈子，不敢把這個女子帶回家，只好任她流落在外，後嫁於長林（今安徽滁州境內）鄉正杜筠，生下杜荀鶴。後來南宋名臣周必大寫詩諷刺杜牧：「千古風流杜牧之，詩才猶及杜筠兒。向來稍喜唐風集，今悟樊川是父師。」

五

田頵知道楊行密不好對付，密使赴潤州（今江蘇鎮江），聯繫同樣不老實的安仁義：「咱們兄弟聯手，掀掉姓楊的，中分淮南，不比跟人屁股後面當哈巴狗兒強？」安仁義早就有這個意思，一言即從。

而鎮守壽州（今安徽壽縣）的楊行密妻弟朱延壽早就和田頵勾搭上了，朱延壽曾密告田頵：「大哥真欲做大事，知會弟一聲，刀山上得，火海下得。」田頵大喜，等一切準備得差不多時，田頵派兩個心腹人化裝成做買賣的，北去壽州聯絡朱延壽，共同起事。可惜這二位爺一看就不像是做買賣的，在半路被淮南牙將尚公乃拿了，搜出密信，速與楊行密處置。

楊行密早就知道這幾個人沒個好東西，只是「反狀未露」，沒有把柄，現在人證物證俱在，是到了動手的時候。楊行密令正在圍攻鄂州（今湖北武漢）軍閥杜洪的李神福，速轉向宣州剿滅田頵，李神福起舟師揚帆東下。

在謀亂的三人中，田頵立功最著，朱延壽關係最近，但率先打響頭炮的卻是潤州的安仁義。天復三年八月，安仁義南襲常州，常州刺史李遇在城外埋伏好人馬，然後在陣上大罵安仁義：「爾受君恩，食君祿，不思報，反欲噬人主，真是犬彘不若！」安仁義久經戰陣，度測李遇必然有備，忙撤軍北歸。果然常州伏兵見伏擊不成，殺出來去追安仁義。

安仁義被追了一陣，既想甩掉李遇，又不想刀兵相見，自損實力，命潤州軍解甲坐於地上，大吃大喝起來。李遇不敢大意，生怕安仁義有伏筆，回常州自守。安仁義忙了一圈，一個子兒也沒弄到，只好回到潤州再作打算。淮南軍王茂章、李德誠、米志誠部奉楊行密令，進圍潤州。

雖然李遇事前防備，襲常州不克，但安仁義既然扯旗造了反，絕了自己後路，就必須攻城掠地，擴大地盤。偷襲常州沒得手，難道偷襲別的地方就一定得手？想靠偷襲贏得天下，哪有這等便宜事？為安仁義計，應該強攻常州，然後據潤常自守，南通吳越，西連田頵。萬一事不成，還可以逃奔錢鏐，這樣還能活下一條命。潤州在楊行密和李遇之間，進退無路，只能坐著等死。

安仁義聽說米志誠來了，氣又上來了，原因米志誠的箭術公認是淮南軍中第一號，安仁義也自詡神箭，向來不服米志誠。安仁義在城上一通亂射，加上安仁義平時待將士們不薄，也多願為安仁義死命守城，王茂章沒攻下來。

三路反賊，楊行密要一個一個收拾，下一個倒楣的是朱延壽。楊行密到底是一世梟雄，奸猾得很，不想和朱延壽力戰，如果朱延壽吃打不過，投降朱溫，壽州要是落在朱三手裡，麻煩可就大了。楊行密想條好計策，在朱延壽來使面前裝瞎：「太陽怎麼是方的？狗怎麼長了五條腿？」然後，「咚」的一聲有意撞到柱子上，眼冒金光。

楊行密將裝蒜進行到底，又騙朱夫人：「我眼睛壞了，什麼都看不見了，看來我得歸隱江湖了。淮南大政，非常人可主之，兒子們都太小，不如把老三（朱延壽）叫過來主政吧。」朱夫人和府中眾人都被楊行密給騙住了，朱夫人信以為真，密報朱延壽，畢竟是自己的兄弟，信得過。楊行密見戲演得差不多了，派人去壽州請朱延壽來揚州主持軍政。

朱延壽大喜，也不多想，速至揚州準備「接班」。楊行密在府中接見朱延壽。楊行密在袖中藏了一個鐵槌，慢慢靠近朱延壽，朱延壽不知有詐，向楊行密下拜。楊行密見機會來了，抄出鐵槌，朝朱延壽頭上砸去。朱延壽慘叫一聲，倒地掙扎，哀號痛呼，半天才嚥氣。

得手之後，楊行密召集府中文武，以槌指延壽屍，繼續曚人：「我眼睛前不久是瞎了，但這是朱延壽給逼瞎的，現在朱三死了，我眼睛又好了，感謝上帝！」眾人大驚：楊行密太能耍了，這等心計，誰還敢和他作對？紛紛跪拜。

安仁義被困在潤州，朱延壽給砸死了，接下來楊行密就要對付最難纏的田頵了。天復三年九月，田頵發兵北上，攻下升州（今江蘇南京），生俘李神福家小。此時李神福已經順江東進，田頵派人告訴李神福：「兄弟如何不曉事？跟楊行密你能發多大財？不如跟我混，等滅了廣陵，江東分半給你，如果不識好歹，我讓你斷子絕孫！」

李神福大怒：「楊王手創江東，神福委身於王，自當效死以全臣節，縱九族夷滅，亦不敢有違臣節。今日唯一死，以報楊王厚恩。」斬殺來使，大舉直進。田頵見李神福如此不中抬舉，自然憤怒，派部將王檀、汪建督水師在吉陽磯（今安徽安慶長江南岸）橫江阻攔李神福。汪建心狠手辣，把李神福之子李承鼎綁在艦前，嚇唬李神福。李神福真是忠義無二，讓人朝敵艦上猛射：「絕不是以親子而誤王事！」

李神福設計詐敗，逆江而上，王檀等人沒大腦，真以為李神福被嚇著了，率艦來攻。李神福此招譬如開弓，弓弦拉得越滿，箭射得越遠。見幾個傻子快到近前了，下令順江猛攻，並縱火器射向敵艦。宣州水師大敗，溺死燒死無數，李神福乘勢大攻，全殲宣州軍，汪建等倉皇竄去。

田頵聞敗，自起大軍，沿江逆流而上，來會李神福。李神福和田頵都是楊行密手下一等一的大將，知根知底，沒敢小瞧田頵。遣使求救楊行密，楊行密調台濛發步兵援應李神福，並讓圍攻潤州的王茂章同去，畢竟田頵的威脅要遠大於安仁義。

田頵腹背受敵，只好留郭行頵、王檀、汪建水步軍駐守蕪湖，防備李神福，自將大軍來會台濛。天復三年十月，兩軍陣於廣德（今安徽廣德），台濛趁田頵立軍未穩，縱兵前戰，大勝一場。然後兩軍復戰於黃池（今安徽馬鞍山附近），台濛知道田頵求勝心切，先伏下兵馬，然後在陣前佯敗而走。田頵不管不顧，縱馬直追，結果被台濛吃了個飽，丟掉死傷弟兄，奔回宣州死守，台濛緊追著包圍了宣州。

經過幾場大敗，田頵在軍中的威望喪失殆盡，田頵還想把王檀等人召回宣州，再作死戰。蕪湖兵馬雖然南下，但因淮南軍防備森嚴，過不了，王檀等人一合計：「田頵快要倒了架子，還是識點好歹吧。」解甲投降台濛，江南岸一帶盡皆屬台濛。

這時候的田頵猶欲作困獸之鬥，天復三年十二月，田頵盡出精銳數百人，和台濛決戰。台濛知道這是田頵死前的最後掙扎，退兵數百步，待田頵軍準備過壕溝之際，大呼將士殺賊，淮南軍大進，宣州軍那點人不夠台濛塞牙縫的，幾被全殲。田頵抱著最後一絲生機，想逃奔朱溫，以自己的能力，混個大鎮節度使是沒問題。

可惜宣州距淮南邊界數百里，往哪跑？被淮南軍追上，亂刀砍死。割下人頭，送給楊行密，台濛隨後就守在宣州，做觀察使。田頵這路一滅，李神福就趕往鄂州再去找杜洪談話。而楊行密收到田頵的人頭，感歎良多：「吾與君共起於江淮，數十年來，視若兄弟，奈何有今日事？」說到動情處，淚下數行。「罪不及妻孥」才是明主所為，楊行密赦免了田頵老娘殷夫人，反正田頵已死，一個老太太能有什麼作為？不如養起來，還能撈個「仁義」的美名。

說到「仁義」，楊行密自然想到還被困在潤州的安仁義，這廝吃打不吃圍，王茂章在台濛進圍宣州後再回到潤州城下，屢攻不下城。而此時奉命取鄂州的李神福得了場大病，只好回到揚州，不久病死，楊行密痛哭一場，改派舒州團練使劉存去鄂州主持軍務。李神福是淮南名將，智勇忠義，是楊行密的絕對親信，當然有時貪了點，拿過錢鏐的銀子。楊行密剛哭完李神福，又不得不再哭台濛，台濛一死，宣州無人，楊行密只好派長子楊渥去接替台濛。

現在楊行密可一直打到唐天祐二年（西元九〇五年）正月，潤州固若金湯，紋絲不動。楊行密漸漸失去了耐心，派人進城勸安仁義：「雖然你背叛了我，但我能得淮南而稱王，你是出了大力的，我心中有數。只要你開城出降，我保證，絕不殺你，還讓你當大官。當然嘍，兵權是不能給你的，做個富家翁吧。」安仁義覺得這筆買賣不划算，但又想這樣下去，難免一死，到底是要兵權還是要命，一時沒個主意。

其實楊行密何必這麼老實，先把安仁義弄出來再說，就許他掌兵權又如何？只要安仁義落在自己手裡，想怎麼著都行，楊行密這事有些欠周慮。王茂章屢攻不克，擔心楊行密怪罪，只好來招狠的，挖地道入城，做了回「地老鼠」，破城而入，活捉了安仁義。王茂章押送安仁義去見楊行密，是殺是留，由主公裁斷。楊行密長歎數聲，揮袖令出，斬於揚州市。一場大亂，終被撲滅。

而杜荀鶴來到汴梁之後，把田頵的意思告訴了朱溫，朱溫大喜，他早就瞧不上楊行密：「上次不就拿了你一點茶嗎？也值得生氣？小氣鬼不足成大事。」朱溫屯兵宿州（今安徽宿縣），準備接應田頵。可惜宣州太遠，沒搆上，朱延壽這個朱三也被楊行密給騙過去砸死了，半點好處沒撈到，朱溫把火撒在楊行密身上。

因為朱溫和楊行密有殺侄之仇。在田頵叛變之前，朱溫大舉進攻青州的王師範，王師範向楊行密求救。楊行密自然不肯放過北進的機會，派王茂章北上青州援救王師範。王茂章和青州軍聯合在登州（今山東蓬萊）大敗汴軍，朱溫的侄子、建武軍節度使朱友寧在陣中被殺。

楊行密讓劉存攻鄂州，杜洪曾經向朱溫求過救，但前來救援的荊南節度使成汭被李神福殺敗，掉到水裡見屈原去了。朱溫再次親征淮南，帶著五萬大軍在淮河一帶公費旅遊，被楊行密給請回去了。劉存急攻鄂州，杜洪實在挺不下去了，本來還指望著朱溫呢，朱溫一退，杜洪根本招架不住劉存的攻擊。天祐二年二月，劉存攻下鄂州，活捉杜洪，朱溫派守鄂州的一千多名汴州軍也被押到揚州。

楊行密平生最恨朱溫，見杜洪三番兩次拍朱溫馬屁，大罵：「朱溫弒君犯上，人神共誅，你甘做朱家狗，久為天下人所痛恨，今日如此，尚有何言？」杜洪自知必死，乾脆抗言：「此生只服朱公，朱公待我有恩，不敢相負！」楊行密大怒，送給杜洪及家眷一碗刀削麵，被俘的汴州軍全都被斬。鄂州是長江中游的戰略重鎮，楊行密得到鄂州後，擁有了淮河和長江兩條戰略防線，戰略形勢大大改觀。

連年征戰，楊行密積勞成疾，一病不起，楊行密這才開始考慮繼承人的問題。楊行密一共四個兒子：楊渥、楊隆演、楊濛、楊溥，這四位小少爺都不是亂世中能幹大事的人，尤其是長子楊渥，為人浮躁，楊行密知道按規則，楊渥長子當立，可楊渥最不讓楊行密放心。

楊行密病情惡化，便讓判官周隱速召在宣州做觀察使的楊渥回揚州（吳國稱揚州為東都廣陵），周隱不希望楊家人繼位，便勸楊行密：「大少爺貪玩，好酒及色，不是個守成之主。其他少爺倒不錯，但是年齡太小。大王不如先讓廬州刺史劉威主政，劉威跟大王出生入死三十年，忠誠可靠。等小少爺們長大了，再讓劉威傳位不遲。」

楊行密辛辛苦苦打下來的天下傳給劉威這個不相干的人？換誰也不能答應，楊行密不理周隱，心中怒火中燒。周隱退出後，指揮使徐溫帶著謀士嚴可求入見楊行密，楊行密便把周隱的意思告訴了徐溫。徐溫大驚：「大王萬不可行此事，否則，楊家基業從此就要易姓。江東本是大王捨命博來，豈能白送給劉威這個外人。」

楊行密忍痛點了點頭：「這樣我就放心了。」徐溫害怕周隱壞事，讓他們以後對劉威下拜？沒這個道理，還不如對楊渥下拜呢。徐溫急命嚴可求去周隱的辦公室取來虎符，這時周隱不在，徐溫立刻派人去宣州通知楊渥來都中受命。

楊渥比任何人都心急，快馬入都，接受遺命。楊行密流淚歎道：「命休矣！此生富貴，何足憾！唯諸兒愚魯，不曉大計，望公等善輔之。」囑託完後事，楊行密便嚥了氣。時年為天祐二年十一月，楊行密死時五十四歲。楊渥嗣立，尊楊行密為武忠王。

六

五代十國前期軍閥林立，但真正有實力逐鹿問鼎的，也就四家：中原的朱溫、河東的李克用、西川的王建、淮南的楊行密，當然這首先和他們所處的地理位置有關係。就楊行密來說，他的名聲要好於李克用、王建等人。歐陽修對楊行密也讚賞有加：「仁恕善御眾，治身節儉，無大過失，可謂賢矣。」

歐陽修筆鋒一轉，又指責起楊行密「無霸材」，說他不能起兵勤王，致使唐朝被朱溫廢掉。其實這種指責有些偏頗，階級社會中的人都是自私的，道德的誘惑永遠對抗不過利益的誘惑。何況淮南久經戰亂，百姓受苦受難，楊行密統治淮南，寬仁愛民，百姓受惠多矣，何必拿什麼空洞的道德標準來要求別人？沒幾個人能做到？如果說楊行密沒有勤挽唐朝就應該受到指責，那麼，李淵、李世民不但沒有勤挽隋朝反而西下長安滅亡隋朝，是不是更應該受到指責呢？

他們都不應該受到指責，愛一家是小節，愛天下才是大節。

宣州觀察使楊渥終於有驚無險的繼承了王位，封建時代就是這樣，天下者，一家一姓之天下也，外人哪有資格摻和？楊渥記仇，得志後第一件事就是把差點讓楊家滅種的周隱拎了過來，大罵周隱：「你他媽的真是禽獸不如！我老爹百戰得天下，你居然要傳給外人，今日勢此，夫復何言！」將周隱推到殿外，亂刀砍死。

楊渥確如楊行密所言「非保主也」，楊渥生於富貴之家，自然要講生活品質，他喜歡過夜生活，尤其喜歡在晚上打球。在古代沒有電的情況下，蠟燭自然是必用之物，楊渥用的蠟燭都是上乘貨，品質好，價錢自然也高，每支蠟燭甚至價值上萬錢。反正他有的是錢，並沒有覺得很奢侈。如果我們腰纏十萬貫，花掉百八十塊的，根本感覺不到。

楊渥在做宣州觀察使時，知道宣州府庫有好東西，甫一執政，便命新任宣州觀察使王茂章把寶貝送到揚州。王茂章會過日子，心疼這些寶貝，不忍心讓楊渥給糟蹋了，自持是楊渥的父輩，上書大罵楊渥：「先王起事草莽，積二十年之苦辛，方造江東基業。環顧周遭，強虜窺伺，此非享樂時也。少主不宜輕啟奢靡之風，壞勤儉之德，陳叔寶之事，豈足效乎?!」兵權不交，銀子不給。

看到信後，楊渥氣得鼻子都歪了：「老雜毛，不給是吧，那就先借你的人頭耍耍。」天祐三年（西元九〇六年）正月，楊渥命馬步軍都指揮使李簡帶五千精兵去宣州找王茂章交流工作經驗。王茂章沒想到楊渥會發兵攻他，覺得以目前實力尚不以和楊渥刀兵相見，王茂章腳底抹油，私奔杭州投降了錢鏐。

打跑了王茂章，楊渥覺得自己很了不起，不然王茂章為什麼要跑？呵呵。不過楊渥也知道自己新立不久，身邊那幫老江湖沒幾個瞧得起自己的，不弄點大的動靜出來，不足服人。正好此時盤踞在今江西地帶的鎮南軍節度使鍾傳病死，鍾匡時繼立。

楊渥想乘勢耍耍威風，天祐三年五月，派升州刺史（今江蘇南京）秦裴統軍西征。吳軍來到江州（今江西九江）時，鍾傳的義子、江州刺史鍾延規沒有當上鎮南節度使，懷恨在心，考慮：「跟著鍾匡時最多喝點清湯，不如歸順楊渥，還能撈塊骨頭啃啃。」秦裴一到，鍾延規立刻投降。江州是洪州的門戶，拿下江州，洪州數戰即下，生擒鍾匡時。吳軍繼續南下，不久便盡得江西千里肥臾之地。

楊渥自居首功，更加驕狂，老臣徐溫、張顥對楊渥的變態非常不滿，經常勸他自重，楊渥當即反問：「我就這德性，要是你們覺得我不成器，乾脆把我殺了，你們當吳王！」二人無言退去，自襯楊渥如此狂妄，開始尋求自保。徐溫和張顥本不太對脾氣，但此時楊渥想把他們一網打盡，只得暫時結盟。

楊渥手中本有一支三千重甲兵，交由心腹朱思勍、范師從、陳璠率領。但前次秦裴伐洪州，楊渥讓他們去跟著立功，隨後就跟著秦裴守洪州。徐溫和張顥要廢楊渥，必先除這三個禍害，不然這些人在洪州作亂，不好收拾殘局。徐溫和張顥派部將陳祐率甲兵快馬奔至洪州，先知會秦裴：「思勍等人謀反，徐溫有令誅之。」秦裴不摻和政治鬥爭，他只是一個打工的，誰做老闆，都少不了他的真金白銀，任陳祐行事。

陳祐把三人騙到署中，設酒笑言，酒不過三巡，正笑談間，陳祐起身大呼左右：「動手！」武士擁上，擒三人於宴間，各賞一刀了事。

三人死訊傳到揚州，楊渥大憤：「豎子眼中無我，今不除之，死無葬處！」準備對徐溫、張顥下手。二人早就料到楊渥沉不住氣，夜長夢多，先下手為強，後下手遭殃，決定走步險棋，廢掉楊渥，改立楊隆演。

五代後梁開平元年（西元九〇七年，這時吳延用唐天祐年號，為前後統一，只稱正式年號）春，徐溫、張顥瞅準了一個良辰吉日，率重甲武士入府，此時楊渥剛起床，準備到廳中議事，眾人上前張兵露刃，圍住楊渥。楊渥大驚：「你們敢欲弒主？我是吳王，你們妄為如此，是謂大逆不道！」

徐張二人冷笑：「臣等不敢對大王有不敬，只是用來殺那些亂政小人！」言畢，將平素不待見的楊渥親信數十人當場撲殺。控制了楊渥後，徐溫、張顥成了「左右執政」，大權盡在二人之手，楊渥一日之間就成了「精神領袖」，木偶一個。

不過楊渥畢竟是名正言順的吳王，徐張二人心裡總不踏實，還是除掉楊渥最符合自己的利益。開平二年（西元九〇八年）五月，徐溫等在江湖上網羅了一幫強人，闖入府中去殺楊渥。楊渥死前玩了一手反間計：「徐溫給了你們什麼好處？如果你們聽我的，反過去幹掉徐溫他們，我讓你們都當上大州刺史。」這幫強人唯利是圖，答應了楊渥。徐溫的心腹紀祥哪裡肯依，立刻上前勒死楊渥，回報徐溫大事功成。

徐溫、張顥得到消息，立刻率甲士入府。張顥見楊渥死了，起了貪心，想踢開徐溫，自主淮南。張顥大陳甲兵，然後召來文武「議事」，張顥尖著嗓子嚎道：「小主子已經沒了，淮南無主，眾位覺得誰可當之?!」連問三次，眾人低頭不語，暗想：「直說你想當吳王得了，裝什麼大頭蒜？」

眾人的沉默就是對張顥無言的拒絕，張顥勃然大怒，準備發作。徐溫的朋友嚴可求是淮南第一智士，向來看不上張顥，見眾人不說話，生怕事變，裝模作樣的湊到張顥身邊耳語道：「淮南事亂，能做淮南主者，非公而誰？只是現在還不是時候。」張顥不解：「為什麼？」嚴可求小聲道：「武忠王雖故，但劉威、李遇、李簡等人皆淮南首功之臣，恐怕他們不會對張公心服。今日之事，不如先立二公子隆演，張公挾天子令諸侯，誰敢不從？」張顥真是個政治白癡，抱著「吳王夢」不放，只要大權到手就行了，何必一定要個名分。這點他不如徐溫，徐溫就是楊家的曹操，而張顥不過是個楊家的袁紹，怪不得他後來被徐溫幹掉。

張顥沉默不語，嚴可求等不下去了，知道張顥被逼急了就可能來粗的。嚴可求急中生智，聲稱肚子不舒服要出趟恭，急赴書記室，以太夫人史氏的名義寫了一道敕令。然後出來招呼眾人到府中正堂，說是有大事相告。眾人來到正堂，嚴可求跟真的一樣，跪在地上宣讀「史太夫人」的敕令：「武忠王創業不易，為使楊家基業不墜，今應速立隆演。」

眾人都不希望張顥出頭，也不管敕令真假，伏地三呼。張顥聞著動靜也趕了過來，看到這個樣子，知道自己暫時不能得手，只好依眾人議，迎立楊隆演。

驚心動魄的立嗣一事終於結束，眾人都驚了一身冷汗，都暗服嚴可求之智。大將朱瑾來找嚴可求，把嚴可求大大誇讚了一番：「要說我朱瑾也是見過大世面的，朱溫我都沒怕過。（吹牛！）可見到張顥我就有些膽戰。沒想到嚴公今天耍死了張顥，佩服！大大的佩服！」隨即拜嚴可求做大哥，反正大哥朱瑄早就死了，再認一個就是，呵呵。

張顥雖然一時失了手，卻賊心不死，當然首先他需要做的是搬掉徐溫這塊絆腳石，讓徐溫去守潤州。徐溫得到消息，急問嚴可求事當如何？嚴可求和徐溫交情很鐵，便去聯繫淮南節度副使、沙陀人李承嗣，幾人密謀之後，嚴可求獨自來見張顥，說外邊傳言張顥要殺徐溫，所以先調出揚州。張顥裝清白：「徐溫自己想去，和我沒關係！」嚴可求附耳道：「留下徐溫更好下手。」張顥覺得有理。

不久，徐溫和李承嗣來見張顥，嚴可求大罵徐溫：「犬知報主，徐公奈何受武忠王之大恩，而今淮南動盪之際，公卻要甩手，豈不負武忠王大恩？」徐溫暗笑，大呼冤枉：「不敢！不敢！武忠王重恩數世不敢忘，溫願竭犬馬以報楊氏。」李承嗣也跟著起鬨，張顥沒法，只好留下徐溫。

徐溫躲過一劫，嚴可求勸徐溫先下手，張顥這人雖然愚鈍，但一旦玩粗的來，大家都吃不消。徐溫覺得時候差不多了，便收買左監門衛將軍鍾泰章，率領三十個壯漢闖入軍府，趁張顥不備，割下了人頭。徐溫大喜，速誅張顥黨羽，甚至連當初殺掉楊渥的紀祥也沒放過，以大逆不道罪將紀祥五馬分屍。（自古都是功狗奪肉，主人食之。）

從此，淮南大權盡入徐溫手中，楊隆演不過是尊泥菩薩，供人拜拜而已。徐溫滅掉了「袁紹」，光明正大的做起了曹操。

五代十國中，本姓統治者都基本上控制著本地區，唯獨楊吳例外。如果從九〇七年算起，到西元九三七年李昪篡吳共三十年，在這三十年中，楊氏幾乎沒掌過權，肥肉都讓姓徐的（李昪在篡吳前一直姓徐）的吃了，楊家四主，只有楊行密真正有過實權，但這時吳國還沒算真正建立。

要說五代十國最像奸雄曹操的，還真非徐溫莫屬，至於朱溫，過程最像，但結果和曹操差得太遠。曹操自己願做周文王，朱溫卻「文王」、「武王」一肩挑了。徐溫執政之後，力行改革，之前施行的弊政，一概廢除，百姓稱悅不已。徐溫總領國務，以嚴可求參知軍政，是實際上的內閣總理，而讓財經高手支計官駱知祥主抓財政，淮南局勢日趨穩定。

徐溫這個外姓主政淮南，自然有人不服，撫州（今江西撫州）刺史危全諷第一個跳了出來。梁開平三年（西元九〇九年）六月，危全諷自封為鎮南軍節度使，連結袁州（今江西宜春）刺史彭彥章、吉州（今江西吉安）刺史彭玗和信州（今江西上饒）刺史危仔倡起兵作亂，攻鎮南軍府駐地洪州（今江西南昌），已經代替秦裴守洪州的鎮南軍節度劉威急向揚州告急。

徐溫派淮南馬步軍使周本出戰，周本曾經鬥殺過猛虎，江湖人送雅號「打虎將」。周本曾經在蘇州被錢鏐打敗，自覺無臉見人，不願出山。徐溫好說歹說，周本這才出馬去江西，果然不久八百里捷報傳來：危全諷兵敗象牙塘（今江西南昌南），活捉獻入揚州，徐溫好脾氣，沒殺他。其他人都以危全諷為首，危全諷一敗，全都跑沒影了。

七

楊家雖然失了勢，但楊行密經營淮南三十年，根基尚在。徐溫知道揚州不是他的地盤，想經營一塊自己的戰略根據地。梁乾化元年（西元九一一年），徐溫讓楊隆演封自己為升州刺史，並在升州建造水師，由義子徐知誥率領。徐溫看得很遠：揚州雖然是天下財賦重地，但卻在江北，只有淮南一線可以防禦北方勢力，而金陵卻多了一道長江防線，況又是東晉南朝故都，地勢易守難攻。

危全諷反徐溫失敗，不等於其他人都願做徐溫的走狗。宣州觀察使李遇是楊行密的故交，徐溫在他面前都是小輩，徐溫成了大丞相，李遇不服，曾經罵徐溫：「老子跟先王跑江湖的時候，徐溫在哪裡？憑什麼就敢挾嗣王號令諸鎮？」徐溫沒有老資格，但有能力，李遇是老臣又如何？

社會競爭的不是資歷，而是能力。徐溫派都指揮使柴克用去滅李遇，並把李遇的小兒子抓來在陣前，李家少爺哀告父親不要造反。李遇最疼這個兒子，心軟了，決定歸順徐溫。可徐溫是什麼人？管你老臣小臣，反正不是他的心腹，殺光了才好。柴克用進宣州後，奉徐溫命，先斬李遇父子，再將李遇一家老小全都砍死。殺了李遇，果然震住了那幫老傢伙，沒人再敢和徐溫較量。

徐溫除掉了一些不聽話的，開始積極培養自己的勢力，當然首先要扶持自己的兒子們。徐溫六個兒子：徐知訓、徐知詢、徐知誨、徐知諫、徐知證、徐知諤，但這些親生的都不如徐溫另一個收養的兒子：徐知誥（李昪）。

徐知誥事徐溫如親父，極為孝順，徐溫非常感動，經常對自己的兒子們說：「你們雖然是我親生的，但若論起孝道來，沒一個超過知誥的。」吳王楊行密活著的時候，對徐知誥也偏愛有加，徐溫白撿了本是自己養子的徐知誥，楊行密常吐酸水：「知誥這孩子人中俊傑，前途不可限量。」

徐知誥不僅在孝順上強過徐知訓他們，而且能力上更是判若雲泥。徐知誥坐鎮南京，黜庸進賢，寬簡得當，一時間，四方賢士蜂擁來投，其中名頭最響的就是洪州人宋齊丘。宋齊丘素有辯才，有戰國蘇張之風，其他如王令謀、王翃、曾禹、張治、徐融、周宗、曹倧等人，徐知誥都允以重用，參與政務。徐知誥禮賢下士，慷慨大方，甚得軍民士心。徐知誥手下文武雲集，徐溫對徐知誥大加讚賞，歎為奇才。

淮南被徐溫牢牢的控制在手裡，楊隆演什麼權力也沒有，只好當起「漢獻帝」，對這個「徐操」不敢不敬，他知道他大哥楊渥是怎麼死的。徐溫也當仁不讓，權力鬥爭就是這樣，總要用失敗者的鮮血或屈辱來記載下成功者的榮耀，古今中外，沒有例外。

乾化三年（西元九一三年）九月，吳越王錢鏐想考察徐溫的軍事能力，派三個能幹的兒子錢傳瓘、錢傳璙、錢傳瑛大舉進攻常州。徐溫根本不怕你這手，親率吳國最精銳的「黑雲都」前來會戰，徐溫以正合、以奇勝，遣黑雲大將陳祐率一部分主力繞到吳越軍身後，前後夾擊，將錢家的三個小子差點揍死，落荒竄回杭州。

剛當上大梁皇帝的朱友貞也聽說了徐溫的本事，也想考察一下，便派南面、北面行營招討應接使王景仁率梁軍直逼壽州（今安徽壽縣）。這位在柏鄉被李存勖大敗的王景仁公可是淮南人的老朋友了，誰呢？就是淮南前宣州觀察使、後逃奔錢鏐的王茂章！王茂章後來被錢鏐出使汴梁，被朱溫留下，為避梁諱，改名王景仁。徐溫很想念茂章兄弟了，便請朱瑾代他問候茂章兄弟，兩軍在霍丘（今安徽霍丘）擺開架勢，大戰一場。梁軍不善水戰，吳軍依靠淮河發起進攻，梁軍屢戰不勝，只好敗走。

梁朝和吳越同是淮南的死敵，徐溫都給修理了，威望直線上漲。梁貞明元年（西元九一五年）八月，吳主楊隆演冊封徐溫為齊國公，兩浙招討使。在封建社會中前期，如果封外姓為大國公，就意味著權力交接的開始。曹操先封魏公，再封魏王，然後曹丕禪代。之後的司馬昭、劉裕、蕭道成、蕭衍、陳霸先等人都善學前輩，徐溫也跟著描。徐溫是今連雲港人，古鄰齊國，所以封為齊國公。

徐溫的大兒子徐知訓知道老爹將來要做皇帝，自己肯定就是皇太子，心高氣傲，連吳主楊隆演都不放在眼裡，經常出難題，讓楊隆演下不了台。乾兄弟徐知誥在徐知訓眼中也不算個人物，徐知訓能瞧得起的，估計也只有老爹徐溫了。

淮南名將朱瑾此時守在揚州，在徐知訓手下做事，朱瑾曾經教過徐知訓武功，算得上師生之誼，可徐知訓卻把朱瑾當成了家奴，經常頤指氣使。朱瑾好歹也是見過大世面的人，現在倒給徐家小兒當奴才，哪裡嚥得下這口氣？後來二人起了口角，徐知訓派江湖刺客去暗殺朱瑾，朱瑾武功可比呂奉先，不在乎這幾個小賊，全都做了，埋在後花園裡。

貞明四年（西元九一八年）六月，徐溫知道朱瑾在揚州和兒子鬧了矛盾，胳膊肘自然朝裡拐，便調朱瑾去泗州（今江蘇盱眙）做淮寧軍節度使，明擺著是瞧不起朱瑾。朱瑾受不了這個窩囊氣，決定幹票大買賣。朱瑾知道徐知訓看上了自己的小妾桃氏和坐騎寶馬，便盛情邀請徐知訓來宴，願意把桃氏和寶馬送給大少爺。

徐知訓不知有詐，歡喜前來赴宴。朱瑾恭恭敬敬地請徐少爺上坐，然後轉呼：「桃兒，過來侍候少主子。」簾響處，香氣襲來，果見一個大美人搖曳而來，奉大卮酒跪地請飲。徐知訓眼都直了，大喜：「相公如此厚愛，知訓哪裡承受得起，多謝！」痛飲數卮後，酩酊大醉，伏在案上。朱瑾見機會來了，遞個眼色讓桃氏出去，朱瑾操刀將徐知訓的人頭剁下來。

朱瑾急入宮，把徐知訓的人頭丟給楊隆演：「徐知訓無禮大王，臣以斬之！」楊隆演膽小怕事，嚇得魂飛九霄外，如果徐溫要是知道他和徐知訓之死有牽連，哪還有好果子吃？掩袖急走，顫抖言道：「這是你自己幹的，日後齊公問罪，與我無關！」

朱瑾見楊隆演如此不中用，氣得大罵：「婢子不足以成大事！」這時徐溫的親兵已經追來，朱瑾跳牆逃跑，結果摔斷了腿，再找所乘馬，已經不知跑哪了，朱瑾知道沒救了，要被徐溫活捉，酷刑是少不了的，為了不受辱，橫劍自刎。

在金陵的徐溫聽說揚州有變，急率精銳入揚州。大肆誅殺朱瑾黨羽，並滅了朱瑾的三族，暴朱瑾屍於揚州市中。徐溫留下最器重的義子徐知誥總督揚州軍政，然後回到金陵。

徐知誥到底是做大事的，在揚州繼續施行他的「仁政」，遠近百姓都稱道徐知誥所為，徐溫對這個乾兒子非常放心。貞明五年（西元九一九年）三月，徐溫強迫楊隆演稱帝，楊隆演對當皇帝沒興趣，死活不同意，只稱吳王，改唐天祐十六年為吳武義元年，封徐溫為東海郡王，尊父楊行密為太祖武王。

楊隆演一直活在徐溫的陰影下，當吳主十幾年沒有掌過一天的權力，鬱悶成疾，於武義二年（西元九二〇年）五月病死，徐溫假惺惺哭了一番。按順序，楊行密三子楊濛當立，但楊濛不似楊行密幼子楊溥懦弱無知，立楊溥更符合徐溫的利益，便越次立了楊溥為吳王，打發楊濛去舒州（今安徽潛山）做團練使，並改武義二年為順義元年。

徐溫已經主政吳國十多年，就算立了楊濛，楊濛也弄不出多大動靜，最多做回「曹髦」，帶著幾百個老蒼頭去殺徐溫，結果被徐溫幹掉，這也是最有可能的結局。

徐溫再一次回到升州享福，揚州大事都交付徐知誥。這一年的七月，徐溫改升州為金陵府。南京在五代十國時只有一次建都的經歷，就是後來徐知誥在南京建立南唐政權，基礎就是徐溫這時候打下的。

徐溫做為吳國實際上的最高統治者，金陵也實際上成了江東的行政中心。對於楊溥，徐溫不冷不熱，徐溫久慕曹操為人，不想被後人罵為國賊，他只想做「周文王」，至於「周武王」的人選，徐溫雖然看好徐知誥，只是一直沒有下定決心，畢竟不是自己親生的，人心難度。順義七年（西元九二七年）十一月，徐溫再一次強迫楊溥稱帝。還沒等楊溥考慮好呢，吳國大丞相徐溫就已經死了。

行軍司馬徐玠曾經勸徐溫把權力傳給徐知詢，嚴可求也不喜歡徐知誥，經常搬弄是非。徐溫也有了換掉徐知誥的打算，徐知誥運氣不錯，徐溫在這個節骨眼上病死，徐知詢天大的能耐也沒轍了。吳國軍政大權毫不意外的落到了徐知誥的手裡，徐知誥繼承義父遺志，繼續逼迫楊溥當皇帝。楊溥無奈，只好徐溫死後不久自稱大吳皇帝，改元乾貞。

徐知誥當政，徐溫的幾個親兒子非常不滿，暗罵父親糊塗。徐溫糊塗，徐知詢比老爹更糊塗，徐知詢不會籠絡人，甚至連自己的幾個親兄弟都刻薄寡恩，「得道多助、失道寡助」，人心都跑到徐知誥那邊了。徐知誥能做楊行密和徐溫的乾兒子（雖然楊行密沒認下來），這絕非一般人所能做到，徐知詢是他最大的勁敵，必須要除掉後患，反正徐溫已經死了，偌大淮南地界，誰還敢對徐知誥說半個不字？

乾貞三年（西元九三〇年）十一月，徐知誥以皇帝楊溥的名義讓徐知詢來揚州朝見，徐知詢不知是計，剛到揚州，徐知誥就把「陰謀造反」的大帽子扣在了徐知詢的頭上，關了起來。徐知誥改任和自己關係不錯的六弟徐知諤去守金陵重鎮。

不過徐知誥對徐知詢還算客氣，在徐溫的四子、鎮南軍節度使徐知諫病死後，徐知誥念及舊情，又讓徐知詢去守洪州。當然徐知詢也只是個掛名的鎮南軍節度使，實權還在徐知誥手中，既撈名聲又撈實惠，何樂不為？

吳大和三年（西元九三一年）十一月，徐知誥上奏皇帝楊溥，說自己想回金陵養老，楊溥同意。徐知誥這年也只有四十三歲，養哪門子老？不過是徐知誥準備在金陵建立新政權的前奏，揚州實在不是一個建都的地方，從哪方面來說都不如金陵。徐知誥學起義父徐溫，坐鎮金陵總控淮南，讓親生兒子徐景通（後來改名李璟）在宋齊丘、王令謀的幫助下在揚州「輔政」，實際上是監視楊溥。

楊家的孩子們自從楊行密死後，三個小主子都是傀儡，一個比一個窩囊，年紀輕輕就當上「精神領袖」的痛苦，也只有他們自己體會得到。楊溥命運不掌握在自己的手裡，至於生死，聽天由命吧。

第二年（西元九三二年）封徐知誥為東海王，徐知誥做事穩妥，他知道他下一步要做什麼，只是飯要一口口地吃，沉得住氣。這跟殺人一樣，讓人慢性中毒比當場把人毒死更不容易被察覺，徐知誥就是這樣。到了大和七年（西元九三五年）九月，楊溥先將年號改為天祚，然後「順從民意」，加封徐知誥「尚父、太師、大丞相、大元帥」，爵位再進一級，進封為齊王，加九錫，弄了十個州為「齊國」封地。

事情到了這一步，傻子也知道徐知誥下一步要幹什麼了。四百多年前，蕭道成也是這樣混過來的，齊公、齊王、大齊皇帝。徐知誥假惺惺的三辭三讓，群臣一個勁地勸，估計這些人都在想：「你有完沒完？演得一點也不真。」徐知誥只辭去了尚父和丞相，當上了大齊王。

吳天祚二年（西元九三六年）十一月，楊溥下詔允許徐知誥在金陵建「齊都」，稱為西都，和東都江都府（揚州）並為吳國二都。這些都是額外的小菜，徐知誥根本感覺不到吳國皇帝的「厚恩」。徐知誥為了「報答」楊家給自己的「厚恩」，將自己的女兒許配了楊溥的兒子江都王楊漣，曹操也這樣做過。不過漢獻帝太不划算，撈了一個曹操的女兒，又把自己的兩個閨女賠給了曹丕（輩分有點亂）。

徐知誥掌握吳國軍政大權近十年，統治基礎根深蒂固，即使那些楊行密時代的老臣，看到楊家血脈不久就要滅絕，心痛不已，但又沒膽量給徐知誥使絆子，也只好向現實低頭，像德高望重的中書令周本就是這樣。徐知誥本希望周本能帶頭勸楊溥下台，周本不想幹這缺德事，長歎：「楊家待我恩重如泰山，食人祿，不忠於人，傳出來，臉面何存？」他的兒子周弘祚巴不得徐知誥稱帝，好在新朝中謀個好位置，強迫周本去勸進，拗不過兒子，周本只好低首下心的率群眾向徐知誥勸進。

徐知誥裝好人，自稱「無才無德，不足宰制天下。」不同意，一勸即進也太假了（三勸三進更假）。沒等徐知誥等二勸呢，楊行密的二兒子歷陽公楊濛痛心楊家將亡，去找周本希望能幫他搞掉徐知誥。周本作為楊行密的嫡系，和徐家父子不算深交，自然希望能弄倒徐知誥，也算給老主子楊行密有個交代。可他的寶貝兒子周弘祚哪還把楊濛當回事，密使亡命徒把楊濛抓起來送給徐知誥。還哪有什麼好？以吳國皇帝的名義將楊濛處死。

八

鬧得差不多了，徐知誥也有點等不急了，想來也真沒什麼意思，戴著面具見人就等於承認自己沒臉見人。徐知誥決定廢掉楊溥，自建新朝。吳天祚三年（西元九三七年）十月，吳國皇帝楊溥正式遜位，遣代理太尉江夏王楊璘去金陵傳禪國詔書，齊王徐知誥在金陵（今江蘇南京）稱帝，建國號大齊，改吳天祚三年為齊昇元元年，尊義父徐溫為太祖武皇帝。

雖然徐知誥受「禪」時對遜帝楊溥還自稱什麼「老臣」，並尊楊溥為「高尚思玄弘古讓皇帝」，看上去天花亂墜，可一年以後，楊溥就不明不白的死在揚州。至於楊溥怎麼死的，只要看一看南北朝時前朝遜帝的悲慘狀，就不用多說什麼了。

楊行密的老臣周本勉強到了金陵勸進，回來後長歎：「我承吳太祖大恩，今見徐氏篡吳而不能報死太祖，我快八十的人，難道讓我再向徐氏屈膝不成？」不久氣憤死去。

徐知誥當上大齊皇帝後，就有一個想法：「自己本來姓李，差點改姓楊，最終姓了徐。現在還有必要再給徐溫傳香火嗎？」徐溫沒把徐知誥當成親生的，徐知誥以怨報怨，也不想給老徐家臉上抹粉了，徐知誥便把這個想法「傳」給了徐溫還在世的兩個兒子徐知證和徐知諤。

這二位在徐知誥稱帝後也當上了王爺，但畢竟只是在人家徐知誥門下討生活，徐知誥想改姓，二人自然順水推舟，帶著眾臣上請皇帝還復李姓。徐知誥就等著呢，不過在改之前又演了場戲，眾人再勸，這才決定復姓。

昇元三年（西元九三九年）正月，徐知誥復李姓，改名為李昪。《吳越備史》卻認為李昪本來姓潘，湖州安吉（今浙江安吉）人，冒姓李氏。這種說法較少為諸家史料所接受，加上吳越和李唐的敵國關係，此說可信度不高，所以一般認為李昪確實姓李。

徐知誥本來想改名李昂，可犯了唐文宗李昂的名諱，又想改叫李晃，可朱溫這廝稱帝後也改名朱晃。後來才定了個昪字。不知是不是巧合，五代十國帝王改名時，名字多帶「日」旁，如梁太祖朱溫（朱晃）、唐明宗李嗣源（李亶）、後漢高祖劉知遠（劉暠）、南漢中宗劉洪熙（劉晟）、閩景宗王延羲（王曦）、後蜀後主孟仁贊（孟昶）等人，後來還有一個宋太宗趙光義（趙炅）。

在講究門第高下的封建時代，李昪既然復了姓，自然要在李姓中認個像樣的老祖宗。姓李的嘛，認唐朝皇帝做祖宗再合適不過了。唐高祖李淵、唐太宗李世民自然要做先祖，可李家支脈太多，具體認哪一家呢？李昪看中了唐憲宗李純的第十子建王李恪，這個李恪和唐太宗李世民第三子吳王李恪重名。

建王李恪在浩如煙海的李唐宗室中並不起眼，遠不如有唐三百年中號稱英武僅下李世民的吳王李恪。但對李昪來說，唐憲宗李純英武亦不下吳王李恪，所以攀上了唐憲宗，也不辱沒自家門戶。李昪稱自己是建王李恪的玄孫，所謂「恪生超，超生志，志生皇考榮，榮生今上。」《舊五代史》則說李昪是唐玄宗李隆基第十六子李璘之後，李璘在安史之亂時有割據江東之意，最後叛亂被殺，名聲比較臭。李昪既然要找個好祖宗，不太可能選擇李璘，就像袁世凱稱帝後也沒有選擇袁紹一樣。還有一點，李昪生於西元八八二年，而建王李恪死於八二四年，時間距離比較近，輩分上也銜接得上，況且大多數史料均認為李昪選擇的是建王李恪，雖然有些史料上說李昪是自云建王李恪之後，至於是不是真的，無人知曉。

李昪認了李恪做老祖宗，自然要對老祖宗有所表示，尊李恪為定宗靜皇帝，曾祖超為成宗平皇帝，祖父志為惠宗安皇帝，父親榮為慶宗德皇帝。國號當然也要改，改齊為唐。至於徐溫，既然不是一家人，也就不用那麼畢恭畢敬了，改徐溫廟號為義祖，意思就是你這個祖不算數。

李昪和許多封建皇帝一樣，對前朝遜帝都不放心，不斬盡殺絕是睡不著覺的。不過李昪比起劉裕、蕭道成等人來更加心狠手辣，李昪把楊家子孫遷到海陵（今江蘇泰州），派兵嚴加管束，除了給點吃喝外，不允許任何外人進去，讓他們自生自滅。時間一長，楊家的男女因為沒有配偶，只得近親結為夫婦，結果生出一大堆智障殘疾出來。後來周世宗柴榮下淮南，已經繼位的李璟害怕楊家人被周世宗利用，將楊家人盡數斬殺，楊行密的子孫一個都沒傳下來（忍不住痛罵一句：無恥！）。

歷史有這樣一個奇特的現象，姓李的和姓楊的、姓朱的有「仇」，楊堅的隋朝被李淵所滅，楊行密的吳又被李昪所滅，加上楊玉環間接導致安史之亂，楊李不同根，信然。還有姓朱的，李淵的唐朝被朱溫所滅，朱溫的梁又被李存勖滅掉。到了明朝末年，朱元璋的明朝（不包括南明）又被李自成滅掉。這還沒包括唐德宗時朱泚當了幾天臨時皇帝又被唐德宗給幹掉，姓李的專「滅」姓楊的和姓朱的，實在是歷史一大巧合。

李昪對楊家手段殘忍，但對百姓卻比較寬仁，得罪了楊家不過被後世罵罵，但得罪了百姓就要得到「現世報應」。江東在楊行密掃滅各路草頭王後，社會還算比較穩定，經濟也在緩慢的恢復，經過徐溫和李昪的治理，江東已經富甲天下。

李昪在昪元三年四月，下詔鼓勵農民開拓荒地，規定每個勞力如果開荒達到了八十畝，政府獎勵每人兩萬錢，並且五年免收租稅。這對江東地區的經濟發展起到了助推作用。管仲曾曰：「倉廩實而知禮節」，江東的文化也因為經濟的快速恢復而得到了發展。甚至在李昪治下發生一件稀罕事，江州（今江西九江）有一個陳姓大家族，七百多口人同吃同住，最讓人噴飯的是陳家養著幾百條狗，每次狗狗們吃食，有一隻狗沒趕上飯局，其他狗們沒一個動嘴的。（太誇張了吧，真可謂仁及禽獸。）

一般來說，開國皇帝在創業初期，嘗盡人世艱險，有很強烈的危機感，對下面提出的一些正確建議也能採納。有次江南一帶大旱，百姓收成大減，而租稅依然很重。李昪問群臣：「朕聽說金陵附近都下了雨，唯獨金陵沒有下，這是為什麼？」，這誰能回答上來，都不說話。

這時教坊部長（藝人管理機構）申漸高早就不滿重稅害民，便乘機站出來說：「主子，這問題好回答，雨之所以不來金陵是因為要交稅。」李昪大笑，下詔免除一些雜稅。

李昪為人嚴察，對下頭人的所作所為瞭若指掌，昇元四年（西元九四〇年），李昪派一個太監頭子去祭廬山，這個太監見甩開了皇帝，便大吃大喝起來，花了不少錢。回來覆命後，李昪問他：「聽說你很會過日子？」太監自得不已：「奴才平時只吃蔬菜。」李昪大笑：「你一路上東家買魚、西家買肉，以為朕不知道？」太監立刻紅臉，伏地請罪。最高統治者深居宮中，下面人等打著皇帝的旗號撈油水，黑鍋卻由皇帝背著，像李昪這樣的精明人，哪願意幹這虧本買賣？

李昪知道創業不易，在唐末大亂世中，要想不被別人吃掉，必須時刻打起十二分的精神，不敢少怠。李昪實行保境安民的政策，對外不輕啟戰事。這時的北方已經是石敬瑭的天下，南唐和晉朝的關係不算很好，但也沒有發生過重大武裝衝突。除了昇元四年六月，晉朝的安州（今湖北安陸）節度使李金全因不接受石敬瑭讓前橫海軍節度使馬全節代替自己的詔命，背叛了石敬瑭，投降南唐。

李昪也想摸摸石敬瑭的底細，出兵接應。石敬瑭認為李昪是老幾？調馬全節南下攻唐，在安陸大敗南唐軍，活捉南唐鄂州屯營使李承裕。不過石敬瑭「寬厚」，將南唐俘虜放歸江東。李昪沒想到姓石的身上帶刺，李昪吃了敗仗，不敢再小瞧中原，只好收起野心。

李昪將注意力集中在國內的政治經濟文化建設上，昇元四年，李昪在廬山白鹿洞建立了著名的白鹿洞書院的前身「廬山國學」，招攬天下賢才來書院講學。白鹿洞書院和嶽麓書院、睢陽書院、石鼓書院齊名的中國古代四大書院，到了宋代達到極盛，李昪對中國文化事業做出了巨大的貢獻。

在殘酷的政治鬥爭中，勝利者往往對失敗者斬盡殺絕，用了種種慘無人道的手段，對於這點，我們要給予嚴厲的批判。但同時，這些勝利者對老百姓實行的「仁政」，保證了社會經濟的發展，同樣也要給予肯定。任何人都是有兩面性的，個體的道德缺失不是否定一個人的理由，在階級社會中，道德往往是和社會發展脫節的。

像李昪這樣的皇帝，有些像李嗣源，進取不足、守成有餘，而且隨著歲月的老去，青年時代的進取心消磨得差不多了。李昪能守住江東這塊不算大也不算小的地盤就不容易了，統一大業太過遙遠，不想也罷。李昪生逢亂世，機緣巧合，加上過人的能力，打下這份家業，足夠兒孫們用的了。從李昪主政時就開始刻意培養長子李璟，吳國滅亡時封李璟為吳王，然後以唐易齊時又改封李璟為齊王，昇元四年八月，立長子李璟（徐景通）為皇太子，準備接班。

昇元五年（西元九四一年）七月，吳越國都杭州發生大火，財物燒毀無數，吳越王錢元瓘被大火嚇得精神失常，住進了精神病院。南唐文武都勸李昪機不可失，出兵消滅吳越，擴大地盤。李昪搖搖頭：「算了吧，乘人之危非君子。」不但沒有出兵，反而送給吳越大批財物。

李昪不攻吳越當然不是「不願乘人之危」，而是吳越的總體實力並沒有因為杭州的大火而受損，真要打起來，未必就能馬到成功，反而得罪吳越，讓北方的石敬瑭渾水摸魚，不如不動。

李昪「膽小怕事」，有些人非常不滿，掌書記馮延巳就在背後罵李昪：「這個只會種地的老傢伙能幹什麼大事?!」，馮延巳說的也並非沒有道理，換成李存勖、柴榮這樣的皇帝，早就出兵了。只是李昪在放棄吳越的同時，也讓江東百姓多享了幾年太平，李昪本身也不是一個具有統一能力的人物，據境自守就已經不錯了，也不必要求他弄出多大的動靜出來。

李昪的天下是從楊家手裡奪來的，對吳國權臣當道致使君權下移的教訓是有切身的體會，當然不願悲劇重演。在當時南唐國中，最有能力讓李昪後人成為「楊隆演、楊溥」的只有大司徒宋齊丘了。雖然宋齊丘在李昪稱帝的過程中起到了非常關鍵的作用，但李昪知道宋齊丘有野心，不敢大用，甚至沒有用宋齊丘為相。

對李昪的「偏心眼」，宋齊丘大為不滿，仗著自己是李昪的故交，公開指責李昪：「陛下是不是忘記了臣與陛下三十年的交情了?!當年臣做百姓時，陛下不過是個刺史，現在當皇帝了，得意了，就覺得我不中用了，是不是?!」

李昪脾氣不算暴躁，忍隱不發。老太師、趙王李德誠和宋齊丘不對勁，便揭發宋齊丘當年暗中阻撓李昪受禪的罪行。李昪知道宋齊丘不過是想要得到更多的權力，還不敢有什麼不臣之心，便沒有開罪，讓太子李璟去見宋齊丘，拜宋齊丘為宰相，這才了事。

李昪廢吳自立時已經近五十歲，當了六七年的皇帝，這在十國時不算長，但江東的實力卻在十國中首屈一指。李昪一方面恢復生產，一方面保境安民，實力穩中求生，奪取中原是不可能了，但給兒孫們留下了一份不錯的家業，至於能守多久，就看兒孫們的造化了。李昪也想追求長生，搜羅一些方士在宮中煉丹，想學秦始皇、漢武帝，結果服藥過度中了毒，很快病倒。

南唐昇元七年（西元九四三年）二月，李昪覺得要走了，便把皇太子李璟叫過來說：「你老爹我辛苦一輩子謀下了這份家業，家裡留了七百多萬金帛玉器，夠你們用的了。不要沒事招惹鄰居，守境安民才是上策。」李璟含糊答應。不久李昪病死於昇元殿（與年號同名），終年五十六歲，皇太子李璟順利繼位，尊李昪為烈祖皇帝，改昇元七年為保大元年（沒把老爹放在眼裡）。

李昪算是五代十國時期比較有作為的帝王，他的外交政策相對比較內向，這讓有些人感到「可惜」，以南唐的國力，就算不能北向中原，至少可以掃滅南方諸國，和北方對峙，也許後世再出個明主，完成統一云云。不過縱觀李昪的人生經歷，他確實欠缺一些軍事實力和對整體戰略的把握能力，這一點他不如楊行密甚至是他的義父徐溫。

何況李昪對他幾個兒子的能力非常了解，當個小國皇帝不成問題，但要做大一統的帝王，實在勉為其難。李璟後來雖然消滅了楚國和閩國，但旋得旋失，都在為他人做了嫁衣裳。隨後柴榮南征，李璟差點亡國。李昪的「膽小」是有原因的，我們不能對李昪做過多的指責。

九

在南唐三個皇帝中，名氣最大的不消說，自然是李煜，其次就是這位新任大唐皇帝李璟。李璟在文學史上的名氣雖然不如兒子，但也算是響噹噹的了，李璟留下的詞雖然數量不多，但品質均屬上乘。要說《攤破浣溪沙・菡萏香銷翠葉殘》是李璟最著名的一闋詞，想必不會有人提出反對意見吧原詞如下：菡萏香銷翠葉殘，西風愁起綠波間。還與韶光共憔悴，不堪看。細雨夢迴雞塞遠，小樓吹徹玉笙寒。多少淚珠何限恨，倚闌干。其中「細雨夢迴雞塞遠，小樓吹徹玉笙寒」一聯被傳為絕唱，王國維對此闋詞極為推崇。

南唐的文學氛圍在整個五代十國時是最濃烈的，經濟的富足往往是文化發展的前提保證，南唐君臣中不乏名詞高手。南唐二主不用多說，大臣中也有填詞高手，其中以中書侍郎馮延巳的詞最為著名，馮延巳詞對北宋的婉約詞風影響殊大。馮延巳有幾闋傳世名詞，略摘幾句：獨立小橋風滿袖，平林新月人歸後（蝶戀花）；淚眼問花花不語，亂紅飛過秋千去（另闋蝶戀花）。也有人認為這兩闋詞是歐陽修所作。說來也有趣，孟昶和李煜這兩個皇帝為《相見歡》「打」起筆墨官司，而馮延巳又和歐陽修這個大詞人「打」起官司，孰是孰非，已經很難分明。

後人常說李煜和宋徽宗趙佶做藝術家可得滿分，但作為政治家只能得零分，說得很有道理。李璟雖然要比那二位強上一些，但也好不到哪去。李璟雖然為人尚不失忠厚，但卻嚴重缺乏政治家的氣魄和遠見，當政以來，開始信用一些「文學家」，南唐史上有個著名的黨人集團——「五鬼黨」：馮延巳、馮延魯、魏岑、查文徽、陳覺這五位老哥。

要說這五個人都是奸邪小人有點過分，肚子裡都是有點貨的，都擅長寫詩填詞，所以李璟對他們非常信用，而把宋齊丘等一干老臣晾到了閣子上。這些人不僅喜歡文學，而且都自封為優秀的「地主階級政治家、軍事家」，得勢之後，幾位爺經常搬弄是非，南唐政界被他們給弄得烏煙瘴氣，混亂不堪。

相比老爹李昪的「保守」來，李璟的魄力則要大得多，李璟不想窩在江東這巴掌大的地方，對統一的興趣要大過老爹。即使做不到劉秀中興，學學劉裕統一江南也不錯。正好此時，南唐的東南鄰國閩國發生大亂，閩主王延羲貪戀酒色，小人幸進，國事越來越糟糕，王延羲的兄弟王延政屢勸不聽，和王延政最終翻臉。兩人在福建大打出手，王延政乾脆另立門戶，在建州（今福建建甌）自稱大殷皇帝（也稱大商）。

南唐保大二年（西元九四四年）五月，閩國內亂的消息傳到金陵，李璟有些心熱，那幾個優秀的政治家、軍事家們比李璟更喜歡熱鬧，樞密副使查文徽不住的給李璟添乾柴，李璟坐不住了，便派查文徽、邊鎬率軍去收福建，不久又增派何敬洙、姚鳳、祖全恩部前去支援。

此時閩主王延羲已經被殺，福州三易其主，落到了軍閥李仁達手中。建州的王延政在王延羲死後只控制了福州幾日便丟了，建州也沒保住，被南唐軍攻破，活捉王延政，送往金陵做「高級寓公」。吳越王錢弘佐不希望李璟獨吞福建，對吳越進行扇形戰略包圍，也出兵渾水摸魚。李璟嫌建州地盤太小，讓福州的李仁達把福州交出來，李仁達不想做王延政第二。

李璟派陳覺率軍殺李仁達，李仁達很生氣，後果很嚴重，他把福州獻給了錢弘佐。李璟哪裡肯依，五鬼黨首馮延巳也火上澆油，李璟再派陳覺、馮延魯、魏岑等人去爭福州，結果被吳越軍殺敗，幾位「軍事家」差點被活拿了。李璟忙活了兩三年，只啃到一塊骨頭，肥肉都讓錢弘佐吃了，而且泉州也被留從效給占了，李璟氣得大罵那老幾位：「飯桶！你們都是大大的飯桶！」

好端端的一場盛宴被錢弘佐一攪和，成了一堆殘羹剩飯，李璟吃得連皺眉頭，心裡這個憋屈，想再尋個機會露露臉，證明自己的「雄才大略」。老天也真給李璟面子，福建的事弄砸了，湖南又傳來好消息：楚王馬希廣被兄弟馬希萼絞死，馬希萼自稱楚王，並向李璟稱臣。李璟笑得合不攏嘴，於保大九年（西元九五一年）八月，再派邊鎬去收湖南，行前告訴邊鎬：「仔細點，不要讓別人吃到肥肉。」邊鎬搖搖尾巴去了。

湖南形勢混亂絲毫不亞於福建內亂，馬希萼剛當上楚王，就被大將徐威給廢了，馬希崇被扶正。馬希崇派彭師暠去監管哥哥馬希萼，可彭師暠居然又扶正馬希萼，向南唐稱臣。馬希崇乾著急沒辦法，不久邊鎬大軍入長沙，馬希崇舉族出降，被邊鎬送到金陵和王延政「切磋投降經驗」去了。南唐軍一入長沙，立刻從「官軍」變成了「土匪」，在長沙市中燒殺搶掠，楚人罵聲一片：「還不如姓馬的呢！」辰州（今湖南阮陵）刺史劉言見有機可乘，出兵攻長沙。邊鎬只顧著在長沙做「菩薩」了，結果被劉言給趕出了長沙，南唐軍都給請了出去。劉言自稱武平軍節度使，移鎮朗州（今湖南常德）。

盤踞廣東的南漢皇帝劉晟在羨慕吳越王錢弘佐之餘，自然不會放棄吃肥肉的機會，趁幾派勢力廝殺之際，出兵北上，攻取楚國的梧州（今廣西梧州）、桂州（今廣西桂林）等地，奪得廣西北部大片土地，大大擴展了戰略縱深。

古希臘思想家赫拉克利特說過：「人不能兩次踏進同一條河流」，換個意思就是說，人不能以同一個姿勢在同一個地方栽倒兩次。可憐的李璟，除了栽倒的地方不同外，幾乎就是以同樣的姿勢栽倒的。上次在福建栽跟斗，好歹也撈個建州，這次除了進了長沙向湖南人展示一下唐朝大軍的「威武雄壯」外，一塊地皮也沒刮到。

李璟渴望統一是好事，應該支持，但在具體用人上，李璟遠比不上老爹眼光毒辣。南唐並非沒有良將，卻偏偏用陳覺、邊鎬這些「半料子軍事家」，怎麼能不壞事。雖然李璟用了「江南第一良將」劉仁贍率水軍攻下了岳州（今湖南岳陽），但不久又將劉仁贍調回。劉仁贍在岳州「撫納降附。甚得人心。」如果讓劉仁贍擔任西征軍主帥並坐鎮長沙，還會發生擾民事件激起民變，最終盡失湖南嗎？可能性不大。

李璟連繼栽了兩次大跟斗，不甘心這麼窩囊，正在琢磨想再一次展示自己的「雄才大略」，打哪呢，吳越、還是廣東？還沒等李璟考慮好呢，北方一聲霹靂：保大十四年（西元九五六年）春，大周皇帝柴榮親率水陸大軍南下，聲勢浩大、震天動地！李璟委屈的直哭：「朕怎麼這麼命苦啊！別人的肥肉沒吃上一塊，柴榮就想吃我的肉！」哭歸哭，但還是要想辦法對付柴榮的。

柴榮是那麼好對付的？李璟先派神武統軍劉彥貞率三萬大軍去告訴柴榮：「朕不是劉崇！」柴榮哪吃你這套，在正陽（今安徽壽縣）大敗南唐軍，劉彥貞戰死。柴榮兵臨壽州城下，劉仁贍泣勵三軍，固城死守。柴榮一時沒有拿下壽春，便圍點打援，其他地方的南唐守將實在太柴了，經不過周軍狂風暴雨般的攻擊，紛紛失守。李璟想與柴榮講和，願意認比自己小五歲的柴榮做哥哥，柴哥哥不同意，繼續打下去。李璟的血性被打上來了：「你有什麼了不起的，不就是個賣傘的嗎？牛什麼牛?!」

李璟挑選唐軍精銳，由弟弟李景達、陳覺率領，北上收復失地。李景達號稱賢王，實際上不過是銀樣鑞槍頭，他也只是名義上的主帥，軍政大權被監軍陳覺握著。陳覺根本不會打仗，但李璟不希望李景達在軍中有威望，寧用外姓，也不用自己的親兄弟（許多帝王都是這樣）。李景達率領的五萬南唐軍在紫金山（安徽八公山）再被周軍包圍了，南唐主力基本被周軍殲滅。李璟在金陵城中如坐針氈，害怕柴榮過江，自己就要成了陳叔寶。

不過柴榮這時還沒有下江南的打算，歷代北方政權統一江南都要先得到四川，對江南實行戰略包圍。柴榮先試探性地攻打後蜀，孟昶也是個夯貨，嚇得沒頭沒腚，秦鳳四州被柴榮收入囊中。

李璟運氣不錯，沒做上「陳叔寶」，但當「陳頊」是跑不掉的。柴榮拿下淮南十四州，和南唐隔江對峙，李璟已經再沒能力和柴榮較量了，只好委曲求全。李璟向柴榮乞和，南唐向北周稱臣，割讓淮南十四州，歲貢百萬，甚至連帝號和年號也不敢用了，自稱國主，奉周朝正朔。

從楊行密草創江東以來，淮南一直被江東政權牢牢控制，固若金湯的淮河防線保障了江東政權的北線安全。中原政權只能望河興歎，從後梁到後周郭威，都是如此。李璟接手江東後，也非常重視淮河防線，即使後來伐閩和伐楚都失敗，但都沒有對南唐造成致命打擊。吳越、周行逢、陳洪進等人都不具備消滅南唐的實力，所以李璟雖然連栽了兩次，但沒傷筋動骨，繼續過著小日子。

可柴榮志在統一，必然要拿李璟開刀，得到淮南十四州，就意味著北方政權統一進程的開始。當然，同時也意味著南方政權衰敗、滅亡不可避免。

第三章

天上人间——绝代才子李煜的悲歡人生

一

虞美人　南唐／宋．李煜

春花秋月何時了，
往事知多少？
小樓昨夜又東風，
故國不堪回首月明中。
雕闌玉砌應猶在，
只是朱顏改。
問君能有幾多愁？
恰是一江春水向東流。

這闋《虞美人》是南唐後主李煜的絕命詞。李煜作此詞後不久，便被「陰賊險狠」的宋太宗趙光義下藥毒死，死狀極慘，終年四十二歲。對於李煜的慘死，後人莫不灑淚。清人郭麐有詩云：「我思昧昧最神傷，予季歸來更斷腸；作個才人真絕代，可憐薄命做帝王。」在歷史上的亡國皇帝中，能讓後人深刻同情的也許就是明思宗朱由檢和南唐後主李煜了。

在中國政治史上，像李煜這樣的亡國昏君根本不值一提，他能比劉禪、高緯、陳叔寶這些後主好到哪去？但在中國文學史上，李煜則是一座讓後人高山仰止的豐碑，尤其在中國詞史上，李煜被尊為一代詞宗。

詞發自晚唐，興於五代，但五代多是豔詞，就像吃巧克力，讓你吃上一個月，也絕對倒了胃口。由於李煜極為特殊的人生經歷，他對詞的理解也和之前「憐工」詞不同，「詞至李後主而眼界始大，感慨遂深，遂變伶工之詞而為士大夫之詞」，王國維的評價可謂獨到。李煜開宋詞之先，在詞史中的地位像極了小說史上的羅貫中，他們「開山鼻祖」的地位沒有任何人可以撼動。

還有一種傳聞流傳至今，說後來被女真人俘虜的宋徽宗趙佶是李煜「轉世」，相傳宋神宗趙頊在生趙佶之前，曾經夢到李煜，隨後不久，趙佶降生。等到趙佶被俘五國城後，世人才驚訝地發現：無論是人生經歷、文化成就乃至氣質，李煜和趙佶都驚人地相似。唯一不同的就是趙佶生了一個寶貝兒子趙構，替大宋朝多傳了一百五十年的香火。

不過趙佶命不好，雖然他的文化成就不遜於李煜，但後人每提及趙佶，多罵他信用奸臣亡國。許多人會想到北宋第一奸臣蔡京（當然也有想起高俅的，呵呵）。而昏庸程度和誤國過程幾近趙佶的李煜被毒死後，「兇手」宋太宗趙光義的名聲卻臭了一千多年。李煜的影響力，讓人歎為觀止。如果從宿命論的觀點來看，趙佶亡國受辱，也許就是趙光義害死李煜的顯報，因為趙佶是趙光義的嫡系子孫。

李煜原名李從嘉，生於南唐昇元元年（西元九三七年），李煜出生後三個月，祖父李昪廢吳稱帝，李煜從生下來就是龍子鳳孫，李煜是唐元宗（南唐中主）李璟第六個兒子，但等到他成年的時候，李煜上頭五個哥哥夭了四個，只有老大李弘冀還活著。

李弘冀是嫡長子，是理所當然的皇位第一順位繼承人，雖然李璟在剛繼位就立了弟弟李景遂為皇太弟，但最終還是在交泰元年（西元九五八年）三月立李弘冀為皇太子。

這一年，周世宗柴榮南征，盡得淮南十四州，南唐全面撤出江北。李璟屈膝向柴榮稱臣。李璟被柴榮折磨得心灰意冷，上奏柴榮，請允許他把「南唐國主」的位子傳給李弘冀。柴榮沒有同意，李璟只好窩窩囊囊地當「南唐國主」，李弘冀才不管老爹活得如何窩囊，他只等老爹嚥氣的那一天，好做九五大夢。

對於國勢的衰敗，作為安定郡王的李煜，雖然也痛心，但李煜從本質上來說只是個純粹的文人，在這時並沒有覺得有什麼刻骨之痛。而且即使父皇死了，也輪不到他繼位，安安穩穩地做自己的郡王，扮個名士，這輩子也就知足了。不過太子李弘冀對這個才華橫溢的弟弟非常忌諱，擔心李煜會搶了他的位子。李弘冀活得真是太累了，即要提防李煜，還要防著前「皇太叔」李景遂。李弘冀好不容易當上了預備國主，豈肯輕易放手？

不過李璟並不很喜歡大兒子，常冷眼相加。有次李弘冀犯錯，李璟操根棍子打將過去，大罵：「我真後悔立你當太子，明天就把你廢掉，傳位於你三叔。」雖然過後就忘了，但李弘冀卻把這頓棍子記在了李景遂的頭上，畢竟李景遂是對自己的威脅最大。

李弘冀聽說李景遂在洪州（今江西南昌）任上殺了都押衙袁從範的兒子，袁從範嫉恨在心。李弘冀便利用這個機會派人給袁從範送去毒藥，讓袁從範俟機下手毒死了李景遂。李璟不知道李弘冀背後幹的缺德事，憑李璟對李景遂的感情，要是知道內情，李弘冀即使不死，估計皇太子的地位是保不住了。

李璟在江東已經做了十五年的皇帝，即使在北邊屢屢被柴榮欺負，但在境內還是有絕對的權威。淮南的失去對李璟的打擊極為沉重，在柴榮撤軍後，李璟開始對他手下的那幫「軍事家」下狠手。接連罷免了馮延巳、陳覺，對被周軍俘虜後又被放回的馮延魯、邊鎬等人也束之高閣。而史稱「機變如神」的宋齊丘，也被李璟幽禁在九華山，不久餓死。

形勢已經如此，李璟也看得很開了，活哪天算哪天吧。而皇太子李弘冀在害死了李景遂後，也一直沒有閒著，小弟李煜生下來時有一目重瞳，有異相。李弘冀雖然還不敢對李煜下手，但經常敲打李煜，讓李煜自個掂量去。李煜雖然文弱，但這點意思還是明白了，心裡也很不高興：「我從來就沒想過當什麼皇帝，這麼疑心做什麼？」

李煜經常給李弘冀寫保證書，李弘冀才釋懷。李弘冀真正的敵人並不是李煜，而是已經死去的李景遂。只要這件醜事不洩露出去，李弘冀的位子沒人可以撼動。

李弘冀巴望著老爹早死，可沒想到他天生就不是個皇帝命，在周顯德六年（西元九五九年）七月，李弘冀突然得了暴病，勉強挨到九月，死了。李弘冀的死因，史書稱是李景遂冤魂不散，來找李弘冀討命。當然不可能有這樣的事情，但李弘冀做賊心虛，用腦「過度」，嗚呼哀哉，也算對李景遂有個交代吧。

李弘冀的死並沒有給李璟帶來多大打擊，畢竟現在的國勢比死了一個兒子更加讓李璟感到莫名的悲哀，好在他還有幾個兒子。宋建隆二年（西元九六一年）二月，李璟見北方易主，趙匡胤稱帝，不知道趙匡胤對江東是個什麼態度，心存疑慮。決定遷都南昌，觀察一下趙匡胤的動靜再做打算。

李璟走前，立吳王李煜為皇太子，留守金陵，正式把李煜這個文弱書生推向了風口浪尖上。李煜雖然一肚子的不情願，他最願意做的還是一個名士，自號為「蓮峰居士」，一派名士風度，沒曾想有一天自己會成為皇太子。其實這也怪不得李璟，李弘冀死後，李煜是實際上的嫡長子，不立他立誰？

和金陵相比，南昌地勢偏遠，根本不是個建都的所在。群臣都住慣了金陵，也不想來到這個「荒郊野外」喝涼風，都勸李璟還是回金陵吧，宋人一時半會也打不過來。

李璟也有些後悔，但猶豫不決，天知道趙匡胤什麼時候打過來。李璟茶飯不思，沒多久就染上重病。已經「大徹大悟」的李璟對人生已經沒什麼留戀的了，先主打下來的這份家業傳到他這裡基本就算報銷了，根據經驗，趙匡胤的野心不比柴榮小，早晚會下江南的。自己現在死去，也免去了當亡國之主的屈辱，真是大幸。李璟開始絕食，每天只是喝點水，數日後，李璟病死南昌，年四十六歲。

和他兒子李煜後來的悲慘經歷相比，李璟確實非常幸運。人都會死去，但作為亡國皇帝，善終的沒幾個，而且還要受盡屈辱，與其這樣活著，真不如死了。雖然李璟很有才華，在「皇帝文化素質排行榜」上，李璟都能排到前列。但想在歷史上博得一席之地，靠的不是文才，而是政治能力和軍事能力，加上一點手腕。

南唐共歷三主，每個皇帝都和北方的「朋友」打過交道，李昪的「朋友」是石敬瑭，李璟的「朋友」是柴榮，而李煜的「朋友」則是趙匡胤。李璟死後，李煜在金陵繼位，得到趙匡胤的同意後，尊父親李璟廟號為元宗，並改原名李從嘉為李煜。嗣位伊始，自然免不了一番「人事安排」，尊母親鍾氏為聖尊后（避李煜姥爺鍾泰章的名諱），鍾氏就是當年手刃吳國重臣張顥的鍾泰章的女兒。立大司徒周宗的女兒周娥皇為后，王公貴族們也跟著「提高行政級別」。

二

李璟對柴榮奴顏婢膝，為的就是希望柴榮能放他一馬。真是老子英雄兒好漢，李煜也如法炮製，不這樣做也沒辦法，趙匡胤貪婪得很，一不高興就能把江南給平了。宋建隆二年（西元九六一年）七月，李煜為了「孝敬」趙匡胤，派戶部尚書馮延魯給趙匡胤送了一份厚禮：金器兩千兩，銀器兩萬兩，錦帛三萬匹。

趙匡胤哪能看上這點東西，他看中的是李煜的「孝心」，李煜非常謙卑地寫一封信，說自己本想師法「巢、許、夷、齊」，做個江湖散人，只是兄弟多夭，迫不得已才當上國主，並拍了趙匡胤的馬屁，「陛下懷柔義廣，煦嫗仁深，必假清光，更逾曩日。遠憑帝利，下撫舊邦，克獲宴安，得從康泰」云云。不過從趙匡胤有負柴榮信任，欺人寡婦孤兒的歷史醜行來看，這幾句讚美趙匡胤一個字也當不起。

趙匡胤見李煜比他老子更容易對付，心中暗喜，不過趙匡胤聽說李煜在金陵大赦時建了金雞，非常生氣。因為只有皇帝才能有資格造金雞，李煜此舉自然有輕視趙匡胤之嫌。隨行的南唐進奏使陸昭符擔心趙匡胤發作，笑道：「陛下不要相信傳言，那不是什麼金雞，不過是隻亂七八糟的什麼鳥，敝國主作為臣下，哪敢行此僭越之舉？」

趙匡胤大笑：「汝真善言，朕也沒當回事。」便不再計較這事，李煜這才逃過一劫。當然趙匡胤現在還沒到和李煜翻臉的時候，他要先滅了成都的孟昶，估計輪到李煜時還得幾年，所以暫時沒動李煜。

李煜雖然以文學見長，但客觀來說，還是具備一些政治能力的，可惜生在亂世，身邊又沒有「諸葛亮」，才最終導致悲劇。李璟曾經派出一些官員到地方上負責開墾荒地的事宜，但這些人貪得無厭，在民間巧取豪奪，惹得民怨沸騰。李煜知道這個弊政，下令將這夥「民賊」全都罷免，不准各地地方官私自加賦，老百姓受了不少的實惠。

趙匡胤的工作重心這時正放在消滅孟昶，對江南的管制相對比較寬鬆，李煜在沒有了來自北方的壓力後，也把「工作重心」放在了「文化建設上」。

李煜有兩個「正式職業」，一是文學家，二是書法家，史稱李煜「善屬文，工書畫」。李煜的詞前後期風格明顯不同，前期風格活潑、清新，有很濃的貴族氣息。李煜文采流麗，風流倜儻，自然免不了「穿蜂引蝶」，在美女堆中「考察工作」，這時期的詞有著明顯的脂粉氣。比如一闋《浣溪沙》：「**紅日已高三丈透，金爐次第添香獸，紅錦地衣隨步皺。佳人舞點金釵溜，酒惡時拈花蕊嗅，別殿遙聞簫鼓奏。**」後來李煜當上了宋朝的俘虜，人生從高峰跌落到了谷底，刻骨銘心的經歷也改變了李煜的詞風。李煜日夜以淚洗面，這個時期的作品淒涼無奈，字字血淚，讓人不忍卒讀。

李煜這時在名義上只是宋朝的屬國，但還是實際上的江南最高統治者，除了汴梁中的趙匡胤，還沒誰能把李煜怎麼著。李煜也逍遙了近十年，直至宋開寶八年（西元九七五年）十一月，宋軍攻破金陵城。

李煜不僅工詞，而且精通音律，他的國后周娥皇也是個超級音樂發燒友，能歌善舞，周娥皇最拿手的就是彈奏琵琶。她的老公公李璟有次做壽過生日，娥皇就為李璟彈奏一曲，李璟大喜，便把他極珍愛的絕品「燒槽琵琶」送給娥皇。說起燒槽琵琶，可是極品中的極品，東漢名士蔡邕曾經製作過一把「焦桐燒槽琵琶」，不知道周娥皇得到的是不是蔡邕的那把。

周娥皇「名垂」音樂史並不是善彈琵琶，而且修改整理了作為大唐帝國文化強盛標誌的《霓裳羽衣曲》譜。到了李煜這時，《霓裳羽衣曲》譜已經失傳近二百年了。李煜得到了殘譜，娥皇整理好後，李煜便讓娥皇教宮中美女們學習這支經典舞蹈，娥皇身材曼妙，輕盈如燕，李煜在旁邊彈琵琶伴奏。

李煜真有福氣，得到這位堪稱女人極品的娥皇，所以對娥皇也備加寵愛。周娥皇每日和李煜如膠似漆，自然就有了「愛情結晶」。娥皇給李煜生下了兩個兒子：李仲寓、李仲宣。不過李仲宣命短，在乾德二年（西元九六四年）時因一隻野貓撲倒了琉璃燈而受到驚嚇，沒多久就夭了。

而這時的周娥皇卻已經病重不起，李煜這時在幹什麼呢？呵呵，在和周娥皇的小妹調情呢，（李煜也幹過這事？真讓人大跌眼鏡！）周小妹年方豆蔻（十五歲），美貌無比，李煜此時已經二十八歲了，因為小姨子經常入宮找姐姐玩，也不知道李煜用了什麼「邪法」，把小姨子勾搭上手了。

這次姐姐病重，李煜便讓周小妹打著「探望姐姐」的旗號入宮廝混，這邊周娥皇病情加重，那邊李煜二人做著野鴛鴦。李煜不想讓娥皇看到小妹，怕起疑心。結果不巧，被躺在床上的周娥皇給發現了，大為驚疑：「你什麼時候進宮的？」周小妹到底是個孩子，沒有心機，便直說：「我來好幾天了。」

周娥皇一聽就知道李煜幹了什麼，委屈得直哭，李煜也來解釋：「我教小妹學詞呢，沒別的什麼事情。」這還解釋個鳥？傻子也知道怎麼回事，李煜越描越黑。周娥皇乾脆扭頭向裡，不再搭理李煜。周娥皇正傷心時，突然得知小兒子李仲宣夭折的噩耗，大哭數日，抱著老公李璟賜的燒槽琵琶，口中含玉，奄然逝去，死時只有二十九歲。

雖然李煜在外面偷腥，但畢竟對髮妻有著極深的感情，周娥皇一死，李煜痛哭失聲，誰勸也沒有用。等到出殯那天，眾人發現國主好像變了一個似的，形容憔悴，目光呆滯，並自稱鰥夫。李煜的內心其實是很自責的，不管怎麼說，髮妻病重自己卻和小姨子偷歡，於情於理都說不過去的。

李煜追諡周娥皇為昭惠國后，李煜寫了一篇祭文，文采確實是大家手筆。其中有首詩，實在不忍割愛：「**又見桐花發舊枝，一樓煙雨暮淒淒。憑闌惆悵人誰會，不覺潸然淚眼低。層城無復見嬌姿，佳節纏哀不自持。空有當年舊煙月，芙蓉池上哭娥眉。**」

人死不能復生，哭也哭不活，李煜好歹也是一個國主，不能沒有國后。至於誰入選，已經毫無懸念了。宋開寶元年（西元九六八年）十一月，讓太常博士陳致雍、學士潘佑等人擬草大典禮儀，正式迎娶小周妹妹。

三國喬國老家出了兩個大美女，大喬嫁給了孫策，小喬嫁給了周瑜，讓北邊的曹操吃了不少醋。到了五代南唐，司徒周宗也出了兩個大美女，不過都被李煜給打包了。大周后薨了，小周后接著跟進，受寵程度絲毫不遜姐姐。雖然姐倆都是李煜的正室，但總感覺大周后才像是李煜的妻子，小周后和李煜的關係怎麼看怎麼像是一對情人。李煜和小周后雖然相差十四歲，但絲毫不影響兩人之間的愛情，李煜也漸漸淡忘了周娥皇病逝給他帶來的打擊。

李煜在政治上是個不折不扣的昏君，但在藝術上卻是一個大才絕頂的人物，同時還是一個偉大的「發明家」。就像石敬瑭發明了「兒皇帝」一樣，李煜也一樣遺臭千載的「發明」。現代人提及封建社會的女權時，多數會提到一個詞「三寸金蓮」，無不痛罵封建社會對女性的殘害。三寸金蓮是誰發明的呢？正是這個「一代詞宗」李煜。

當然李煜只是在圖個人享受時讓宮女裹腳進行舞蹈表演，至於「推廣」三寸金蓮的「貢獻」就不能算在李煜的頭上了，李煜僅僅是「發明」而已。李煜真會享受，他命人用金子打造了一朵六尺高的「蓮花」，讓他寵愛的宮女杳娘用錦帛裹起小腳在金蓮花上翹起腳尖起舞，類似於現代的芭蕾。都說芭蕾是西方藝術的經典，看來也沒什麼稀奇的，我們的李煜同志一千年前就發明了中國的芭蕾舞。

李煜寵幸過許多女人，保儀黃氏因貌才無雙，深受李煜寵幸。黃氏能文善字，天資聰麗，李煜讓黃氏主掌宮中書籍。還有一個宮女流珠，天生絕色，善彈琵琶，也得李煜所愛。可惜李煜的正室周家姐妹都是屬獅子的，產地河東的那種獅子，對李煜的夜生活看管很嚴，李煜平時很難吃到什麼腥，只能天天抱著小周后做開心狀。

當然小周后美豔冠絕天下，才資自天所出，加上兩人感情很深，李煜也沒像隋文帝那樣騎馬逃離獨孤后這個河東獅。李煜為了討小周后歡心，在後花園的花叢中用重金造了一個小亭子，僅僅能容下他和小周后，二人經常在亭子中喝酒，天天牛飲，酒地花天。

好像李煜所處的時代不是五代十國，而是世外桃源，對於外界發生的變化，「不知有漢、何論魏晉」。李煜在金陵城中花天酒地的時候，宋朝皇帝趙匡胤已經在乾德元年（西元九六三年）二月，宋軍消滅荊南高繼沖。同年三月，宋軍收湖南，送周保權去汴梁喝茶。乾德三年（西元九六五年）正月，宋軍攻入成都，蜀主孟昶出降。李煜的「朋友」只剩下了南漢的劉鋹、吳越的錢俶、泉州的陳洪進了。所以李煜覺得不算太孤單，依然有閒情雅致在宮中填詞、作畫、彈琵琶。

三

雖然李煜在書法界的名氣不如宋徽宗大，但也可以說自成一家，李煜出道時「師從」唐朝書法大家柳公權，他的書作足以「以李亂柳」，後來漸漸形成了自己風格。李煜性格文弱，可書法卻氣勢不凡，風骨嶙峋，人稱「倔強丈夫」。他的書法名作《春草賦》、《八師經》、《智藏道師真贊》等二十多件在北宋滅亡之前都是書法極品。

同時李煜也是一位美術家，創作了《自在觀音相》、《寫生鵪鶉圖》等九幅畫中珍品，可惜後來靖康之難，天下大亂，李煜的書法和繪畫沒有一件保存下來。李煜不僅「作」，而且還在「述」，他寫了兩篇書法評論：《書評》和《書述》，評論前人的作品以及闡述自己對書法的理解，極有藝術價值。

五代十國時期文化氛圍濃厚的只有孟昶的後蜀和李煜的南唐，兩位後主都是藝術家，物以類聚，身邊的人自然都不是等閒之輩。南唐有位畫家叫顧閎中，顧閎中的名氣可能還不如後蜀的黃筌，但顧閎中創造了一幅畫，可以這幅畫在中國繪畫史上的地位僅次於張澤端的《清明上河圖》，什麼畫呢？就是近代國畫大師張大千用五百兩黃金購買到的國寶級作品《韓熙載夜宴圖》。韓熙載如果不是因為李煜對他起疑心，派顧閎中以赴宴為名到他府中觀察，回來後顧閎中憑記憶作下了這幅千古絕品，韓熙載恐怕也不會有如此大的知名度。

南唐相對於其他政權來說，形勢比較穩定，所以南唐的「文化建設」成就非常顯著。除了南唐君臣都熱愛文學藝術外，在硬體上對後世也有很大的貢獻。古人寫字作畫離不開筆墨紙硯這文房四寶，到了南唐，文化的繁榮也帶動了這幾樣東西的改革，出現了李廷珪墨、澄心堂紙和龍尾硯。當然這些東西只供皇家和貴族專用，不輕易外流的。

在封建社會中，特權階層對文化進行壟斷，對百姓實行文化愚民政策，一般老百姓是沒有條件學習文化的，甚至連名字都沒有資格起，宋元尤甚。明太祖朱元璋最為典型，朱元璋之前名叫朱重八（叔伯兄弟中行八），他的父親朱五四，他的伯父朱五一，他的祖父朱初一。文化成了只有王公貴族才能享用的奢侈品，文化壟斷的惡果就是絕大多數國民的文化素質偏低，直接造成了國民的「弱智」，這也是近代中國之所以落後於西方國家的主要原因。少數幾個文學大師代表不了一個民族的整體文化素質，物質上的壟斷必然造成文化上的壟斷，文化上的壟斷也必然扼殺一個民族的思考力和創造力。

李煜不是暴君，但他絕對不是一個當皇帝的料子，一個有所作為的皇帝，並不是以能不能吟詩作畫為標準的。皇帝的正業是治國安民，而亂世中的帝王更應該具備較強的軍事能力，否則只能任人宰割。不幸的是，李煜正是這樣一個「不務正業」的帝王，他把所有的精力都放在了文學上，雖然成就極高，備受後人推崇。但他的「主要功課」的成績卻一塌糊塗，根本不及格。

當李煜在金陵中吟風弄月的時候，宋開寶四年（西元九七一年），宋太祖趙匡胤派行營諸軍都部署潘美（就是潘仁美）督軍下廣東，消滅了割據廣東六十年的南漢政權，小皇帝劉𬬮出降。同年十月，趙匡胤在漢陽（今湖北武漢）大造戰艦，準備順江東下。

李煜聽著消息，驚出一身冷汗，這時也顧不得「文化建設」了，讓七弟鄭王李從善以朝貢的名義去汴梁探聽消息。同時為了不讓趙匡胤起殺心，自降國格，連大唐國號都不要了，改稱「江南國主」，所有皇家制度一律自貶，中書門下二省為左右內史府，尚書省為司會府，御史台為司憲府，翰林院為文館，樞密院為光政院，大理寺為詳刑院。

李煜給趙匡胤當孝子，朝中一些忠義之士看不下去了，南都留守林仁肇密勸李煜：「宋朝主力多在西線，淮南守兵不多。陛下可以付臣一支兵馬，過江收復淮南，然後陛下選賢用能，積聚教訓，我唐國力強大，趙匡胤必不敢南犯。如果事成，功歸陛下，事敗，陛下可以滅我三族，以向趙匡胤證明這事和陛下無關。」林仁肇的建議非常冒險，但並非沒有成功的可能，只要李煜少把功夫浪費在文學藝術上，以他的天資，守住江南是不成問題。可李煜生性不喜歡冒險，拒絕了林仁肇。

趙匡胤也知道林仁肇的大名，曹彬等人的能力不比林仁肇強多少，萬一李煜用了林仁肇，豈不壞了大事。在除掉李煜之前必須先除掉林仁肇，趙匡胤行了一招反間計，派畫師到江南私窺了林仁肇，然後回來畫成圖像故意讓留在汴梁的李從善看到。李從善大驚：「這不是林仁肇麼？」陪從人員故意說林仁肇已經密降了宋朝皇帝，李從善也是個白癡，不想細想就給李煜寫了封信，說林仁肇早就變節了。李煜更是個白癡，加上朝中執掌兵權的神衛統軍都指揮使皇甫繼勳和洪州節度使朱令贇向來妒忌林仁肇，乘機說林仁肇的壞話，李煜便下毒害死了林仁肇。

趙匡胤沿用後周大臣王樸制定的《平邊策》的統一戰略，已經完成了一半，下一步就要拿李煜開刀了。雖然李煜待自己如父，但趙匡胤不是耶律德光，耶律德光鼠目寸光好打發，趙匡胤要的是統一，而不是李煜的謙卑。其實即使李煜敢對趙匡胤耍橫的，他也沒這個條件。

此時南唐只佔有長江以南中下游地區和江西，北、西、南三面有宋朝大軍虎視眈眈，東面有向宋稱臣的吳越和泉州，四面受敵。雖然李煜在位時間和三國吳後主孫皓很相似，但孫皓至少還保有大半江南，李煜就這巴掌大的地方，加上宋朝強大的實力，換誰也沒辦法。

李煜當政十多年來，對外屈膝，對內享受，剛即位時對老百姓的那點「關愛」早飛到爪哇國去了。朝中在職的多是些尸位素餐的「文學家」，國事已經不可逆轉。內史舍人潘佑對此痛心疾首，上疏大罵李煜：「過去夏桀殷紂吳孫皓自取滅亡，為史所笑。現在陛下還不如他們，臣不願和朝中那些畜生共事，更不願意侍奉陛下這個亡國昏君！」

李煜見疏大怒，中書舍人和潘佑不和，在李煜面前煽火，李煜派人去拿潘佑。潘佑早知道自己不會有好果子吃，痛哭一場，然後自刎身亡。我們都知道明朝的海瑞上疏痛罵明嘉靖皇帝，嘉靖為人苛刻，但並不昏庸，也沒把海瑞怎麼樣。當然誰不敢說李煜就一定會殺潘佑，不過如果拿李煜和明世宗相比，在文學藝術上，十個嘉靖也比不過半個李煜，但要玩起政治權術，嘉靖遠不是李煜之流可以相比的。

潘佑那道奏疏中把皇帝和大臣全都臭罵了，但唯獨認為司農卿李平有才可以大用，希望李煜能讓李平當尚書令。眾人被潘佑罵急了，見潘佑死了，就把怒火射向了李平，紛紛在李煜面前詆毀李平，說李平和潘佑結黨營私，李煜便把李平投到獄中，李平不久也死在獄中。

李煜在處理「家事」的同時，趙匡胤也準備對李煜下手了。開寶六年（西元九七三年）四月，趙匡胤派翰林學士盧多遜以賀壽為名出使金陵，探探江南形勢。盧多遜為人「狡黠」，先耍出手段糊弄李煜，說什麼只要李煜好好侍奉大宋便相安無事。李煜居然信他這個，盧多遜回去前，騙李煜說：「我朝天子準備重修天下圖志，但現在就缺貴邦十九州的資料，煩請國主方便則個。」

李煜沒經大腦考慮盧多遜要幹什麼，便同意了，將境內所轄十九州的戶籍資料甚至軍隊分布圖都給了盧多遜。盧多遜心中笑罵：「李煜真是個白癡！」回到汴梁，盧多遜極力慫恿趙匡胤出兵江南，並把弄到手的機密資料交給趙匡胤。趙匡胤這個高興啊，有了這個東西，李煜縱是插翅也難逃出他的掌心！

四

不過趙匡胤有一點擔心，因為江東立國依靠長江天塹自守近百年。從四百年前隋文帝楊堅過江滅陳到現在，沒有大規模發動渡江戰役的先例，趙匡胤對北方軍隊能否順利渡江心存疑慮。

真是老天有眼，開寶七年（西元九七四年）七月，南唐有一個叫樊若水的書生前來投奔趙匡胤。樊若水本來也想為李煜做事，可考了幾回試，全都名落孫山了。樊若水不甘心大好年華就這樣浪費掉了，乾脆跑到長江邊上打著「休閒釣魚」的幌子架著小船在長江沿岸來回丈量，把沿岸水勢深淺畫成了一張《長江沿岸水勢圖》，作為見面禮獻給了趙匡胤。

趙匡胤興奮死了，決定出兵消滅李煜這個政治白癡，不過師出要總有點藉口，「名不正則言不順、言不順則事不成。」趙匡胤想了一個好辦法：「你李煜不是向我稱臣嗎，我還沒見李煜長什麼樣呢。」於是派知制誥李穆來到金陵，讓李煜去開封拜見宗主國皇帝。

李煜雖然臣服於趙匡胤，但條件是繼續做江南國主，如果跟李穆去了開封，估計就得老死開封了。李煜不去，推託自己得了大病，不能出遠門，以後再去不遲。李穆早就知道李煜會這麼說，竊笑著回去覆命。

機會終於來了，趙匡胤爆笑不已。開寶七年（西元九七四年）九月，下詔山南東道節度使潘美、潁州團練使曹翰、侍衛馬步軍都虞候劉遇從江陵出水師沿江東下，義成軍節度使曹彬、侍衛馬軍都虞候李漢瓊等人麾師南進。同時命令吳越王錢俶出兵從東線攻擊南唐的常州和潤州，牽扯南唐主力。李煜還在幻想只要出點錢就能讓趙匡胤收手，派八弟江國公李從鎰帶著白金二十萬兩、錦帛二十萬匹前去講和。

還沒等到李從鎰的好消息，李煜就知道宋軍已經攻破池州（今安徽貴池）長趨直進的軍報，李煜真的急了，知道趙匡胤這次要玩真的。李煜玩文學玩久了，也膩了，血性湧上心頭，決定和趙匡胤徹底決裂，在國中廢去開寶年號，調兵防禦。李煜對臣下說道：「趙某人被逼急了，肯定要發兵來的，孤也不怕他，等宋師來戰，孤自披甲執刃，督獎三軍，和宋師死戰，或許一勝，還能保全社稷。」話說得很慷慨激昂，可讓他和趙匡胤一打一？誰會相信？

李煜同時給吳越王錢弘俶寫了一封信：「兄弟，你跟著宋人瞎忙活什麼？如果我被滅了，還有你什麼好果子吃？唇亡齒寒的道理你懂不懂？」錢弘俶比李煜想的長遠：反正自己早晚也要去汴梁，不如現在多在趙匡胤面上立點功，以後能在趙匡胤那裡討價還價。不聽李煜的，繼續北上攻城。

宋軍曹彬、李漢瓊部長趨直進，在采石磯（今安徽馬鞍山）大敗南唐軍，俘虜南唐兵馬都監孫震，南唐軍主力兩萬餘人被全殲，宋軍得到南唐軍馬三百多匹，宋軍仔細一看，狂笑不已，原來這些戰馬都是趙匡胤送給李煜的。

趙匡胤得了便宜就賣乖，讓曹彬等人在采石磯上建造浮樑橋，準備過江。李煜不相信，問中書舍人張洎是不是真有這事？張洎也不相信，便說：「從來沒聽說過長江能建浮樑的，肯定是軍中訛言，陛下不必害怕。」李煜這才放心：「我說呢？曹彬真夠白癡的，呵呵。」

到底是曹彬白癡，還是李煜白癡，很快就有了答案。宋開寶八年（西元九七五年）十月，南唐洪州節度使朱令贇率南唐最後的精銳前來摧毀采石磯浮樑，朱令贇放火燒浮樑，沒想到老天不老眼，南風變北風，燒死南唐軍無數，朱令贇也死在大火中。李煜和趙匡胤對抗的本錢本就不多，采石一敗，金陵就直接暴露在宋軍的攻擊範圍之內。

李煜這才知道害怕：原來趙匡胤不是苻堅，那怎麼辦？李煜聽說趙匡胤為人比較寬厚，便想給趙匡胤認個錯。希望趙皇帝能收兵回去，李煜繼續當「兒皇帝」，派國中文人翹楚的吏部尚書徐鉉去汴梁哀求趙匡胤罷兵。

徐鉉風餐露宿趕到汴梁，見著趙匡胤，伏地哭求趙匡胤看一下李煜十五年來屈膝侍奉大國的分上，給李家留條血脈。趙匡胤是這麼好打發的？不同意。徐鉉急了，大聲質問趙匡胤：「李煜何罪?!陛下如此逼人?!」

趙匡胤看了一眼徐鉉，冷笑：「是！李煜侍朕如父，本來無罪。但現在天下即將一統，李煜仍割據江東，朕為天下百姓計，必須要過江。何況，臥榻之側，豈容他人酣睡！

「臥榻之側，豈容他人酣睡！」這是震爍千古的名言，也是趙匡胤留給後人最最出名的一句話，古往今來，最難講的就是一個理字。弱肉強食，自古皆然，你打不過我，我吃掉你就天經地義，沒有什麼道理可講。如果想和強者講道理，唯一的道理就是你要比強者更強，否則，一切免談。

徐鉉伏地流汗，不敢出聲，心想：「國主，我也幫不了你了，你就聽天由命吧。」

開寶八年（西元九七五年）十一月，宋軍曹彬、劉遇、潘美等部率軍過江，包圍金陵城。李煜嚇得大氣也不敢出，抱著最後一絲希望，李煜開始向「佛祖」禱告，乞求我佛慈悲救李煜。李煜一方面守城，一方面在宮中吃齋念佛，金陵城中烏煙瘴氣。

曹彬先禮後兵，派人入城給李煜下了一道最後通牒：「金陵你是絕對守不住的，還是早點識相，不然大軍一入，後果自負！」李煜求佛求了一千年，佛祖也沒搭理李煜，李煜轉了幾百圈也沒想出什麼好辦法。只好告訴曹彬讓大兒子清源郡公李仲寓前去汴梁納降，可曹彬等了幾日也沒動靜，又派人去催：「李先生，少耍花招，清源郡公到我這裡談談就行了，不必麻煩天子。只要清源郡公到我大寨，我就停止攻城。」

李煜有些猶豫，中書舍人張洎勸李煜：「別聽曹彬胡扯，金陵城固若金湯，宋軍打不進來的。」李煜老糊塗了，聽信了張洎的鬼話。李煜拒絕曹彬的理由居然是李仲寓還沒挑好衣服，曹彬氣得臉都紫了：「耍我？給臉不要臉，攻城！」金陵城孤立無援，城內又沒多少軍隊，哪是宋軍的對手，當下宋軍就破了城。

破城之日，南唐群臣有的投降，有的自盡殉國。右內史侍郎陳喬約定和張洎一起自殺殉國的，宋軍即將入城，陳喬和張洎來到宮中見李煜，陳喬伏地痛哭：「臣有罪！主辱臣死，臣不敢苟活世間。請陛下殺臣，宋主要問，陛下就說是臣小人誤國，宋主必不深責陛下。」

李煜長歎：「算了吧，國亡在即，至於日後生死，非此時所能知，你就算死了，也無濟國事，再想他法吧。」陳喬確實是個忠臣，可惜李煜「沒時間」用忠臣，致使國勢若此。陳喬已抱死志，號哭一場，上吊自殺。

張洎算著時間，見陳喬差不多斷氣了，告訴李煜：「臣本來也應該陪陳喬殉國的，可陛下肯定要去汴梁見趙皇帝，身邊沒人打理可不行，臣覺得還能為陛下做點事，所以暫時還不想死。」這是什麼人啊？真夠無恥的！

趙匡胤事先交代過曹彬不許在金陵中掠劫財物，並善待李煜一族。曹彬入城後，秋毫無犯，列隊來到內城外，請李煜早點出來。李煜也不去求佛了，佛祖公務比較繁忙，沒時間過問李煜的閒事。李煜本想自焚殉國，抱了一大堆木柴在宮中。可李煜思前想後，覺得自己還年輕，就這樣離開人世有些可惜，便放棄自殺的念頭，決定投降。

不過在出降前李煜幹了一件對歷史極不負責任的事，他讓黃昭儀把珍藏的鍾繇以及王羲之等人的書法原本盡數燒掉，一件也沒留下來。然後在宋開寶八年（西元九七五年）十一月底，李煜率領群臣開門素服出降。

曹彬還在生李煜前次耍他的氣，當李煜給他下拜時，曹彬一甩臉色，不理李煜：「身有重甲，不方便還禮。」不過曹彬為人不失忠厚，告訴李煜：「君入朝後，歲賜俸祿有限，怕不夠你們家支出的。現在還有點時間，君速還宮，多帶點錢，以備日後之用。不然，朝廷都要把宮中物沒收，到時一個子拿不到，可別怨我事先沒通知你。」李煜謝過後，入宮打點財物。

宋閤門使梁迴見曹彬居然敢放李煜回宮，大驚：「大人怎麼能放李煜回宮？萬一李煜要自殺了，大人如何向官家交代？」曹彬大笑，但沒有說話。梁迴不知道曹彬何意，再三問之。曹彬笑答：「李煜為人庸弱，今日既然出降，就說明李煜還有幸生之心，怎肯自殺？放心吧，一會李煜就會回來的。」果然不久，李煜就出來了。

宋開寶九年（西元九七六年）正月，曹彬奉趙匡胤命，催促李煜等人打點行裝，去汴梁見大宋皇帝請罪。李煜生在金陵、長在金陵，也亡國在金陵，對金陵有著刻骨銘心的感情，畢竟這裡還埋著他的祖父、父親的遺骨，還有他的前妻周娥皇。就這樣離開了？李煜是個感情極其豐富的人，對於這樣一個人生結局，他並沒有太多的心理準備，但此時自己的九族性命都握在趙匡胤手中，害怕惹翻了趙匡胤。不敢不從，只好哭拜了列祖列宗，然後帶著小周后等家族成員以及文武啟程北上。

南唐自烈祖李昪九三七年開國，到李煜素服出降，共存在了三十八年。作為「政治家」，李煜給歷史交上了一份答卷，上面只寫著一句話：「後主雖仁愛足以感其遺民，而卒不能保社稷。」在五代十國時期曾經名震江南的南唐就這樣滅亡了，而南唐的滅亡也意味著震爍歷史的大唐帝國的徹底終結，從此，歷史上再也沒有過一個稱作「唐」的政權。《霓裳羽衣曲》，李白、杜甫、白居易和一段段歷史的佳話以及歷史悲劇，都走進了歷史的墳墓，永遠不再出現。

臨行前，李煜作了一闋《破陣子》：

四十年來家國，三千里地山河。
鳳閣龍樓連霄漢，玉樹瓊枝作煙蘿。幾曾識干戈。
一旦歸為臣虜，沉腰潘鬢消磨。
最是倉皇辭廟日，教坊猶奏離別歌。垂淚對宮娥。

五

李煜等人乘舟北進汴梁城時，李煜痛永無再返故國之日，痛哭流涕，提筆再作一首亡國詩：

「江南江北舊家鄉，三十年來夢一場。吳苑宮門今冷落，廣陵台殿已荒涼。雲籠遠岫愁千片，雨打孤舟淚萬行。兄弟四人三百口，不堪閒坐細思量。」

宋開寶九年（西元九七六年）正月，李煜一行作為宋朝的俘虜來到汴梁，剛下船時，李煜看到汴口有座普光寺。李煜想上去看看，陪從人員勸他不要在趙匡胤的地頭上惹是生非，李煜大怒：「我當政以來，你們這幫人天天纏我身邊，這個做不得，那個做不得，現在亡了國，沒必要怕你們，今日偏由我做回主！」李煜登上普光寺，遠望江南，卻不得見，只見風煙嫋散，天際間，一片愁雲慘澹。李煜觸景生情，淚流滿面，長歎數聲才下來。

趙匡胤作為勝利者，已經準備好了受降儀式。趙匡胤大陳甲兵，親臨明德門接受李煜的請罪。

不過李煜從即位起就對趙匡胤奴顏婢膝，趙匡胤本也是個寬容的人，也就沒有讓李煜跟五年前接受南漢皇帝劉鋹受降一樣，只是讓李煜等人白衣在明德門下請罪。趙匡胤俯身下問：「下面站著的可是江南國主？」李煜見左右衛士持刃而立，嚇得跪在地上發抖，無言以對。

趙匡胤知道李煜無用，轉而厲聲責問徐鉉：「李煜今日，汝不得辭其責也！為何不勸李煜早入朝？以致刀兵齊發，百姓受苦！」徐鉉向來以銅牙鐵齒著稱，大聲答道：「臣為江南臣子，自當忠心侍主，今日國亡，臣當死罪，請陛下誅臣以謝江南士民。」趙匡胤見他如此硬挺，大笑：「汝真忠臣也，以後事朕也要像事李煜那樣。」

趙匡胤也聽說了張洎勸李煜不出降曹彬一事，又罵張洎：「還有你！不是你勸李煜死守，李煜也不會有今日之辱。」說完就把張洎在金陵時準備召援兵的蠟書丟到張洎腳下。張洎汗出如雨，頓首哭道：「此書是臣所寫，但臣彼時尚事李氏，所謂忠犬不吠其主。今若得死，臣之幸也。」張洎怕死是真的，但請死絕對是假的，不然早在破城時就該和陳喬自縊殉國了。

李煜口才一般，但身邊竟是些伶牙俐齒的高人，趙匡胤也是苦笑，又把安慰徐鉉的話重複講給張洎。趙匡胤得意之餘，又數落李煜幾句，隨即封李煜為左千牛衛上將軍，當然這是個虛職。說來也可笑，李煜這輩子最不擅長的就是打仗，結果倒在把南唐消滅的宋朝那裡混了個將軍當當。李煜畢竟是個有身分的人，趙匡胤給了他「違命侯」的「爵位」。

雖然趙匡胤善待降王是出了名的，畢竟這些人懦弱無能，留下來還能在歷史上博一個寬厚待人的好名聲。但也有例外的，孟昶因為花蕊夫人而遭了難，可見說趙匡胤「仁厚愛人」多半是後世史家吹出來的。至於李煜，身邊雖然也有一個絕色小周后，不過趙匡胤還真沒對小周后動過什麼心思。李煜心下也覺得寬慰了不少，也打算就這樣稀里糊塗的過下去吧，人生不如意十之八九，想那麼多又有什麼用呢。

如果李煜就這樣終死汴梁城，那麼李煜的人生還談不上什麼悲劇，也賺不了後人幾滴眼淚，李煜的悲劇馬上就到開始了。宋開寶九年（西元九七六年）十月，時年方五十歲的趙匡胤突然莫名其妙地駕崩，皇弟晉王開封尹趙光義繼位，改元太平興國。

趙匡胤的死因是宋史第一大疑案，野史傳言趙匡胤死前把趙光義叫進宮去，身邊沒有一個外人。不知他們說了些什麼，只是傳聞外頭的太監聽到屋裡趙匡胤大聲說了一句「好做！好做！」然後趙光義放聲大哭，趙匡胤就這樣死了，到地下去見曾經無比信任他的前主人柴榮去了。

趙光義當上皇帝後，李煜的噩夢開始了。李煜此年不到四十歲，而他的小周后也只有二十六歲，這個年齡的美女是最讓人動心的，趙光義那雙色瞇瞇的眼睛不知不覺間就盯上了小周后（大哥喜歡花蕊夫人害死了孟昶，小弟喜歡小周后害死了李煜，這哥倆怎麼都一個德性?!）。

趙光義當然知道哥哥是怎麼把花蕊夫人弄到手的，也不用多動什麼腦筋，學哥哥的就是。趙光義打著讓小周后等南唐「命婦」到宮中拜見自己后妃的幌子，召小周后進宮。李煜以為趙光義和趙匡胤一樣寬厚，何況皇帝旨意不敢違，便讓小周后去了，可誰知道這一去就是好幾天。

趙光義當時三十七八歲，正是如狼似虎的年齡，見到小周后，撲了上去。小周后嚇得連連後退，抵死不從，趙光義能讓他哥哥不明不白的成了「太祖」，還在乎你這個弱女子？命強壯的宮女上前把小周后衣服扒掉，強行按到床上。

最讓人髮指的是，趙光義居然還讓宮中的畫師現場把自己的「威武雄壯」畫下來（野蠻！），這就是在野史有名的《熙陵幸小周后圖》。小周后受此污辱，痛不欲生，但她不敢冒犯趙光義，自己的性命都握在趙光義的手裡。只要趙光義一點頭，她們李家和周家九族都將灰飛煙滅。小周后回到府中，李煜這時也知道小周后在宮中這幾天究竟發生了什麼，垂頭不語。小周后滿肚子的委屈無處發洩，只好狂風暴雨的發向李煜，大罵李煜「你真不是個男人，窩囊廢！當初怎麼就看上了你！」李煜這時什麼都做不了，更不能去安慰妻子，否則對李煜和小周后來說是更大的人格污辱。

李煜欲哭無淚，亡國後離開金陵這個生他養他的地方，來到陌生的汴梁，身邊只有這個女人可以聊做安慰，畢竟他們在一起生活了十幾年，感情很深。沒想到趙光義居然對他下這個重手，李煜雖然窩囊，但也是個男人，男人不怕死，就怕戴上綠帽子。李煜只有任憑妻子發洩，心中已經翻江倒海，但除此之外，李煜還能做得什麼？

趙光義嘗到了腥味，便三番五次的召小周后入宮侍寢，即使不為了李煜，為了周氏一族，小周后也不敢不從，任憑趙光義「欣賞」自己的身體。回來之後就接著罵李煜，罵累了，兩人就抱頭痛哭。小周后雖然知道李煜沒用，但十幾年的感情不可能在一瞬間抹去，永遠也不能。

李煜在汴梁生不如死，忍受著亡國辱妻的人格污辱，鬱鬱寡歡，開始懷念起小時候在江南春色中任情奔跑，在宮中為起舞的周娥皇彈琵琶，和小周后在小亭中飲酒的快樂場景。當人活著壓抑的時候，就會不自然的懷起舊來，而且越陷越深，不可自拔。

李煜開始「重操舊業」，填起詞來。李煜詞在詞史上的地位不用多說，但李煜詞真正具有強烈藝術感染力的，還是在亡國之後寓居汴梁的這兩年所作。其中有一闋《浪淘沙》：「簾外雨潺潺，春意闌珊。羅衾不耐五更寒。夢裡不知身是客，一晌貪歡。獨自莫憑闌！無限江山，別時容易見時難。流水落花春去也，天上人間。」

這闋詞的藝術性和感染力在李煜四十二首詞也許僅「次」於另外一闋《虞美人》，這闋《虞美人》是李煜的代表作，這也是唐五代以及北宋早期詞的抗鼎之作。只是這闋詞太「血腥」了，字字血淚，斷人心腸。原詞如下：

「春花秋月何時了，往事知多少。小樓昨夜又東風，故國不堪回首月明中。雕欄玉砌應猶在，只是朱顏改。問君能有幾多愁，恰似一江春水向東流。」

作為一個亡國之君，在戰勝國的土地懷念故國，這是犯了大忌諱的。如果三國蜀後主劉禪在洛陽懷念蜀中，司馬昭也不會放過劉禪。李煜如此「明目張膽」，趙光義知道後，大為嫉恨。心想：「你這個亡國奴居然敢懷念金陵？朕在你心中是個什麼位置？」何況自己雖然強行霸佔了小周后，但畢竟她在名義上還是李煜之妻，時間一長，肯定走漏風聲，傳到外人耳朵裡，不罵自己才怪。為了以後方便和小周后鴛鴦雙飛，李煜，對不住了。

宋太平興國三年（西元九七八年）七月初四，這天是李煜的四十二歲生日，正值七夕。李煜也沒怎麼過壽，亡國奴做什麼壽？只是簡單的吃了點東西，這時大宋皇帝趙光義派人送來一瓶好酒。李煜跪拜後收下，來人自去。李煜開始喝著皇帝送來的美酒，構思著下一闋詞。

喝完不久，李煜突然感到腹中一陣劇痛，頭部和手腳開始劇烈抽搐，來回做牽機狀，李煜拼命掙扎了一會，慢慢的，李煜不動彈了，死了。李煜死狀極為慘烈，頭和腳迸在了一起，佝僂成一團。宋太平興國一代詞宗、南唐後主、大宋「隴西郡公」李煜，「薨」於汴梁。

趙光義送給李煜的不是什麼佳釀，而是一瓶牽機藥，也就是中藥馬錢子，喝下這種毒藥的人，都會在巨痛中死去。李煜死訊傳來，趙光義貓哭耗子，輟朝三日，追贈李煜太師、吳王，葬在洛陽北邙山。

小周后看到丈夫的慘死，悲痛欲絕，哀號不已。雖然小周后罵過丈夫窩囊廢，但他們之間的感情從來也沒有變過，在做了亡國奴後，兩人相依為命，準備平平安安的過完下半生。可「人面獸心」的趙光義卻斷送了他們的未來，小周后哭了數日，在丈夫靈前自盡。

對於李煜的評價，不想再多說什麼了，李煜的人生悲劇讓歷史感動了一千多年。在中國歷史上，真正能讓現代人記住並感動的愛情悲劇，也許只有三個：項羽烏江別虞姬，陸游沈園偶逢唐婉兒，李煜和大小周后的愛情故事。

李煜生於七夕，死於七夕，就以北宋大詞人秦觀的一闋《鵲橋仙》來為李煜送行：

纖雲弄巧，飛星傳恨，銀漢迢迢暗度。
金風玉露一相逢，便勝卻人間無數。
柔情似水，佳期如夢，忍顧鵲橋歸路。
兩情若是久長時，又豈在朝朝暮暮。

第四章

吴越春秋——百家姓第二位錢姓的創業史

「上有天堂，下有蘇杭」，這是人們對著名旅遊城市蘇州和杭州的美譽。蘇州因唐人張繼一首千古絕唱《楓橋夜泊》名聞天下，寒山寺、虎丘塔加上江南水鄉的溫柔婉約，讓人如醉如癡。杭州也不示弱，也有一首千古絕唱，便是南宋人林升著名的《題臨安邸》：「**山外青山樓外樓，西湖歌舞幾時休。暖風熏得遊人醉，直把杭州作汴州！**」雖然林升的本意是諷刺南宋統治者紙醉金迷不願收復北方故土，但卻無意中為杭州城打造了一張城市名片。

北宋靖康二年（西元一一二七年），強大的女真騎兵南下，攻下開封，俘虜了宋徽宗和宋欽宗，北宋滅亡。宋徽宗第九子康王趙構逃難至杭州，建立南宋，定都杭州。在南宋存在的一百五十年時間裡，杭州物盡東南，繁華盛極，是當時世界上數一數二的超級大都市。

不過南宋時的杭州卻不是歷史上第一次建都，在南宋之前二百年，杭州還有一次建都的經歷，這就是五代十國時期杭州人錢鏐建立的吳越政權。

唐宣宗大中六年（西元八五二年），錢鏐生於杭州臨安。大中六年真是一個奇怪的年份，朱溫、楊行密、錢鏐、馬殷都生在這一年，而且五代十國的建立者們大多數都生在唐宣宗時期，不知道唐宣宗李忱知道自己當皇帝的這十幾年中，治下生出了十幾個開國帝王，會不會把鼻子氣歪了。

錢氏作為吳越最高統治者，史家自然少不得拍錢鏐的馬屁，當然都是老掉牙的故事，說什麼錢鏐生時紅光滿室，鄰居們爭相救火云云。原來這些帝王都是祝融氏的子孫，誰生下來都一是一團火。「不好了，起火了！」一看全都是大胖小子，也太邪乎了點。

生在亂世，是絕大多數人的不幸，平頭百姓誰喜歡亂世？但對於極少數人來說，只有生在亂世，才能體現出他們存在的價值，錢鏐也是這樣。錢鏐長大後跟江湖中的武林高手學了一身好功夫，善使一條大槊。

雖然錢鏐在習武的同時也喝了半瓶子墨水，但像他這樣的亂世梟雄讀書太多反而容易食古不化，能練好簽名就行了。俗話說「學好文武藝，貨賣帝王家」，錢鏐也不能白學了這身好功夫，此時正值黃巢「作亂」，天下分崩，大魚小蝦米都從水底跳了出來，準備撈上一票。

唐僖宗乾符二年（西元八七五年）五月，浙西狼山（今江蘇南通狼山）鎮壓使王郢扯旗造反，在蘇浙福建一帶橫衝直撞，禍害兩浙。浙西臨安石鏡鎮守將董昌受上峰指派在杭州一帶徵募壯士入伍，董昌見錢鏐不是個等閒貨色，便讓錢鏐做他的副手。從此，錢鏐踏上了提著腦袋謀富貴的道路。錢鏐初出江湖，必須要有兩手絕活，不然吃不開，錢鏐果然不是庸手，和王郢幹了幾個回合，就把王郢給擺平了。

錢鏐越混越自在，後帶本部兵剿滅了土匪曹師雄等人，因功封為石鏡鎮衙內都知兵馬使。乾符六年（西元八七九年），農民起義軍領袖黃巢率軍入浙，準備借路去福建，止好要路過錢鏐的地盤。

錢鏐手下只有三百多人，根本不夠黃巢幾十萬大軍吃的，便設了一計，錢鏐帶著二十個不怕死的好漢藏在路邊的草叢裡，等到黃巢軍過來時，錢鏐和弟兄們張箭就射，射倒了不少，然後錢鏐帶弟兄們衝殺出來，黃巢軍不知道伏兵底細，一陣大亂。

錢鏐不敢和黃巢力拼，後撤至一個叫八百里的鎮子上。錢鏐想了一個天下無雙的點子，他找來個在路邊賣東西的老奶奶，告訴她：「後邊如果有大軍過來，問您前面的人跑哪了，您就說他們屯兵八百里。」然後錢鏐開始做好廝殺準備。黃巢也想看看帶二十多人就敢在他黃巢頭上拔毛的是個什麼人物，率軍追了過來。黃巢人生地不熟，果然問起了那個老奶奶。老人家就照錢鏐說的回覆。

黃巢是北方人，哪知道八百里是個地名，以為杭州兵前後紮營了八百多里地。黃巢這次入浙只是借道，一聽嚇了一跳：「剛才那幾個人就把我嚇成那樣，八百多里的杭州兵，那得幾十萬？」覺得強龍壓不過地頭蛇，率軍在浙江開闢了七百多里山路，進入福建闖世界去了。錢鏐又做了回東道，在後面招呼了一下，狠撈了一把。

這兩年董昌也賺了不少，覺得小池裡養不起自己這條大魚，想去杭州做老爺，率軍闖進杭州自封刺史，鎮海軍節度周寶沒辦法，只好封董昌為杭州刺史。錢鏐也當上了都指揮使。

後來黃巢殺進長安，唐僖宗李儇逃到成都避難，天下形勢亂得不可收拾，稍有點本事的人都開始自謀出路。淮南節度使高駢想收編董昌的人馬，便讓董昌等人來見他。董昌也就那樣，沒什麼稀罕的，高駢有些失望。但當高駢看到錢鏐的時候，可能是高駢近視眼，貼到錢鏐臉上看了半天，錢鏐忍著高駢呼出的臭氣，暗罵：「老東西，你想幹什麼?!」高駢驚呼：「這個人不簡單！日後必然是個大英雄！」但錢鏐卻沒看上高駢，私下告訴董昌：「高駢不是個幹大事的人，咱們跟著他，以後連涼風都喝不上，還是回杭州發展吧。」董昌也是這個意思，婉拒了高駢，回到杭州。

杭州是兩浙首府，財富甲於東南，誰看著不眼熱？浙東觀察使劉漢宏（就是在江陵中和王鐸上演「騙中騙」的那位爺）想要杭州，中和二年（西元八八二年）七月，劉漢宏派兄弟劉漢宥率越州兵（今浙江紹興）來攻杭州。劉漢宥帶著兩萬弟兄上了路，來到西陵（今浙江蕭山西郊）。

剛紮下營寨。就看寨子外來了一支越州兵馬，劉漢宥有些奇怪，難道哥哥增兵來了？在核實了口令後，劉漢宥下令迎接兄弟們。剛開了寨門，就看這支「越州兵」猛地闖進營來，開始放火，順手砍殺。劉漢宥大驚，率殘兵逃回越州，這支「越州兵」正是錢鏐帶來的人馬。

劉漢宏哪聽說過什麼錢鏐，沒當回事，連派了四路人馬去殺錢鏐，但這幾位弟兄哪是錢鏐的對手，一路一路地被錢鏐給滅了。中和三年（西元八八二年）十月，劉漢宏親率浙東十幾萬大軍水陸並進，來找錢鏐結帳，錢鏐率敢死軍偷襲越州軍，越州軍中多是被劉漢宏抓來湊數的壯丁，本就心不甘情不願，一戰即潰。

劉漢宏為了逃命，脫了官服扮做伙頭軍模樣，拎把菜刀就要跑。杭州兵不認識劉漢宏，問他是哪部分的，劉漢宏立刻號啕大哭：「長官，我是被挨千刀的劉漢宏給抓來做飯的，我上有八十老娘，下有八歲小兒……」杭州兵哪聽他扯這個，喝道：「還不快滾！」劉漢宏灰頭土臉地跑回越州學「廚藝」去了。

此時尚在成都避難的唐僖宗李儇聽說董昌和劉漢宏大打出手，便派人來勸架。董昌和劉漢宏已經殺紅了眼，根本不睬李儇，小毛孩子，沒事添什麼亂？劉漢宏本錢越打越少，為了做最後一搏，劉漢宏盡出精銳，準備和董昌做最後的決戰。

董昌向錢鏐問計，錢鏐知道劉漢宏這回要玩命了，勸董昌：「劉漢宏浙東巨賊，今不除之，必留大患。請董公盡出精銳，我去取劉漢宏的人頭。」董昌大喜：「具美（錢鏐字）出馬，吾無憂矣。滅掉劉漢宏後，我就把杭州讓給你，我去越州。」這樣的好事錢鏐自然願意。

唐光啟二年（西元八八六年）十月，錢鏐率杭州軍去和劉漢宏分個高下，錢鏐和部將成及率軍南下諸暨（今浙江諸暨），繞過山路折頭向北，急進至平水（今浙江會稽山東），抄小道奇襲曹娥埭（今浙江紹興東），大敗越州軍韓公玟部。隨後錢鏐發水師以雷霆之勢攻擊越州軍朱褒部，兩軍在上虞江中進行慘烈大戰，錢鏐命杭州軍射火箭，藉著風勢，盡燒敵艦，越州水軍都去水晶宮掛號去了。

錢鏐挾勝攻越州，劉漢宏本錢基本都砸光了，只好三十六計走為上。劉漢宏連家小都顧不上了，沒時間了，劉漢宏匹馬南奔台州（今浙江台州）。錢鏐沒費多大功夫就拿下越州，將劉漢宏家眷和親將斬於軍門外。

錢鏐準備休整一下再取台州。錢鏐好運氣，台州刺史杜雄見劉漢宏倒了台，動了壞心思，指揮親兵拿下失魂落魄的劉漢宏，踢進囚車，押到越州。董昌得知劉漢宏被擒，派人到越州責罵劉漢宏，劉漢宏自知不免，長歎：「成者英雄敗者賊，古今皆如此，我無董公手下有名將如錢具美者，也該我壞事。今事已至此，不必多說廢話，來個痛快的吧。」

等待劉漢宏的當然也只有死路一條，錢鏐下令在越州市中斬殺劉漢宏。劉漢宏倒是有些血性，對行刑的刀斧手大喝：「滾開！你們也配殺我？把錢鏐叫過來，我是被錢鏐打敗的，就讓錢鏐來了結我！」錢鏐也敬劉漢宏是條漢子，提刀上前，痛快一刀，送劉漢宏上路。

對杭州威脅最大的越州勢力終於被徹底消滅，但與其說是董昌贏得了輪盤賭，倒不如說是錢鏐的勝利。這些勝利都是錢鏐一刀一槍拼出來的，董昌只是因錢鏐成事。這時錢鏐也漸漸對董昌有了想法，自己刀山火海拼出來的功勞，怎麼甘心都給了董昌？

光啟三年（西元八八七年）春，李儇下詔封錢鏐為杭州刺史、領左衛大將軍，把董昌給弄到越州當起了觀察使。董昌考慮到錢鏐是自己的家將，倒是放心，何況浙西也很富庶，便到越州度假去了。

錢鏐拼殺了十多年，終於有了自己的根據地。不過周邊強人太多，錢鏐僅守著這一郡是成不了大事的，開始琢磨從哪下口。錢鏐的東邊是董昌，暫時還不好翻臉，北面蘇州、常州、潤州一帶都沒有什麼強大的勢力，錢鏐準備要吃人了。

封建社會不存在吃不吃人的問題，只存在怎麼吃人的問題。道德的約束力在利益面前不堪一擊，別說錢鏐，讓現代人做一回亂世中人，誰敢說自己不吃人？當然可以選擇不吃人，但下場就是被別人吃掉。

正好此時淮南節度使高駢治下大亂，呂用之用事，畢師鐸亂中取勝，絞殺成一團。鎮守潤州（今天江蘇鎮江）的鎮海軍節度使周寶本想看看熱鬧，結果被度支催勤使薛朗和牙將劉浩給趕出潤州。周寶可憐兮兮地剛跑到常州，還沒喝口熱茶呢，杭州刺史錢鏐就派大將杜稜、阮結、成及率軍於光啟三年（西元八八七年）三月攻下了常州。

周老先生被當成俘虜獻給了錢鏐，錢鏐覺得周寶無拳無勇，殺了他反而給人以「心胸狹窄」的口實，便將周寶養了起來，享受節度使待遇。沒幾天周先生就歿了，給周寶風光發喪。

二

唐光啟四年（西元八八八年）正月，錢鏐攻下潤州，活捉薛朗、劉浩腳長，逃了。錢鏐帶回薛朗，挖出薛朗心肝，祭奠周寶，收買人心。到了二月，辛苦一生的唐僖宗李儇駕崩，皇太弟壽王李傑繼位，就是唐昭宗李曄。新皇帝登基，自然要給各大軍閥點甜頭嘗嘗，李曄賞給了錢鏐司空的空頭支票。

錢鏐拿下潤州後，下一個目標自然是盤踞在蘇州的原六合鎮守使徐約。蘇州是江南大郡，具有重大戰略意義，錢鏐不能讓徐約這個庸人占著茅坑不拉屎，在唐文德元年（西元八八八年）九月，命兄弟錢去吃掉徐約。徐約也不是個幹大事的人，跟可笑的劉守光一樣，把城外的蘇州老百姓都抓進城，在臉上刺字：「我願意死戰錢鏐！」

百姓何罪?容你徐約如此糟踐？單從軍事角度來說，老百姓也不會打仗，「人海戰術」起不到多大作用，真正決定生死的是軍隊的作戰能力和戰略運籌，當然還有一些其他原因。古代打仗不比現在熱兵器時代，在一般情況下，除非有援軍，否則死守孤城沒有多大意義。在古代，只要有足夠的糧草和軍隊，在城中守上三年兩年不成問題，徐約勉強守了半年，唐龍紀元年（西元八八九年）三月，錢攻破潤州，徐約被追兵逼到海邊，想學徐福入海，但被杭州兵亂箭射死，浮屍海上。

此時廬州刺史楊行密和大盜孫儒卻在錢鏐的家門口廝打，還不時踢上錢鏐一腳，弄得錢鏐好不窩心。孫儒派大將劉建鋒奪去了潤州，錢鏐開始嚴防北路，潤州就算我送的，以後少打我的主意。楊行密到底比孫儒命硬，把孫儒給剋死了，潤州順便成了楊行密的家產。

楊行密雖然對杭州有意，但錢鏐可不是孫儒，便開始專攻淮南。錢鏐也在不斷地壯大實力。到了景福二年（西元八九二年），錢鏐已經開始坐大，李曄根本管不了錢鏐，誰有本事就封誰的官。錢鏐巴不得有朝廷的任命，這樣才能撈取更多的政治利益。拜錢鏐為鎮海軍節度使，成為浙江最有實力的一路軍閥。

錢鏐好歹喝過幾年墨水，知道要成得大事，沒有幾個趁手的人才是不行的。無論是政治鬥爭還是軍事鬥爭甚至商場競爭，說到底，都是人才的競爭。錢鏐開始廣攬賢才，武有杜棱、成及、顧全武，文有皮光業、林鼎、羅隱等人。在這些士人中，知名度最響的無疑是人稱醜才子的羅隱。

羅隱字昭諫，唐文宗李昂太和七年（西元八三三年）生於杭州。羅隱是晚唐著名詩人，雖然有些恃才狂傲。（才子不狂便不是才子！）

羅隱性忠直，恃才狂傲，對朝中用事的達官顯貴經常連諷刺帶罵。有次羅隱乘船寫詩，船工告訴羅隱不要在這裡丟人，艙中有貴人。羅隱大怒：「狗屁貴人！我羅某用腳指頭夾筆寫東西都比他們強百倍，不過靠著祖蔭才混出頭的，怕個球！」當官的最不喜歡就是這樣的人，官越大，越不需要人才，需要的只是奴才，因為人才多數都不太聽話，只有奴才最聽話。羅隱屢試不中，只好落魄江湖。

羅隱本有機會攀上高枝的，唐宰相鄭畋向來看重羅隱之才，也知道自己的女兒非常崇拜羅隱，便把羅隱召至府中做詩。鄭家小姐本以為羅隱是個風流才子，便隔簾相見夢中情人，哪知羅隱長相醜陋，讓鄭家小姐大失所望，從此不再讀羅隱詩。

雖然落魄，但羅隱依然不改名士本色，在流落到魏州時，因為沒錢吃飯，便去找當時的魏博軍節度使鄴王羅紹威，自稱是羅紹威的叔父，讓侄子給點錢吃飯。羅紹威手下大怒：「這個叫花子敢污辱大王，宰了他！」

羅紹威知道羅隱名聲在外，殺了他只能臭了自己的名聲，大笑：「羅隱何人？我能做他的侄子已經萬分榮幸了。」羅紹威真是個人物！大擺儀仗，到城外以子侄禮給羅隱下跪磕頭，羅隱受之如常。羅紹威同樣也是個人物，再瞅瞅東漢末年江夏太守黃祖是如何對待狂罵曹操的禰衡的，怪不得羅紹威能成大事，對文人客氣點，才能顯出自己的肚量。

羅隱在魏州吃飽喝足了，啟程去杭州找工作。羅紹威送給羅隱盤纏錢一百多萬，並給錢鏐寫了一封推薦信，說我叔父天下大才，錢公不用殊為可惜。羅隱不知道錢鏐為人如何，便做詩一首送於錢鏐，中有名句：「一個禰衡容不得，思量黃祖漫英雄。」

錢鏐見詩大笑，知道羅隱是個性情中人，象羅隱這樣的人物平時請都請不來，哪還敢不敬？用羅隱為掌書記，參與軍政。羅隱雖然謀了個安穩的飯碗，但倔驢脾氣依舊。錢鏐喜歡吃魚，命令西湖漁民每天都要送魚給他吃，漁民每天打漁很辛苦，掙不了幾個錢。羅隱知道後，便寫詩挖苦錢鏐：「呂望當年展廟謨，直鉤釣國更何如；若教生在西湖上，也是須供使宅魚。」意思是說如果姜太公到西湖來休閒垂釣，也得給錢公送魚，錢鏐是個做大買賣的，知錯就能改，不再向漁民索魚吃。

羅隱詩名重天下，他的詠史詩尤其出色，有一首《登夏州城樓》：「寒城獵獵戍旗風，獨倚危樓帳望中。萬里山河唐土地，千年魂魄晉英雄。離心不忍聽邊馬，往事應須問塞鴻。好脫儒冠從校尉，一枝長戟六鈞弓。」氣魄宏大，讓人心折不已！

唐乾寧元年（西元八九四年）五月，李曄下詔拜錢鏐為同中書門下平章事，也就是以宰相身分領軍節度使。錢鏐自然高興，李曄雖然和春秋戰國時的周天子一樣毫無實權，但名分還在，各路諸侯誰不想當齊桓晉文？錢鏐正在杭州對皇帝表忠心的時候，他的鄰居、也就是他的前主人浙東觀察使董昌和錢鏐想的卻不一樣，董昌想什麼？他想當皇帝！

這幾年董昌在越州當起了殺人魔王，屬下但有少許不敬，動輒滅族，越州城中屍臭熏天。董昌確實是個白癡，在他治下，司法和用人形同兒戲，打官司在董昌這裡沒有是非可言，雙方玩骰子，猜錯了不管你是原告被告，拎出去砍頭，提拔下屬同樣如此。

董昌眼瞅著唐朝只剩下了一副空殼，自己碗裡的肉太少，不夠吃的。唐乾寧二年（西元八九五年）二月，董昌在越州自稱大越羅平國皇帝，改元順天，滿足了自己的皇帝癮。

董昌寫信給錢鏐，希望兄弟們聯手大幹一場。錢鏐早就想和董昌劃清界線了，哪敢和他一起造反。錢鏐聚文武議事：「過去董昌是我的上司，現在則是我的鄰居，我身是大唐臣子，自當討逆梟首獻於朝廷。不過好歹我和董昌有過交情，我也不把事情做絕，先勸董昌迷途知返，如若不從，則刀兵相見。」眾人道：「大人心善！」

錢鏐派賓屬沈滂去越州勸董昌：「做個閉門天子，豈有開門節度使自在。公行此事，是以九族身家作兒戲，請速改正，不然一旦族滅，悔之無及！」董昌已經瘋了，不聽。錢鏐還不死心，親自率兵來到越州城下，再勸：「董公位極人臣，富貴終身，何必和朝廷作對？今鏐率兵前來，想再勸董公一次，萬不可自作逆賊，為天下人所共憤！萬一天子震怒，王師來討，不僅公家遭夷滅，就是越州百姓，也要受公連累。福兮禍兮，唯公自擇。」

董昌知道錢鏐的厲害，不想招惹他，假裝後悔狀：「具美善心，我今悟矣。我會上表向朝廷謝罪的，公請回吧。」遂厚贈杭州軍，把跟他胡鬧的幾個妖人送至杭州軍營，錢鏐見董昌認錯了，先斬妖人，然後回軍杭州。董昌謀逆大事，錢鏐不敢隱瞞，把董昌稱帝事飛報長安。李曄大怒：「朕是天下共主，你董昌也敢來分羹？」拜錢鏐為彭城郡王，浙東招討使，去滅董昌。

錢鏐早就想吞掉董昌，苦於師出無名，現在皇帝詔令在手，還怕什麼。唐乾寧二年六月，錢鏐派都知兵馬使顧全武和王求去搞定董昌。

董昌不傻，派人向楊行密和湖州刺史李師悅求救，楊行密不想讓錢鏐的小日子過得滋潤，出兵攻蘇州，李師悅也來找茬。錢鏐先讓顧全武去對付李師悅，顧全武北上敲打了一下李師悅，李師悅老實了一些。楊行密大將安仁義準備率水軍來抄錢鏐，錢鏐讓都指揮許再思去防禦淮南軍，安仁義並不想和錢鏐玩真的，沒敢過來。

北方邊患相對減輕了許多，隨後錢鏐再派顧全武東進。顧全武是錢鏐手中的王牌，而董昌方面只是徐珣、袁邠這干子菜鳥，乾寧三年（西元八九六年）正月，顧全武、王求大敗越州軍，徐珣等人降了杭州軍。顧全武率軍進逼越州，在餘姚（今浙江餘姚）又掃掉了袁邠，接著就包圍了越州城。

董昌為了騙越州將士們為他賣命，胡說錢鏐的兵都是些柴貨，沒什麼好怕的，並重賞三軍，讓他們死守。顧全武等人來到城下後，董昌竟然出錢「犒勞」杭州軍，當然董昌覺得這年頭當兵不就是圖這點錢嗎？只要肯放血，這些人就會為自己賣命。

董昌實在蠢到家了，錢鏐還缺錢？當兵的早就讓錢鏐餵飽了，誰在乎這個？杭州軍也夠意思，先把錢收下，繼續攻城。這回輪到董昌傻眼了，後悔不迭。

唐乾寧三年五月，董昌致信錢鏐，請錢鏐給他痛改前非的機會，錢鏐沒想過要給董昌活路，騙他：「有詔已免董公死罪，公但來杭州養老，鏐必盡心相待。」董昌居然相信了錢鏐的鬼話，開門納降。顧全武奉錢鏐密令，由副將吳璋「護送」董昌上船去杭州，半路上吳璋逼董昌跳水自盡。

董昌這才回過味來：到了杭州也是死！痛呼數聲，投河溺斃，董家三百餘口盡為吳璋所殺。錢鏐盡有吳越之地，李曄下詔拜錢鏐為鎮海、鎮東軍節度使。

朝廷這麼給面子，錢鏐當然要上表感謝，錢鏐文才不怎麼樣，便讓掌書記沈崧草謝表，沈崧文思泉湧，很快就草就。沈崧請羅隱給他審審，羅隱見沈文把浙江寫得花團錦簇，極誇浙江富裕。羅隱直搖頭：「兩浙久遭兵火塗炭，萬民困苦，日度不足，這表要是上去，朝中那幫大爺肯定伸手朝我們要錢，到時給是不給？我給改改吧。」羅隱略為改動，其中有兩句最為知名：「天寒而麋鹿常遊，日暮而牛羊不下。」送上長安。朝中執政看過此表，多大笑：「這肯定是羅醜寫的。」

錢鏐在杭州如何，朝廷根本管不到，由錢鏐玩去。錢鏐做得真絕，在越州這塊新征服的土地上接受朝廷詔命，以此向世人證明：他，錢鏐才是這塊土地上真正的主人！然後風風光光的回到杭州，在老家招搖了一圈，讓鄉親們看看，甚至還把小時候經常爬的一棵大樹封為「衣錦將軍」。

三

孟子曰過「天將降大任於斯人也，必先勞其筋骨、苦其心志，增益其所不能。」可能是錢鏐這些年太過順風順水了，孟子有些不高興：「哼！我的名言怎麼能不靈驗？」所以錢鏐也吃了點苦頭。

唐天復二年（西元九〇二年）五月，錢鏐剛受封越王，又跑回老家找衣錦將軍玩去了。左右都指揮使許再思和徐綰見錢鏐不在杭州，決定乘機發動叛亂，撈上一票。叛軍狂攻內城，錢鏐之子錢傳瑛率軍死守，並派人突圍到衣錦城向錢鏐報信。錢鏐嚇得差點沒哭出來，杭州要丟了，自己就完了。忙率軍回杭州。錢鏐到底是個人物，讓軍隊屯在城外，自己穿著便裝混進城中，指揮三軍抵禦叛軍。徐綰此時已經向楊行密的宣州（今安徽宣城）刺史田頵求援，田頵當然不能放過這個機會。

錢鏐兩面受敵，形勢很危急，甚至有了逃向越州的打算。行軍作戰最怕的就是動搖根本。後來宋真宗趙恒如果不是親征澶淵，而是聽了王欽若的鬼話逃向南京，人心一亂，北宋早完蛋了。

顧全武諫道：「大王謬矣！許再思這窩鳥人有什麼好怕的，臣就能拿掉他們，關鍵是不能讓楊行密過來搗亂，大王應該速與楊行密言和，大丈夫能屈能伸。」錢鏐也沒什麼好辦法，只好讓顧全武去找楊行密，苦求楊公罷兵。

楊行密的條件是先送人質再罷兵，錢鏐無法，只好將七兒子錢傳瓘送給楊行密當人質，淮南兵這才撤去。錢鏐這才緩過勁來，沒多久就掃平了許再思這些叛黨。這次是錢鏐出道以來最危險的一次，好在化險為夷。雖然搭了一個兒子，但相信楊行密也不敢把傳瓘怎麼樣。

挾持人質雖然極不道德，但叢林世界只講結果不講過程，而且在敵對雙方勢力均等的情況下殺害人質是非常愚蠢的。人質嘛，顧名思義，只有活人才有挾持的意義，人質死了，自己還拿什麼要脅別人？何況如果真讓錢鏐在兒子和兩浙之間先一個，錢鏐除非傻了，才會選擇兒子。

天祐二年（西元九〇五年）三月，許再思剛被平定，衢州（今浙江衢州）制置使陳璋又跳了出來，會同淮南軍陶雅部攻東陽（今浙江東陽）。錢鏐一邊罵楊行密王八蛋，一邊派弟弟錢鏢去救東陽。錢鏢沒到地方，東陽就被陳璋拿下了。陳璋貪心，又北上攻諸暨，但被吳越的都指揮使楊習迎頭一棒。陳璋逃奔衢州。

十一月，吳王楊行密病死，長子楊渥襲位。淮南內部形勢不穩，陶雅不敢在浙江多待，撤軍回去。吳越軍圍攻衢州，陳璋有些抗不住了，向淮南乞援。吳王楊渥派周本等人來幫助陳璋，結果在城外被吳越軍狠狠敲打，陳璋和周本抱頭竄回淮南。

天祐四年（西元九〇七年）四月，梁王朱溫廢掉唐哀帝李柷，建立大梁朝。朱溫身邊的那些朋友都討厭朱三，沒幾個承認他的。朱溫為了開拓戰略週邊，遣使封錢鏐為吳越王，並給錢鏐開了一張「領淮南節度使」的空頭支票。掌書記羅隱等人勸錢鏐：「朱三篡唐不得人心，跟朱三混，難免落個賊名，不若仗義討賊，為唐盡忠。」

錢鏐想的則是另外一回事：李克用、王建、楊渥等人和朱溫有利益衝突，自然要反朱溫，可他們哪個又能滅掉朱溫？吳越和梁又不搭界，井水不犯河水，何苦跟李克用他們趟這個混水？便奉梁朝為正統，改用梁朝年號。

朱溫有錢，為了報答錢鏐的承認，聽說錢鏐喜歡玩玉帶寶馬，大笑：「錢具美真英雄也，怎麼跟我一樣？」送給錢鏐寶馬玉帶若干。錢鏐怎麼能跟你一樣？你還扒灰呢，人家錢鏐可沒幹過這個。

唐朝給了錢鏐許多榮譽，錢鏐倒向朱溫，似有「不忠」，但錢鏐所取得的成就卻都是錢鏐在白骨堆中一刀一槍掙出來的，如果董昌滅了錢鏐，唐朝自然會把對錢鏐的封賞給董昌。

封建社會是家天下，但凡有所做為的人物，並不需要對皇帝負責，只需要對自己負責，因為自己也是在「家天下」！說點唯物主義的，就是要對人民負責。何況李唐也「對不起」隋朝，錢鏐為什麼就不能「對不起」唐朝呢？

錢鏐的「無恥」激怒了淮南節度使楊渥，派周本和老朋友陳璋來攻蘇州。楊渥哪是什麼為唐朝「討公道」，亂世中哪來的公道？無非是黑吃黑罷了。蘇州是江南頭號重鎮，哪能讓楊渥得手，錢鏐急派兩個弟弟錢鋸、錢鏢去救蘇州。淮南軍比較聰明，擔心吳越軍可能會潛水入城，利用蘇州水網縱橫的特點，在城外河中布下大網，用銅鈴鐺繫在網上，派人在岸上監視。

吳越軍多是江南水鄉上長大的，誰把這當回事？錢鋸派水性好的軍卒司馬福跳到水裡，用竹竿故意去撥弄銅鈴，岸上的淮南軍一聽有動靜，忙把網挑起來看，司馬福利用這個空檔游到蘇州城裡。

司馬福進城後和守城將士約好了作戰口令，然後再游回去。錢鋸準備好後，裡外夾攻，淮南軍以為天神下凡，哭喊著：「水鬼！」差點被吳越軍斬盡殺絕，周本再一次抱頭竄回淮南。

雖然打敗了淮南軍，可錢鏐卻不太高興，梁開平三年（西元九〇九年）十一月，錢鏐極為器重的大才子、給事中羅隱病故，壽七十七歲。羅隱之才，無須多言，晚唐五代交際時以詩著名者，皮日休、陸龜蒙、杜荀鶴、韋莊、韓偓、羅隱數輩。其中以羅隱的名頭最響亮，在現在江南民間還流傳著羅隱的許多故事。

民間傳說羅隱本是天上神仙，玉皇大帝見羅隱有帝王相，便命天兵換掉羅隱的仙骨，趕下凡界，所以羅隱是「乞食命，皇帝嘴」。當然這些都是傳說，但這也說明羅隱在民間的影響之大。羅隱死前，曾經題詩於壁：「黃河信有澄清日，後代應難繼此才。門外旌旗屯虎豹，壁間章句動風雷。」

羅隱實在是個有趣之極的人，是真名士自風流，羅隱也是如此。羅隱在落魄江湖時，找過淮南節度使高駢，想謀份差事。可惜高駢沒看上他，羅隱恨恨的離開淮南另謀生路。後來聽說高駢被畢師鐸所殺，大喜，寫下一篇《廣陵妖亂志》，極力諷刺高駢，把高駢幹的糗事全都抖了出來，一時名聲大噪。

在杭州期間，羅隱也不老實，曾經當著眾人的面子，說起錢鏐小時候放牛的趣事，眾人大笑。錢鏐也很不簡單，能讓羅隱為他效力實在是他的福分，這種事情，不傷大雅，又何足介懷。

羅隱還有一部風流史，羅隱曾經遇上一個叫雲英的營妓，撞出點火花。後來羅隱屢試不舉，流浪江湖間，十二年後再次遇上雲英。雲英說羅隱「羅秀才尚未脫白。」嘲諷羅隱中不了進士。羅隱不悅，寫詩還諷雲英：「**鐘陵醉別十餘春，重見雲英掌上身。我未成名英未嫁，可能俱是不如人。**」其「記仇」之心，可見如此。

最後摘錄羅隱的名篇《英雄之言》，為這位醜才子送行：

「物之所以有韜晦者，防乎盜也。故人亦然。夫盜亦人也，冠屨焉，衣服焉。其所以異者，退讓之心，貞廉之節，不恒其性耳。視玉帛而取者，則曰牽於寒饑。視國家而取者，則曰救彼塗炭。牽於寒饑者，無得而言矣。救彼塗炭者，則宜以百姓心為心。而西劉則曰：『居宜如是。』楚籍則曰：『可取而代。』噫！彼必無退讓之心，貞廉之節，蓋以視其靡曼驕崇，然後生其謀耳。為英雄者猶若是，況常人乎？是以峻宇逸遊，不為人之所窺者鮮矣。」

安葬完羅隱，錢鏐好一陣鬱悶。雖然淮南軍屢次騷擾錢鏐，但沒一次得手的，加上錢鏐這些年也玩累了，便又一次回到家鄉去見「衣錦將軍」。錢鏐肯定知道漢太祖劉邦回家鄉做《大風歌》

的故事，也作了一首《還鄉歌》：「三節還鄉兮掛錦衣，碧天朗兮受日暉。功成道上兮列旌旗，父老遠來兮相追隨。家山鄉眷兮合時稀，今朝設宴兮觥散區。鬥牛無孛兮民無欺，吳越一王兮駟馬歸。」

客觀點說，這首詩在氣勢上不如劉邦，劉邦得的是天下，錢鏐只得到了吳越，氣勢小點也正常。突然想起民國時大詩人張宗昌的那首文盲版《大風歌》：「大炮開兮轟他娘，威加海內兮回家鄉。數英雄兮張宗昌，安得巨鯨兮吞扶桑。」張大帥是著名的三不知將軍：不知自己有多少人馬，不知道自己有多少錢，不知道自己有多少姨太太。文盲出身，老老實實做他的大帥就是，何必弄出這等笑料，貽笑千古。

錢鏐弄到這份家業實在不容易，他不敢過於放縱自己，錢鏐每次睡覺時都枕著一個小圓木枕頭，每當輾轉翻身時小圓枕就會掉到地上，錢鏐都驚躍而起。不為別的，只會時刻警醒自己：「天下不太平！」

強大的政治軍事機器必須有一個強大的經濟基礎做支撐，在五代十國這個天崩地裂的大亂世中，相對中原亂局，浙江沒受到唐末戰亂太大的波及，經濟發展必須要有一個穩定的政治環境。整體經濟發展水準較高，但浙江臨近東海，經常受海患影響。錢鏐發動民力在錢塘江修建海塘，並疏通了河運，保障了浙江經濟不受自然災害影響。而且錢鏐大力扶持養蠶業，五代十國時，吳越出產的絲織品冠絕天下，這也是吳越和各國進行貿易的大宗，賺足了銀子。

錢鏐不僅和內地進行貿易，還擴展海外市場，和北方的契丹、日本等國有商業往來。在錢鏐的精心治理下，杭州一躍成為富甲天下的大都會，吳越從錢鏐建國一直到錢俶降宋，都沒有經歷過戰亂。到了宋朝，杭州更是盛極一時，尤其是在南宋。「奉旨填詞」的柳永曾有一闋膾炙人口的名作《望海潮》：

「東南形勝，江吳都會，錢塘自古繁華。煙柳畫橋，風簾翠幕，參差十萬人家。雲樹繞堤沙，怒濤捲霜雪，天塹無涯。市列珠璣，戶盈羅綺競豪奢。重湖疊巘清嘉，有三秋桂子，十里荷花。羌管弄晴，菱歌泛夜，嬉嬉釣叟蓮娃。千騎擁高牙，乘醉聽簫鼓吟賞煙霞。異日圖將好景，歸去鳳池誇。」杭州以及浙江的發展，無論如何都少不了錢鏐的一份貢獻。

錢鏐治下的吳越政權對中國文化還做出了一個巨人的貢獻，一說出來大家全都知道，那就是著名的《百家姓》。《百家姓》開頭第一句就是「趙錢孫李」，趙是人姓，但錢姓並不多，為什麼會這樣排呢？因為寫《百家姓》的那位就是吳越人，這時吳越已經歸投宋朝，所以宋朝趙姓做為國姓排在第一，吳越的國姓錢姓也自然排在第二位。

四

無論中原如何改朝換代，吳越都基本不受影響，錢鏐的外交政策是對中原政權稱臣以換取在和淮南軍對抗時的戰略空間，這種外交戰略無疑是正確的。李存勖滅梁後，錢鏐繼續向李存勖稱臣。李存勖剛統一中原，也管不到吳越，按朱梁對錢鏐的舊例處理。錢鏐也老了，玩不動了，開始考慮接班人的問題。

錢鏐的兒子很多，但錢鏐最喜歡七子錢傳瓘。錢傳瓘被楊行密當作人質扣押在宣州（今安徽宣城），後來田頵造反被殺，錢傳瓘乘機溜回杭州。除了錢傳瓘立過大功外，錢傳瓘曾在淮南做過人質，錢鏐覺得很對不起傳瓘，錢傳瓘自然也就無形中增加了不少感情分。

錢鏐把兒子們都叫過來，告訴他們：「我準備在你們裡頭挑一個做嗣主，你們都把自己立的功勞說出來吧，功勞最大的準備接班。」這幫弟兄其實也知道錢鏐早就屬意傳瓘，誰也不會自找麻煩，皆道：「吳越立國，首功在父親，要說兄弟們中間立功最著、德行最深者，無如老七傳瓘。」

錢鏐就是要他們把這話說出來，以免日後兄弟們扯皮賴帳，遂封錢傳瓘主政鎮海、鎮東軍，算是確立了錢傳瓘的儲君地位，保證吳越政權的順利交接。

後唐同光三年（西元九二五年）八月，錢鏐在杭州自稱大吳越國國王，大造宮殿，開始貪圖享受。錢鏐辛苦一輩子，到老還要為兒孫謀，享受一下也無可厚非。不久後，李嗣源兵變稱帝，安重誨在朝中用事，經常派人到杭州朝錢鏐要私貨，錢鏐用不著安重誨，非但一個子不給，還寫信把安重誨狠狠的臭罵一通。

安重誨氣得在李嗣源跟前詆毀了錢鏐，說供奉使烏昭遇出使杭州以臣禮拜見錢鏐。李嗣源當然容不下有人對他不敬，下詔罷免了錢鏐所有的職務，甚至讓錢鏐以太師銜退休。李嗣源也搞笑，讓錢鏐退休又如何？吳越還不是老錢家的？這兩個老頭你來我往互相對罵，好不有趣。

錢鏐哪在乎這個：「有本事你過來拿我！」乾脆和後唐斷絕了一切官方往來。後來安重誨被殺，李嗣源和錢鏐又沒什麼私人恩怨和利益衝突，在長興二年（西元九三一）二月，恢復了錢鏐名義上的職務。當然這些都是虛的，只要錢鏐願意，當皇帝都成，只不過錢鏐不想而已。

如果景福二年（西元八九二年）錢鏐任鎮海軍節度使算起，錢鏐已經統治杭州四十年了，錢鏐從一個鄉下小子入伍當董昌的馬前卒，一步步的爬到了人生的最高峰，成為當時強大的割據勢力。人生的艱險、奢華的享受，錢鏐都嘗遍了，已經沒有什麼值得留戀的了。在後唐長興三年（西元九三二年）三月間的一個雪夜裡，八十一歲的錢鏐在杭州壽終正寢。唐明宗李嗣源聞知消息，輟朝七日，並諡錢鏐為吳越武肅王。

錢鏐真是高壽！錢鏐比五代十國帝王中第二壽星李嗣源大了足足十四歲（同年李嗣源死去，壽六十七歲），就是縱觀中國歷史，能活到錢鏐這個歲數的寥寥無幾。屈指算來：梁武帝蕭衍（八十六歲）、宋高宗趙構（八十一歲，和錢鏐一樣，死在杭州）、元世祖忽必烈（八十一歲）、清高宗弘曆（八十九歲）。

錢鏐不是皇帝，其實也不稀罕做皇帝，有實未必有名，曹操是也。世界上最尊貴的不是皇帝，而是權力。錢鏐和許多帝王一樣，都是從社會最底層拼殺出來的，通過自己的智慧，再加上一點運氣，成就一番大業。在屬於自己的土地上呼風喚雨，主宰一切，真的足夠了，何必多要一個虛名？已經稱帝的蜀帝王建和南漢劉龑等人紛紛勸錢鏐何必當中原政權的屬臣，當皇帝不好嗎？錢鏐執書對人說道：「此兒輩自坐爐炭之上，而又置吾於上耶？吾以去偽平賊，承天子疇庸之命，至於封建車服之制，悉有所由，豈圖一時之利，乃隨波於爾輩也！」

錢鏐死後，錢傳瓘在老父靈前痛哭流涕，一連四天不吃東西，侍從勸他保重身體，錢傳瓘只是勉強喝了點粥。到了後唐長興三年（西元九三二年）四月，錢傳瓘即王位，為了避諱，改名錢元瓘。

在五代十國時期有這樣一個非常值得關注的現象，就是創業的第一代軍事能力普遍較強，但到了第二代在軍事上基本不及格。雖然有些第二代很早就開始在軍隊中培養威望和能力，但總體來說，明顯不如第一代。原因很複雜。有一個重要的原因就是，第二代人成長起來後都開始過上富貴生活，因為沒有第一代那樣對富貴極度的渴望和出身社會底層的那種狠勁，所以在軍事上都很難有作為。在亂世中出頭，一定要狠，在這樣一個時代，過度的善良就是懦弱，過度的懦弱就是無能，最終只能被人吃掉。

吳越的外交政策依然沿襲錢鏐時代，繼續向後唐稱臣，後唐長興四年（西元九三三年）七月，李嗣源加錢元瓘為中書令，進封吳王。因為淮南的吳國不服中原，所以李嗣源並不承認淮南吳國，當然楊氏吳國是後史所承認的，加上吳越之名久已成習慣，不便再稱浙江為吳國，更無必要再拗口的稱什麼南吳北吳。

後唐和吳越兩國的關係在經歷過老王爺時代的一段波折後，又恢復了正常。到了九月，六十七歲的老皇帝李嗣源遣侍郎張文寶來杭州宣慰吳越王。因為唐、吳是敵國，所以張文寶只能走海路，沒想到海上風大，一通亂吹，把張文寶吹到了淮南境內，吳軍把張文寶等人押往揚州聽候發落。

在吳國主政的徐知誥也不想得罪李嗣源，能守好自己的這份家業就不錯了，要把李嗣源惹毛了，那可不是鬧著玩的。吳王楊溥按著徐知誥的意見，厚待張文寶，賞眾人數萬錢。張文寶是天朝大使，哪願意在小國藩邦丟了顏面，何況私受敵國賄賂，這罪名他可擔不起，張文寶分文不受。楊溥很欣賞張文寶的硬朗，善心一發，放他們去杭州辦差。不久從中原傳來消息，唐朝皇帝李嗣源駕崩，宋王李從厚繼位。

隨後不久，李從厚就被乾哥哥李從珂給推翻了，沒兩年，李從珂又被乾妹夫石敬瑭給滅了。石敬瑭為了上位，甘心出賣國格人格，割中原戰略屏障燕雲十六州，並認比自己小十一歲的契丹皇帝耶律德光為義父，請出契丹鐵騎南下。晉天福元年（西元九三六年）閏十一月，石敬瑭大軍攻破洛陽，李從珂舉族自焚，不要臉的石皇帝志得意滿的做起了中原皇帝。

一個月後，石敬瑭遣使冊吳越王錢元瓘為天下兵馬副元帥，當然只是個掛名的，以示皇眷隆重。錢元瓘只想看好自己的一畝三分地，中原如何，他是管不到的，誰當皇帝都無所謂，拜受就是。

可有人卻看中了錢元瓘的一畝三分地，想扳倒他。錢元瓘的弟弟靜海軍節度使錢元球就是個不安分的人，錢元球「恃恩驕橫」，對七哥做吳越王極不服氣，私募親軍數千人，以圖不軌。錢元瓘也發覺錢元球有異相，心下忌之，打算把他發落到溫州（今浙江溫州）做刺史，並讓他解散親軍。

錢元球當然不依，密封蠟丸送給同樣不安分的弟弟順化軍節度使錢元珦，約共起事。可惜這兩位少爺做事毛躁，事機不密，被人告發。錢元瓘此時還不信：「不會吧，要說二弟驕橫，這我信。要說他們要造反，似乎不太可能。」左右諸將皆道：「事貴先發，元球謀逆，中外共知。元球曾私禱鬼神，求為吳越國主，心術昭然，大王當機立斷，不然，悔之無及。」

五代時期許多向中原政權稱臣的強藩都奉行外軟內硬的政策，中原政權一時半會打不過來，虛與委蛇就是。但內部的敵對勢力隨時有可能把自己掀翻，事關自己身家性命，誰敢兒戲視之？封建社會的王公貴族只要不犯天大的忌諱，怎麼在外頭為非作歹，最高統治者都不會過問，一旦有不臣之心，任你一父所生，一母所養，誅夷殺廢，絕不手軟。

錢元瓘不再猶豫，晉天福二年（西元九三七年）二月，錢元瓘召錢元球和錢元珦來杭州，說是有軍機大事相議。錢元球大喜：「天賜我良機，豈可錯過？」袖中藏刀，來杭州見七哥。

錢元球和錢元珦興沖沖的來到宮中，俟機下手。錢元瓘大布盛宴，給兄弟洗塵。酒未及巡，錢元瓘大喝：「左右何在?!」武士擁出，擒二人於座上，從錢元球身上搜出利刃，錢元瓘命梟二人首級。錢元瓘盛怒未息，命人窮索與二逆私下勾肩搭背的同謀，大開殺戒。

侄子錢仁俊忙勸：「大王謬矣。昔漢世祖破王郎，魏武克袁紹時，其下皆有通敵者，書信俱在，而二帝皆焚書不問，以安人心，大王何不效之？」錢元瓘也知道真要把事情鬧大了，最高興的肯定是徐知誥，便依錢仁俊議，就此收手。

晉天福二年（西元九三七年）四月，石敬瑭遣兵部員外郎韋稅來杭州，封錢元瓘為吳越國王。雖然梁朝和後唐也封錢氏為吳越王，但那都是老黃曆，現在是晉朝天下，自然從新開始。

處理完了內政外交，錢元瓘心下寬鬆了不少，有了閒暇時間，錢元瓘開始「主攻」文學藝術。錢元瓘的文化基礎不錯，且有儒士之風，並在杭州建立擇能院，專招出身寒門卻滿腹詩才的人物，這對浙江文化的繁榮起到很大的作用。

都說趙宋皇帝的文學素養很高，其實中國歷史上帝王文學家成群結隊的很多，比如說三曹三蕭。錢家王爺的文學素質都不算差，個個都是寫詩。不僅錢元瓘能寫詩，就是看起來像個大老粗的錢鏐，詩寫的也有氣勢。不過要說起錢家的詩來，覺得錢元瓘二兒子錢弘僎那首《遊南雁蕩》更傳神：「十年曾作雁山期，今日來看似故知。好鳥隔林歌蠻酒，飛花繞筆索題詩。雲霞眼底原無物，丘壑胸中似有奇。蘿月松風清似水，何妨遊衍詠歸遲。」

當然在亂世裡，這些都是閒篇，統治者會治國打仗就行了，文學玩多了沒多大意思。錢元瓘雖然比起其他兄弟來在軍隊中威望最高，但實際軍事能力一般，他剛當吳越王，正值閩國兄弟相殘，閩主王延羲在福州胡鬧，王延政則在建州（今福建建甌）做起了大殷皇帝，兄弟成了對眼雞。王延羲來攻建州，王延政實力一般，急向錢元瓘求救。

錢元瓘自然不肯放過天賜良機，晉天福五年（西元九四〇年）二月，吳越王錢元瓘派寧國節度使仰仁詮、都監使薛萬忠、統軍使高延賞率兵去救王延政。

五

仰仁詮前腳剛走，錢元瓘十六歲的世子錢弘傅就得病暴夭。錢元瓘四十歲才生下錢弘傅，非常疼愛，老來得子是人間至喜，老年喪子又是人間至痛，錢元瓘伏在兒子屍體上號啕痛哭，幾度昏迷。哭罷，改立第六子錢弘佐為世子。

而仰仁詮的軍隊開到建州時，福州軍已經被王延政打跑了，王延政不想留下吳越軍添亂，送點酒肉，想打發仰仁詮回去。仰仁詮哪裡肯依？耍起無賴，不走了。

王延政實在沒有辦法，只好厚起臉皮再請哥哥王延羲來救他，王延羲同樣不希望吳越插腳，兄弟間的事，外人操哪門子心？出兵來救兄弟，並派一支奇兵抄了吳越軍的糧草。仰仁詮等人慌了，加上連旬大雨，正準備撤軍，被建州城裡的王延政一通追殺，死了上萬，仰仁詮等人逃回杭州。

錢弘傅的早夭，對錢元瓘產生了強烈的精神刺激，加上前線軍敗，錢元瓘精神有些失常。經常打罵臣下，莫名哭鬧。眾人也勸解不住。晉天福六年（西元九四一年）六月，杭州城突起大火，燒毀宮院民宅千餘間，財產損失更是無法估量。

錢元瓘經此一嚇，精神徹底崩潰，狂鬧不已，到了八月，錢元瓘日漸告危，知道撐不過去了，吳越國勢尚好，但對世子錢弘佐不太放心，謀諸內都監章德安：「我要走了，弘佐年幼，我怕他不足用事，不如擇宗室中年長者繼之。」章德安安慰他：「世子雖然年輕，但英敏嚴察，深為臣下所服，請大王放心。」錢元瓘無話睡去，數日後病死，時年五十五歲。

錢弘佐身為吳越世子，自當即位，可內衙指揮使戴惲卻不喜歡錢弘佐，想立自己的親戚、錢元瓘的養子錢弘侑。事為章德安所知，俟戴惲入府，章德安指揮武士立擒誅之，並廢錢弘侑為庶人，復本姓孫氏，幽居明州（今浙江寧波），然後眾將迎錢弘佐襲位。

錢元瓘成年即位，早年經歷過生死考驗，才能也不算很差，進取不足、守成有餘。吳越在錢鏐去世後沒有出現大亂，並且成為十國中存在時期最長的政權，錢元瓘這十年的守成起到了關鍵作用。

錢弘佐只有十三歲，由曹仲達繼續擔任首相輔政。錢弘佐年齡不大，但為人英武睿智，溫儉好讀書，善待士人，深有祖父錢鏐之風。錢弘佐嘗問倉庫吏：「府中積蓄夠國中幾年吃用的？」倉庫吏答：「至少十年。」錢弘佐大喜：「十年之蓄，足以用度，便不再麻煩百姓，真是好事情。」

錢元瓘死後，留給錢弘佐幾個老成名臣，在他們的輔弼下，錢弘佐諸事還可安妥處理。可惜他們多和錢弘佐無君臣緣分，晉天福八年（西元九四三年）二月，丞相皮光業病死。皮光業是晚唐著名詩人皮日休的兒子，皮日休與陸龜蒙齊名，人稱皮陸。皮光業深得其父才質，「美容儀，善談論，人或以為神仙中人。」如此仙逸，真讓人羨煞。

同年九月，丞相曹仲達又病故，曹仲達是吳越名臣，韜略才能俱為一流，極得錢鏐和錢元瓘的器重，倚為柱石，錢元瓘不直呼其名，尊呼丞相，可見曹仲達在吳越的地位。

老臣故去，錢弘佐這時也長大了，開始了親政。不過還是有些人拿錢弘佐當娃娃看待，成大琢磨一些歪門邪道。內都監使杜昭達和都指揮使闞璠就是這等貨色，這兩位經常收受下邊的賄賂，貪厭無行。杭州有個叫程昭悅的財主，知道二人貪財，便狠狠放了自己的血，收買二人，二人便把程昭悅推薦到錢弘佐手下任事。

程昭悅深受錢弘佐信用，闞璠後悔不該引狼入室，直吐酸水。程昭悅也不是個好鳥，過河立刻拆橋，他私下收集闞璠的罪狀，然後密告錢弘佐，因為闞璠為人貪暴，人皆惡之，錢弘佐便打發闞璠去明州做刺史，和闞璠私交甚好的右統軍使胡進思為湖州刺史。

闞璠惱怒，私謂胡進思：「這明擺著是嫌棄咱們，怎麼辦？」胡進思長得比較傻，但肚子裡卻有貨，笑道：「你真是個豬頭！湖、明是大州，山高皇帝遠，主上能奈何得咱們？我倒願意出去。」

可能是程昭悅從中使了什麼手腳，沒等二人赴任，就被錢弘佐給留了下來。從程昭悅的角度來說，要整死他們，還是在杭州好下手，一旦出外握重兵，放虎歸山，終非是計。

晉開運二年（西元九四五年）十一月，程昭悅誣告闞璠和杜昭達準備謀反，改立錢仁俊。錢弘佐大怒，立命捕拿二人，下獄酷刑拷打。程昭悅命人狠狠地打，二人吃不過打，只好承認謀反。謀反是頭等大罪，便是佛出三世，也救他們不得。錢弘佐命斬於市，程昭悅乘機大肆報復，審殺仇家數百人，國人呼冤。

錢弘佐年輕氣盛，人生經驗不足，所以能被程昭悅玩弄於股掌之上。杜、闞倒臺，錢仁俊也跟著倒楣，罷免官職，幽於越州。至於胡進思，程昭悅覺得此公傻不溜丟的，沒把胡進思當回事，便放了他一馬。程昭悅一不做二不休，想再把錢仁俊弄死，收仁俊親吏慎溫基下獄，大刑上身，想撬開慎溫基的嘴，倒打錢仁俊一耙。可沒想到慎溫基是個硬骨頭，抵死不招錢仁俊「謀反」事。程昭悅實在沒辦法，只好釋之不問，錢弘佐很欣賞慎溫基的硬骨頭，大為嘉賞。

雖然程昭悅受寵是因為和杜昭達、闞燔做了交易，並不存在有恩與負恩，不過程昭悅手段實在毒辣。君子重義，小人重利，為利而來，為利而往，指望小人行君子事，實在荒唐，小人常態，不足深責。倒是錢弘佐做事欠周慮，弄出這場大冤案，實在可惜。

不過錢弘佐到底還算上英武明主，對自己這巴掌大的吳越國漸漸覺得無趣，想在哪撈上一把。在誅殺杜昭達等人之前一月，也就是晉開運二年（西元九四五年）十月，南唐皇帝李璟滅掉了建州（今福建建甌）的王延政，虜歸金陵。李璟開始進攻福州的李仁達，李仁達急向吳越乞師。

吳越文武多不想管閒事，勸錢弘佐：「福建山路難走，就算我們出兵，到福州時估計李璟也差不多得手了。」錢弘佐大罵：「你們這些飯桶除了吃飯還會幹什麼?!李璟若得福州，下一個遭殃的必是我們！唇亡齒寒，不可不救。況我為天下大元帥，藩方有難，我豈能見袖手不見？再亂言者，斬！」

晉開運三年（西元九四六年）十月，錢弘佐命統軍使張筠、趙承泰帶著三萬吳越精銳，水陸並進解救李仁達，隨後再派大將余安走水路急赴福州。南唐主將馮延魯自作聰明，想等吳越軍上岸再戰，而吳越軍隊乘艦而來，沒有「以勞攻逸」的劣勢，下艦後和李仁達軍合力攻擊南唐馮延魯部。

此時北方發生重大事變，契丹軍攻破汴梁城，晉朝皇帝石重貴出降，不久，晉朝的河東節度使劉知遠在太原稱帝，國號大漢。漢天福十二年（西元九四七年）三月，南唐軍在神州城下被吳越援軍殺得大敗，馮延魯自殺未遂。李仁達知道吳越軍來幹什麼的，便把福州這閩國故都獻給了吳越。吳越得到福州，幾十年來一直被吳和南唐戰略壓制的劣勢徹底扭轉，南唐經過福州大敗，損失慘重，對吳越已經構不成重大戰略威脅。

錢弘佐正忙於南方軍務，卻聽說內都監程昭悅私造兵械，招納亡命，大為驚憤，決計除掉此獠。錢弘佐命內衙都監使水丘昭券發兵去捕殺程昭悅，水丘昭券不同意發兵，勸道：「昭悅不過大王一家奴耳，除之一壯士力也！昭悅有罪，自當顯殺當庭，不必鬼祟行事。若大事張揚，百姓不安，於我不利。」

錢弘佐覺得有理，命內衙指揮使儲溫率武士埋伏在程昭悅府中，等程昭悅回府，立刻捕拿，押往越州斬首。錢弘佐也知道錢仁俊無反心，便把哥哥釋放出來。

錢弘佐年少有為，實在讓人嘆服，遺憾的是，錢弘佐命數太短，漢天福十二年（西元九四七年）六月，錢弘佐突得重病，醫治無效病故，年僅二十歲。錢弘佐英明果斷，史家對錢弘佐極盡溢美之辭「恭勤庶務，紹開霸圖，有果斷之名。」

錢弘佐也是五代十國時期難得一見的少年英主，可惜生在了吳越這塊小地方，如果錢弘佐生在中原，加上機緣巧命，絕對可以幹出不遜色於李存勖、柴榮的驚世功業來。這不是吹捧錢弘佐，他有這個能力。

因為錢弘佐兒子年幼，眾人便在漢天福十二年六月擁立文穆王錢元瓘的七子錢弘倧為吳越國王。錢弘倧很像他哥哥錢弘佐，年紀輕輕就很果斷。

歸附吳越的福州李仁達本就是個獐頭鼠目的亂世軍閥，自吳越把南唐軍打回去後，李仁達覺得吳越沒了利用價值，想自立為王。漢天福十二年十二月，錢弘倧派東南安撫使鮑修讓去福州找李仁達問問情況，鮑修讓有兩下子，很快就攻下福州，把李仁達送到杭州斬首，福州也正式成為吳越的地盤。

錢弘倧英武不下哥哥，但有點不好，殺伐決斷過於苛刻，一些頭面人物心不自安。統軍使胡進思上次僥倖保條性命，後因自恃擁立錢弘倧有功，干預起朝政。錢弘倧到底年輕，常當眾痛罵胡進思。內衙指揮使何承訓知道錢弘倧的心思，便勸：「進思奸猾，不早下手，恐誤大事。」

水丘昭券則覺得現在還不是時候，勸錢弘倧再忍一忍，等胡進思罪證彰顯時，再拿不遲。錢弘倧拿不穩主意，猶豫不決。何承訓見錢弘倧庸柔寡斷，害怕胡進思聽到自己的諫言報復自己，乾脆倒向胡進思，勸胡進思早早動手自保，胡進思傻笑不停。

漢天福十二年十二月底，胡進思、儲溫、斜滔等人率數百內衙親兵闖入，把沒有準備的錢弘倧包圍起來。胡進思見得了手，得意洋洋的責問錢弘倧：「老奴無罪，大王為什麼要對我下手？」然後下令將錢弘倧軟禁起來。當然胡進思不可能取代錢家的，畢竟在杭州建國五十多年了，根基深厚。胡進思等人假傳錢弘倧王命：「我突然得了風疾，不能視事，今傳位於弘俶。」眾人遂立文穆王錢元瓘第九子錢弘俶，並把錢弘倧幽居越州。

錢弘俶生性敦厚，不忍害兄，警告胡進思：「你們擁立我可以，但不得傷我哥哥性命，否則我寧死不從。」胡進思先答應下來，以後再處置錢弘倧，不過胡進思還是殺了水丘昭券和錢弘倧的舅舅鹿光鉉。水丘昭券名望甚隆，甚至胡進思的老婆也為水丘昭券感到可惜，罵胡進思：「等閒人殺也就殺了，水丘昭券是個正人君子，你怎麼連他也敢殺？講不講道理啊你?!」胡進思裝聾。

六

錢弘倧對胡進思還是不放心，派都頭薛溫率親兵赴越州保衛錢弘倧，行前告訴薛溫：「你們都要打起十二分的精神，萬一有賊，你們都得給我死命保護好七爺。」眾人應喏而去。

胡進思經常在錢弘倧面前竄唆殺掉錢弘倧，可錢弘倧不是南漢的劉晟，把十幾個親兄弟殺得一個不剩，不想手足相殘。胡進思氣得直翻白眼，為了滅絕後患，胡進忠又假傳王命，讓薛溫殺掉錢弘倧。薛溫當然不信：「不可能吧，大王從來沒對我說過要這樣做。」不肯合作。

胡進思一不做二不休，在江湖中尋到兩個賊頭，在深夜翻進院中，刺殺錢弘倧。錢弘倧拍打著窗戶大呼救命。薛溫聽著動靜，立刻帶人來救，但為時已晚，錢弘倧為賊所害。薛溫剁死了兩個賊人，把噩耗報往杭州，錢弘倧疼得直跺腳。賊首胡進思做賊心虛，害怕錢弘倧算後帳，又驚又怕，沒幾天就嚇死了。

錢弘倧之死，其實薛溫要負上一定責任，他只帶兵守護外宅，這就給歹人留下一個空子，如果衛兵守護在錢弘倧寢室外，就不可能發生這樣的悲劇。錢弘倧痛哭一場，將哥哥埋在了會稽山。

錢弘俶即位不久，乾佑元年（西元九四八年）正月，大漢皇帝劉知遠就病死汴梁，幼子劉承祐繼位。錢弘俶一直沿用前代的外交戰略，繼續向漢朝稱臣。吳越國建國至今，已經「剋掉」了三個中原政權：後梁、後唐、後晉，中原管不到吳越，誰在吳越地盤上稱雄誰就是王。吳越也是如此，和中原政權保持良好的關係，能為吳越開拓更大的市場，雖然吳越物產豐富，但總得有市場吧，不然賣給誰去？

有時感覺奇怪，錢元瓘生的三個吳越王，個個都交上了不錯的軍事考試答卷，錢弘佐大敗南唐，錢弘倧收福州，而錢弘俶也不簡單，又和南唐在福州較量了一回，大獲全勝。漢乾祐三年（西元九五〇年）二月，南唐皇帝李璟還對上次被吳越鳩占鵲巢耿耿於懷，派永安軍節度使查文徽先生和建州刺史陳誨來攻福州，泉州節度使留從效也來湊熱鬧，錢弘俶速遣指揮使潘審燔提軍前去救福州。

吳越的威武軍節度使吳程鬼主意多，先是派到南唐軍中散布謠言：「吳越兵貪殘暴虐，已經被福州人打跑了。請公速收福州。」查文徽是個書呆子，信以為計，率軍來到福州城郊。此時潘審燔的援軍已經趕到，埋伏在城外，吳程繼續騙這個書呆子，派數百軍士去詐降唐軍。陳誨覺得其中破綻百出，勸查文徽：「越人大大的狡猾，不要相信鬼話，還是先紮下營寨，再圖進取。」

查文徽不聽：「天下哪這麼多詐降的？別疑神疑鬼的，夜長夢多，先進城再說。」督師直進。等南唐軍進了吳越軍的包圍圈，號角呦呦。吳越軍漫山遍野殺出來。南唐軍大亂，戰死一萬多人，陳誨和留從效拍馬逃去，只可惜了查文徽先生，被吳越軍活捉，然後打包寄到杭州城。

李璟哪能捨得寶貝查先生，去杭州求錢弘俶放還查文徽。錢弘俶留著查文徽沒用，就放他回去。不過錢弘俶到底不是好惹的，設宴餞行，在酒中下了毒藥，查文徽美滋滋的喝完，回金陵去了。查文徽剛到金陵，毒性發作，臉都黑了。不知道錢弘俶下的什麼藥，直到十年後查文徽才毒發身亡。（真夠狠的！）

錢弘俶生性好動，坐不住，周顯德三年（西元九五六年）正月，周世宗皇帝柴榮親征淮南，詔令吳越出兵攻南唐。錢弘俶自然想撈點外快，兵分三路，一路攻常州，一路攻宣州（今安徽宣城），一路水師走海道，在江陰附近釣魚。南唐主力多集中在淮南和柴榮血戰，根本顧不了東線。吳越軍破了常州，但其他幾路不太順利，錢弘俶撈得差不多，傳令撤軍。

沒多久，柴榮拿下淮南十四州，南唐向周稱臣。以前李璟比錢弘俶高一個「級別」，動不動自稱大唐皇帝，現在也不敢擺譜了，和錢弘俶成了「同事」。南唐本是南方最強大的國家，對吳越構成了嚴重的威脅，吳越也一直把對南唐的防禦作為國防政策中的重中之重。現在南唐丟了淮南，南唐軍主力也被周軍近乎全殲，對吳越的威脅也自然下降了許多，錢弘俶對柴榮自然是感恩戴德。

吳越從錢鏐傳到錢弘俶，已經是第三代了，雖然錢元瓘父子把家業守得不錯，但畢竟他們沒有第一代闖天下時的憂患意識。時間一長，開始學會了奢侈享受。統治者只要一「缺錢」花，第一個想到的就是朝老百姓「借」，苛捐雜稅是少不了的。甚至連老百姓的雞蛋也不放過，母雞剛產下雞蛋，就得按數交公，不然就鞭子伺候。吳越百姓的生活水準相比其他國家稍好一些，因為吳越是以商立國，對內地和海外的貿易是財政重頭，所以老百姓雖然「借錢」給錢家，但還沒到活不下去的地步，政局依然比較穩定。

中原的形勢就像俗話「六月的天，小孩的臉」，說變就變，錢弘俶剛剛適應柴榮的風格，柴榮就駕崩了。不久，忘恩負義的後周殿前都點檢趙匡胤發動陳橋兵變，取代後周建立宋朝。錢弘俶只好開始適應趙匡胤的風格，因為錢弘俶的名字犯了趙匡胤父親宣祖趙弘殷的諱，便把弘字去掉，改名錢俶（為敘述方便，仍稱錢弘俶）。

錢弘俶這幾年的家事也頗為不順，幾個兄弟錢弘湛、錢弘偡、錢弘億在一年內相繼病故，丞相吳程也死了。錢弘俶情緒非常低落，但北方的趙匡胤雄心勃勃，滅後蜀平南漢，統一形勢不可逆轉。錢弘俶必須強打起精神來侍奉大宋皇帝，經常派兒子錢惟濬去汴梁進貢，討取趙匡胤的歡心。

宋開寶五年（西元九七二年），趙匡胤消滅南漢後又開始準備攻南唐的李煜，知道錢弘俶心存顧慮，寫信給錢弘俶：「李煜太不聽話，所以朕必須教訓教訓他。你待我恭順，我心中有數，你不要相信什麼唇亡齒寒的鬼話，你不負朕，朕必不負你！」話說的容易，錢弘俶又不傻，當然知道李煜玩完下一個肯定是自己。而且自己家底子薄，哪夠趙匡胤吃的，反正早晚要亡國，不如多送給趙匡胤點人情，以後好謀個金飯碗。

在開寶八年（西元九七五年）趙匡胤出兵江南時，錢弘俶奉召從背後給李煜捅上一刀，親率三軍北上，再一次攻取常州。同時命偏師領水軍從太湖上出宜興，專給李煜添堵。李煜此時被宋軍折磨的焦頭爛額，根本沒有富餘的兵力對付可恨的錢弘俶，錢弘俶在蘇南一帶縱橫，在常州大敗南唐軍，攻下常州。

不久南唐滅亡，李煜被俘北上。錢弘俶給趙匡胤幫上了大忙，趙匡胤自然對錢弘俶高看一眼。南唐一亡，江南只剩下吳越的錢弘俶和泉州的陳洪進。陳洪進地盤比吳越小多了，對宋朝「奴顏婢膝」，錢弘俶豈肯落到後面，甚至於開寶九年（西元九七六年）正月走水路去汴梁朝見趙匡胤。宋朝文武請趙匡胤扣下錢弘俶，滅了吳越，趙匡胤並不著急，三年兩年他還等得起。可誰知道在開寶九年（西元九七六年）十月，趙匡胤突然去世，晉王、開封尹、「千古一帝」趙光義繼位，這時錢弘俶已經回到杭州。

趙光義不比哥哥寬厚，因為剛繼位沒什麼軍功，趙光義便打算起了吳越，於太平興國三年（西元九七八年）二月，趙光義讓錢弘俶進京朝見。錢弘俶不敢不去，剛到汴梁，市中就傳言趙光義準備對吳越動手的消息。

錢弘俶知道再也拖不下去了，何況自己在趙光義的手裡，誰知道趙光義能幹出什麼事來？錢弘俶如果把吳越獻給宋朝，仍然不失王公之位，雖然不如在吳越威風，但至少可以保全家族性命。

錢弘俶上奏請天子接收吳越，趙光義剛開始還做做樣子，不同意。錢弘俶這次是下了決心，連上三章，趙光義「終於」接受了錢弘俶的好意，下詔夷吳越國為兩浙路，吳越十三州、五十五萬戶口盡入宋朝，吳越滅亡。趙光義封錢弘俶為淮海國王。消息傳到吳越，文武將校無不痛哭：「大王至此不歸矣！」

亡國就意味從此命懸他人手，是生是死，只能看自己的造化。不過因為南方各國中，只有吳越是主動歸降宋朝的，所以趙光義對錢弘俶還算寬厚。當然也可能是錢弘俶身邊沒有美女，不然孟昶李煜的下場就是他的前車，呵呵。

錢弘俶知道趙光義為人狠毒，行事極為謹慎，生怕哪點做不到位，遭來殺身大禍。宋太平興國四年（西元九七九年）二月，趙光義親征河東，掃滅北漢，錢弘俶隨駕北行。一路上錢弘俶對趙光義唯唯小心，有次早會，天還沒亮，加上風雨大作，錢弘俶不敢少怠，帶著兒子錢惟浚見駕，這時其他官員一個都還沒來。

趙光義深受感動，勸錢弘俶：「朕知卿忠心可昭日月，但卿也上了歲數，好歹顧著點身體，以後入見時，不要起得這麼早。」趙光義這會跟好人似的，當初怎麼對待李煜的？

在城下飲酒時，趙光義心情大好，賜衛士羊肩卮酒，笑看衛士大吃大喝，然後回顧錢弘俶。錢弘俶冰雪聰明，當然知道趙光義讓他說點好聽的，這誰不會。錢弘俶大讚：「此正所謂如虎如貔，如熊如羆也。」趙光義果然大喜。不久，北漢皇帝劉繼元彈盡糧絕，素衣出降。

北漢是宋朝統一戰爭中最難纏的一個對手，滅北漢之戰過程極為艱苦，是真正的血戰，和滅後蜀南漢南唐根本沒法比。趙光義這才知道錢弘俶不戰而降多麼難得，又誇了錢弘俶：「卿能保全兩浙，兵不及刃，順歸天命，實在太了不起了。」錢弘俶哪敢託大，忙叩首拜謝。回京後，錢弘俶依然戰戰兢兢的在趙光義的手掌上討生活，平平安安的多活了十年，真是不容易。

宋端拱元年（西元九八八年）八月，在李煜被趙光義下牽機藥毒死整整十年後，錢弘俶死於開封，死因不明，年整六十歲。非常巧合的是，錢弘俶生於八月二十四日，又死於八月二十四日。

吳越國是五代十國時期存在時間最長的一個，前後差不多一百年，而且也是大大小小前前後後十幾個政權中政局最穩定、結局最完美的一個，宋朝沒有對吳越動一兵一卒。

錢弘俶識時務之舉保全了吳越近百年的經濟發展成果，老百姓在錢氏統治下沒有經歷重大動亂，這份功勞是要記在錢弘俶頭上的。同時錢氏建立的吳越國也是浙江歷史上唯一一次真正意義上的建國，對浙江以後近千年的影響，可謂深遠。

可以說，浙江之盛，興於南宋，始於吳越。

第五章

嶺南故事

——荒唐可笑的南漢政權

北宋紹聖元年（西元一〇九四年），「一肚皮不合時宜」的一代文雄蘇軾被扣上「謗譏先帝」的罪名，被貶居惠州（今廣東惠州）。蘇軾生性豪放，並不以此為介懷。在惠州三年，蘇軾遊遍山河，在羅浮山下，蘇軾寫下了著名的《惠州一絕》：「羅浮山下四時春，盧橘黃梅次第新。日啖荔枝三百顆，不辭長做嶺南人。」

坡翁晚食當肉、安步當車的豁達精神值得我們學習，但當時的嶺南卻不似現在這般繁華。在古代，嶺南是著名的「煙瘴蠻荒」之地：「三代以前，是為荒服。」犯事的官員多數被貶到這裡，客死他鄉。相對於長江中下游地區，嶺南開發時間較晚，開發力度也不如江南。不過廣東地接南海，盛產奇珍異貝，在唐宋以後海上貿易高度發達，著名的「海上絲綢之路」的東方起點就在廣州（一說為泉州）。

中國現在南方幾個經濟發達的省份如浙江、福建、湖南、廣東在歷史上都建立過唯一一次為正史承認的割據政權，而且無一例外地全出現在五代時期。錢鏐在浙江建立吳越國，王審知在福建建立閩國，馬殷在湖南建立楚國，而在廣東也曾經建立一個漢朝政權。因為歷史上稱做漢朝的政權實在太多了，所以為了區別，歷史上把建立在廣東的這個政權稱為南漢。

南漢的創始人劉隱生於唐懿宗李漼咸通十四年（西元八七三年），和許多其他政權的外來統治者一樣，他祖籍彭城（今江蘇徐州），後來世事變遷，劉隱的祖先遷到了上蔡（今河南上蔡）。劉隱的祖父劉仁安後來做上了唐朝的潮州（今廣東潮州）長史，便舉家南遷嶺南。劉仁安一輩子也沒當上大官，兒子劉謙因為老子官位不顯，沒有大樹如何乘涼？唐朝的門第等級制度雖然沒有南朝那樣森嚴，但老子種樹兒乘涼，哪代不是這樣？

劉謙出道後，在廣州都督府謀了個牙將的差使，混得很不如意，不過算他運氣好，遇上了一個好上司。嶺南節度使韋宙很器重劉謙，經常對人說：「別看劉謙現在沒混好，將來必然是個大人物！」便讓劉謙做了他的女婿。

韋宙在歷史上沒甚名氣，但韋宙的七世祖先卻是大大的有名：北周大將軍韋孝寬！京兆韋氏在南北朝隋唐那是極負時望的世家大族，有沒有能力是並不特別重要，只要生在了豪門，照樣吃香的喝辣的。

劉謙攀上了這門富親戚後，一路高升，唐中和二年（西元八八三年），劉謙被封為封州（今廣東封開）刺史，並負責桂州（今廣西桂林）、梧州（今廣西梧州）一帶的防禦。

亂世中軍權大於一切，劉謙開始積極擴充實力，招兵買馬。你想出頭，別人比你更想出頭，亂世生存法則只有一個，那就是吃人。劉謙雖然地處偏僻地區，但只要有人存在，競爭無所不在。劉謙到乾寧元年（八九三年）死的時候雖然沒弄出多大動靜，但卻穩穩地坐住了封州。

劉謙死前告訴年方二十歲的長子劉隱：「現在天下大亂，唐朝積弱不可復振，封州不是幹大事的地方，你要學會擴張，不然只有死路一條。」劉隱年紀不大，不過卻還有點本事，劉謙剛死，手下就有人想取代劉隱，圖謀作亂。劉隱夠狠的，把這些人騙過來，一通殺了一百多人。

其他人見劉隱手狠，誰敢不服？便擁立劉隱為封州刺史，當然中央政府的任命不過走個形式而已。嶺南節度使劉崇龜聽說劉隱會殺人，大喜：「這小子是個幹大事的！」封劉隱為右都押衙，仍然負責賀江一帶防禦。

乾寧二年（西元八九五年），劉崇龜病故，朝廷讓玄宗弟薛王李隆業的後人李知柔去廣州接替劉崇龜。劉崇龜的手下牙將盧琚、譚弘玘等等人根本不認李知柔這個薛王，將李知柔拒之門外，盧琚讓譚弘玘駐守端州（今廣東肇慶）。李知柔也窩囊，不讓進就在城外待著。劉隱知道這是個好機會，封州這座小廟容不下他這尊大佛，乾寧三年（西元八九六年）底，劉隱大起甲兵，沿鬱水（今廣東西江）東下來到端州。

譚弘玘在江湖上也聞得劉隱的大名，便派人給劉隱傳話：「兄弟，還沒娶媳婦吧，這樣吧，你別攻我，我把女兒嫁給你。」劉隱哪稀罕你的女兒，假意應承，帶著武士化裝成迎親隊伍在夜裡混進端州，擒斬譚弘玘，然後順流行至廣州。

盧琚一聽譚弘玘被劉隱宰了，也沒敢把自己的女兒嫁給劉隱，閉門死守。劉隱督軍急攻，不久便攻破廣州，殺掉盧琚。劉隱把李知柔接進城來，劉隱名義上只是行軍司馬，但卻是廣州的實際控制者，軍政財權都在劉隱手中，李知柔不過坐在辦公室裡開開空頭支票。廣州是嶺南第一大鎮，戰略意義不言而喻，這也為後來南漢政權在嶺南立足打下堅實基礎。

李知柔在城中享福，日子過得不錯，劉隱對這位薛王也很恭敬。反正大權在自己手中，名不名的無所謂，曹操不也天天給漢獻帝磕頭嗎？就當拜拜佛像了。李知柔和劉隱的關係在這幾年處得不錯，各忙各的。劉隱坐在廣州城中，有人覺得眼紅：「蛋糕又不是你劉隱做出來的，憑什麼你吃?!」韶州（今廣東韶關）刺史曾兗不服氣，光化元年（西元八九八年）底，舉兵南下，廣州牙將王瓌也調水軍會合曾兗。劉隱也算見過大世面的，在乎你這個？對於這場戰爭，史料非常簡潔有力：「一戰破之！」人頭拿下，地盤收下，劉隱好不得意。

到了光化三年（西元九〇〇年）十二月，李知柔病死任上。劉隱上報朝廷，也在長安城中開空頭支票的唐昭宗李曄派來了同平章事徐彥若來接替李知柔。徐彥若來了也是白來，廣州城早就姓劉了，不過劉隱這時也需要藉助唐朝來提高自己的威望，徐彥若非常知趣，從來不給劉隱找麻煩，並上奏朝廷晉升劉隱為嶺南節度副使。

其實這時劉隱控制的地盤並不大，放眼嶺南，想吃到大頭的並非只有劉隱，交州（今越南河內）刺史曲顥、桂州刺史劉士政、邕州（今廣西南寧）刺史葉廣略、容州（今廣西容縣）經略使龐巨昭、高州（今廣東高要）防禦史劉昌魯等人根本不服劉隱：你算老幾？還有盤踞在虔州（今江西贛州）的盧光稠等人都對廣州虎視不已。當然，在當時對劉隱威脅最大的，還得說是湖南王馬殷。這哥幾個三天兩頭地打，劉隱知道心急吃不了熱豆腐，他有的是時間，這年他只有二十八歲。

要說劉隱真會做人，雖然接連擺弄了兩位木偶，但劉隱對他們絕對的尊敬（而不是尊重），除了大事自己做主，其他雞毛蒜皮的事情，無一不先請示二位爺。徐彥若只在廣州待了一下也隨李知柔去了，死前給唐昭宗李曄上表請封劉隱為嶺南留後，算是給劉隱這一年來對自己的照顧有所報答吧。

李曄雖然性命都不在自己手中，但還是想讓劉隱知道，自己不是你們家的雜貨鋪，隨便拿東西，不准。派同平章事崔遠去廣州任節度使，崔遠聽說嶺南賊多，害怕劉隱對他下黑手，走到江陵時就折回長安去了。李曄沒法，這才同意封劉隱為嶺南節度使留後。

劉隱的小日子過得實在不輕鬆，剛得了彩頭，盤踞在虔州的盧光稠就來找他的麻煩。天復二年

（西元九〇二年），盧光稠率軍越過大庾嶺，攻破韶州，讓兒子盧延昌守韶州，自己去攻潮州（今廣東潮州）。劉隱也想會會盧光稠，帶著大軍日夜急赴潮州，在城下將盧光稠扁了一頓，盧光稠哭嚎著逃回了虔州。

劉隱此時意氣風發，不顧行軍疲勞，折回頭趕往韶州。劉隱的弟弟劉岩勸哥哥：「哥哥，我軍來回數百里，疲勞至極，強弩之末不能穿魯縞也。如果我軍兵勞頓城下，而盧光稠又來抄我們的後路，我們怎麼辦？」

劉岩說的有理，虔州離韶州不過百餘里，虔州軍可以節省不少的體力作戰，嶺南軍沒這個優勢，不如休整後再戰。劉隱這時熱火燒心，聽不進勸，率軍撲到韶州城下。盧延昌邊守城邊向父親告急。盧光稠心疼兒子，率大隊人馬又從贛州趕了過來。這時因為湞水（現在的北江）發了大水，加上帶來的軍糧本就不多，軍心日益不穩。

盧光稠也是個人物，知道劉隱破敵心切，讓大將譚全播帶著萬把弟兄埋伏在山中，自己帶著老弱殘兵來勾引劉隱。劉隱並非不懂軍事，只是這會兒讓豬油蒙了心，也不考慮就追了上去。那還有好？虔州伏軍四出，將嶺南軍全殲，劉隱差點被俘，和劉岩逃回廣州。劉隱這個後悔，早聽兄弟哪會弄成這樣！

到了天祐元年（西元九〇四年），劉隱還是個代理的嶺南節度使，當起來不過癮，雖然權力在自己手中，有時還是需要給自己裝點門面的。但李曄這個人認死理，好在他已經被朱溫殺了，弄了個吃屎娃娃李柷當皇帝。劉隱想想還是直接找朱溫辦事的好，派人給朱溫送去了嶺南產的珍珠寶貝，請朱溫幫幫忙。吃人嘴軟，拿人手短，朱溫當然照辦。李柷哪敢不聽朱溫的，自己還不知道能活到哪天呢，給就給吧。

收了人家的東西就必須給人家辦事，古往今來都是這樣。以前生活條件不好，想找人辦點事，拎兩瓶好酒好煙，哆哆嗦嗦跟做賊似的。現在不一樣了，這年頭誰還送煙酒？乾脆直接把新鮮貨塞在信封裡拍在桌子上。賄賂這東西，查出來就是犯罪，查不出來的也就查不到了。

就這樣，劉隱和朱溫交上了朋友，廣東地界稀罕東西多，劉隱經常派人給朱三大爺送貨，朱三大爺當然高興不已：「這孩子真孝順，懂得孝敬老年人，不像我那堆不成器的兒子！」

到了天祐四年（西元九〇七年），朱溫不想再陪唐哀帝李柷這個小娃娃玩了，想當皇帝。不過朱溫還得按程序走，謙稱無才無德（無才是假，無德是真），不敢接受。劉隱對唐朝沒什麼感情，知道朱溫需要幾個「託」，便寫了勸進表寄到汴梁。朱溫獻了幾回醜，這才當上大梁皇帝。劉隱勸進有功，朱溫心中有數，因為劉隱祖籍徐州，便封劉隱大彭郡王（他們還是鄰居）。

劉隱這邊正和朱溫熱乎呢，湖南的馬殷就開始對劉隱下手了。開平二年（西元九〇八年）九月，楚王馬殷派步軍都指揮使呂師周大舉討伐劉隱，劉隱只好先把朱三大爺甩在一邊，對付呂師周。楚軍連戰連捷，勢不可擋，嶺南軍吃揍不過，敗了回去。馬殷奪得了廣西東北部六州的大片土地，劉隱的封州老家也差點弄沒了。

經此慘敗，劉隱痛定思痛，不再輕動戰事，開始積聚實力，廣東這地方不比湖南、江西，這裡人口不多，農業發展不如北邊。而且最重要的是，劉隱這幾天只顧打仗，忽視了「智力建設」，身邊沒什麼人才，單靠自己那點智慧，能幹出多大事來？「以一人之智決天下之事，難！以天下人之智決天下之事，易！」唐末雖然天下大亂，但嶺南形勢相對比較好一些。

中原許多名家大族為了逃避戰亂，有的去了西川投王建，有的則南下千里來到廣州。加上那些曾經被唐朝貶居嶺南的大臣們的後人，這些人文化素質都比較高，而且多數出身名門。隨便提一個人物：李衡，這個李衡沒多少名氣，可他有一個非常了不起的祖父：唐史上著名的牛李黨爭的李黨黨首李德裕。

此外還有楊洞潛、王定保、趙光裔、劉浚等人，這樣寶貴的人才資源劉隱是不會浪費的，都把他們養了起來。這些人深諳中原制度，對劉隱在嶺南進行的政權建設起到了不可估量的作用。養士在於用士，單純裝點門面的養士毫無意義，孟嘗君養過雞鳴狗盜之徒，後來幫孟嘗君逃離秦昭王的虎口，人才是永遠用不完的，只是看你想不想用，會不會用。

二

這幾年劉隱「韜光養晦」，沒有發動大規模的軍事行動，不過嶺南劉氏政權實力水漲船高，已經成了嶺南最為強大的一股勢力。當劉隱準備開始動手的時候，卻病倒了，病情日益惡化。

劉隱決定選擇一個繼承人，其實根本不用選，弟弟劉岩是唯一有能力在亂世中保存劉氏血脈的人選。劉岩為人強悍，有智謀，雖然有些狂暴，但歷史不斷地在證明，越是下手狠的人越適合亂世中生存，換句話說，會吃人的人才會不被人吃掉。劉隱讓劉岩做清海軍節度副使，實際上主持軍政，正式把劉岩推到前臺。到了梁乾化元年（西元九一一年）三月，梁南海王劉隱吃病不過，在三十八歲時歿了，劉岩順利襲位。

劉隱留給兄弟的本錢並不算很多，但至少打下了一個相當不錯的基礎，得天時乘亂割據，得地利雄坐廣州，得人和收攬智士，劉岩可以順利的讓劉氏這面大旗高高飄揚在嶺南的上空。

劉岩和劉隱雖然不是一個母親生的，但劉岩卻是劉隱生母韋氏（韋宙的女兒）養大的。韋氏是隻河東醋獅子，聽說偏房段氏生了個兒子，害怕段氏奪寵，想滅了劉岩，讓人把劉岩偷抱過來，準備拿劍砍死。可韋氏看到小劉岩時，卻大驚墜劍於地，呆了半天才說了句：「這孩子相貌奇偉，將來必不是凡間物！」反正劉岩幼不懂事，乾脆殺了段氏，把劉岩當自己孩子養。

不知道是不是巧合，劉姓的幾位開國皇帝中，基本上都身高七尺，劉秀身高七尺三寸，劉備身高七尺五寸，劉裕身高七尺六寸，劉岩也身高七尺。劉岩祖籍徐州，和劉備一樣，劉岩也是手垂過膝。其實古人七尺也就相當於現在的一米七左右，身高九尺才差不多兩米左右。

說到劉岩，倒想起另外一個人來：才能出眾卻殘暴無比的北齊文宣帝高洋。高洋和劉岩一樣，兇悍暴虐，但能力絕對沒得說，宇文泰如何？也歎「高歡有此兒，猶不死也！」高洋後期「精神病」發作，幹出了許多缺德事，劉岩也是這樣的「精神病患者」，不過這時劉岩還沒有條件去「發病」，因為他現在還需要多吃點人，不然在沒「發病」之前就得被人吃掉。

後來趙匡胤「杯酒釋兵權」解除強藩隱患，並讓文官治郡，被稱為「美談」。但趙匡胤並不是第一個解除強藩兵權的人，南漢的劉岩也做過，不過南漢影響小，加上劉岩沒什麼知名度，所以趙版更出名一些。劉岩看問題看得很透，知道軍權外放對自己意味著什麼。五代十國的刺史都握有軍政財權，中央政府根本管不了，說反就反。劉岩讓手下那些從中原逃難過來的名士大族們去做地方官，軍權統一由劉岩調度，這樣就避免了治下發生軍事叛亂的可能性。

內政處理完畢，下一步就開始擴張，沒有人嫌蛋糕大，吃不了可以留給子孫吃嘛。

梁乾化元年（西元九一一年）十二月，劉岩聽說虔州（今江西贛州）發生內亂，盧光稠之子鎮南軍留後盧延昌被大將黎球給宰了，不久黎球也死了，無名小輩牙將李彥圖上臺，而虔州名將潘全播閉門不出，不理世事。劉岩覺得機會來了，出兵北上奪取韶州（今廣東韶關），守韶州的廖爽真客氣，沒推讓幾番讓嶺南軍進了城，自己跑到馬殷那裡混飯吃去了。

韶州地處楚粵贛交界，是廣州北方第一門戶，奪回韶州可以關門不讓馬殷南下作客，廣州也固若金湯。之後，劉岩兵鋒直逼容州（今廣西容縣）。守容州的寧遠節度使姚彥章和廖爽一樣是個水貨，知道劉岩是個魔頭，趕忙給長沙的馬殷寄了封十萬火急的雞毛信。事關自己的戰略利益，馬殷不能坐視不管，派頭號名將許德勳從桂州（今廣西桂林）出兵去救姚彥章。

沒等許德勳到地方，姚彥章就做了逃兵，帶著容州百姓逃奔楚國，許德勳也只好回去。劉岩不是一個虛偽做作的人，既然你讓我，我何必客氣。劉岩順勢在現在兩廣一帶旅遊，一邊欣賞祖國的大好山河，一邊攻城掠地。

劉岩既然來了，自然就不會小打小鬧，必須徹底剷除在廣西那些不聽話的軍閥，這些人在劉岩和馬殷之間走鋼絲，撈了不少的油水。劉岩何等精明，豈容這些人占自己的便宜，自己還要占別人的便宜呢。邕州（今廣西南寧）的葉廣略和高州（今廣東高要）的劉昌魯孤守一郡，實力比較強，而且嶺南軍的實力早不是當初劉隱那會了，幾人吃打不過，只好屈膝降了劉岩。

至此，劉岩基本上控制了嶺南地區，再也沒有誰能夠威脅到劉岩。雖然湖南的馬殷實力強大，但和劉岩相比不過半斤八兩。東邊的閩王王審知也是一樣，雖然小摩擦不斷，但基本上算是相安無事。

要說劉岩最大的對手，無疑是楚王馬殷。馬殷的刀尖一動，就能戳到劉岩的鼻子，劉岩對這個老傢伙又氣又無奈。馬殷可不是葉廣略、劉昌魯這等小蝦米，也算是五代十國時期響噹噹的一路梟雄，怕你劉岩？小子，一邊玩泥巴去吧。

劉岩當然知道馬殷的實力，與其這樣耗下去，不如「和為貴」，梁乾化三年（西元九一三年）十月，劉岩遣使到長沙，使者拍了馬殷一通馬屁，然後替劉岩表達了想做楚王女婿的意思。馬殷笑：「小子想拿我女兒當人質是吧，瞧這小孩鑾機靈的，准了，回去準備彩禮吧。」

馬殷也知道冤家宜解不宜結，搭個女兒能換來和平，馬殷也不覺得吃虧。不過馬殷沒立刻嫁女，而是等了兩年，直到梁貞明元年（西元九一五年）八月，劉岩才如願以償的做了新郎官，湖南和嶺南兩家結為親戚，自然也就暫時和好。

這是一樁典型的政治婚姻，在封建時代，生在帝王家的女孩是沒有權利自己選擇幸福的，她們的幸福是以家族政治利益為基礎的，別說從長沙嫁到廣州，就是嫁到南極洲，也沒有選擇的權利。

地盤大了，劉岩開始盤算自己的名分，看看人家馬殷，楚國王！東邊的王審知，閩國王！甚至杭州的錢鏐都當上了吳越國王，再對著鏡子瞅瞅自己，不倫不類的南平王。劉岩心裡不平衡，派人去汴梁找朱友貞，希望能當上南越國王。這不能說劉岩貪心，因為周邊幾個軍閥級別都比較高，自己級別太低反而不利於和這些人打交道，不對稱外交難以在外交戰中占得主動。

沒想到朱友貞不同意，朱友貞正在全力以赴對付河東的李存勖，哪有功夫理你這個「化外野人」。劉岩碰了一鼻子灰，氣得跳腳大罵：「姓朱的，你老爹是個潑皮無賴，你也不是好鳥，你不讓我當，我就當不成了？哼哼……」

休息一會接著罵：「方今天下大亂，能者自為皇帝，以為我不能？跟著朱友貞混這幾年連塊窩頭也沒撈到，老子不跟你玩了！汴梁離我這麼遠，我何必低三下四的遠赴萬里，去朝拜你這個偽朝？」劉岩把對梁朝的貢項全給都停了，寶貝自個留著用，扔到茅廁裡也不給你！

劉岩被朱友貞這一攪和，志氣大長，什麼狗屁國王，老子不稀罕！當皇帝！梁貞明三年（西元九一七年）七月，劉岩在廣州稱帝，國號大越，改元乾亨，並改廣州為興王府。手下幾個重要智囊趙光胤掌兵部、楊洞潛副之，李衡掌禮部，倪曙掌工部，級別相等，皆為同平章事（宰相）。

劉岩和高洋一個德性，剛當上皇帝，邪性就上來了。高洋在殺人取樂的同時沒有想到四百年後成了劉岩的師傅，劉岩「性聰悟而苛酷」，一朝權在手，人命能值多少錢？賤民百萬，殺他個十八萬算甚？劉岩把宮中變成屠宰場，捉到一些倒楣鬼丟到刑架前，刀劈凌遲是少不了的常備科目。

劉岩坐在上面慢慢的欣賞這人間最美妙的場景，口水連連，慘叫聲中，劉岩喝著美酒，無限愜意。人的生命本是無價的，但在劉岩以及所有喜歡殺人的封建統治者看來，無價就是沒有價，沒有價就是不值錢，不值錢的東西難道還不能毀掉？

劉岩雖然好殺，但畢竟是一代雄主，在嶺南的統治基礎無人能撼動。劉岩把手下那幫中原名士治得服服帖帖，要說劉岩還真會耍手腕子。兵部尚書趙光胤自恃為中原名門，沒想到在嶺南這個「鳥不拉屎」的地方給劉岩這個狂人打雜，心中很不痛快，希望有朝一日能回到中原。劉岩鬼點子真多，他居然能想到偷偷模仿趙光胤的字體，然後帶著偽造的趙光胤家書到洛陽把趙光胤的家屬全都接到廣州。趙光胤見劉岩居然如此有心，感動得真哭，便死心塌地地為劉岩效命。

大越國，聽起來好像沒什麼氣勢，劉岩這樣不世出的大皇帝怎麼甘心做什麼大越皇帝？想改國號。正好自己姓劉，那還用多說什麼？大漢！姓劉的不叫漢朝還能叫什麼？劉岩祖籍徐州，有可能是劉邦或劉秀的子孫，劉淵這個匈奴人都能認劉邦做祖宗，自己這個漢人何以不能乎！改國號為大漢深含寓意：我是中原人，不是嶺南人！乾亨二年（西元九一八年）十一月，劉岩將國號由大越改成大漢。

劉岩是個土財主，手中自然也有點閒錢，加上南海邊寶貝甚多，什麼珊瑚瑪瑙的，許多中原沒有的奇珍在劉岩這裡只能當破爛糟蹋。劉岩把金銀寶貝都當成裝飾品，甚至用水晶琥珀雕成日月形態，懸在宮中。對劉岩來說，這些東西並不稀罕，不喜歡就換，有錢人誰還在乎這個？

劉岩和許多奢侈亡國的昏君不同，劉岩雖然不是好人，但治國能力在五代十國時期也能掛上號。劉岩一方面建立完善的政權體系，甚至還開了幾回貢舉，選賢任能，為大漢朝謀事。其實越是社會底層，越容易出人才。

雖然科舉制度在明清以後弊端日顯，但作為科舉制度成熟期的唐宋（包括五代十國），確實為統治者提供了不少實用的人才，而不似明清以後馬蜂般湧出的奴才。南漢的經濟發展也比較快，由於南漢的地理優勢，劉岩做起了「商人」，經常派使到南洋或者波斯做生意，大發了一筆橫財。

貿易往來的頻繁也使得許多胡人來到廣州，大大促進了中國廣東和海外的文化經濟交流，恢復了唐末因為戰亂而停滯不前的海外貿易，南漢統治下的廣州城成為中國南方最大的外貿口岸，名著青史的海上絲綢之路就是從南漢漸漸形成規模的。國內市場劉岩也沒有放棄，因為和周邊的幾個政權相處還算不錯，所以生意做得很大。

三

劉岩這幾年在廣州美滋滋的過著小日子，可沒多久朱友貞就被河東的李存勖給滅了，李存勖在洛陽恢復了大唐帝國的一部分餘威，這一年是南漢乾亨七年。

李存勖殺進洛陽的同時，廣州的劉岩有些坐不住了，不知道李存勖對南漢的態度，便派宮苑使何詞去洛陽探聽虛實。何詞仔細觀察了後唐的政治生態，亂象已生，後宮劉氏和宦官集團用事，後唐表面上的強大掩飾不住一觸即發的危機。

關於李存勖荒侈無度，不僅是何詞，淮南的嚴可求和荊南的梁震都看了出來，都勸徐溫和高季興不必理會李存勖，這等人物活不了多久。何詞回到廣州，就告訴劉岩：「唐室奸邪弄權於內，強藩懷貳於外，不久必亂。李存勖不可能對我們有什麼想法，何況我們北邊還有高季興、馬殷等人做我屏藩，李存勖打不過來，陛下請放寬心。」

劉岩大喜：「李存勖比朱友貞強不到哪裡，我對朱友貞什麼樣，也就對李存勖什麼樣。」也不再給後唐上貢了，李存勖是誰？不認識！劉岩甚至稱李存勖為「洛州刺史」，根本沒把這位「唐光武」當個人物！你做你的大唐皇帝，我做我的大漢皇帝，各回各家，各拜各媽。

劉岩的狂妄往大了說其實是一種心理疾病，當人被危機感壓迫的時候，總會產生這樣那樣奇怪的想法。而且劉岩還是一位對中國漢字具有特殊貢獻的「造字專家」，因為嫌自己的名字不夠響亮霸氣，便在乾亨八年（西元九二四年）改名叫劉陟。

可沒過一年，劉陟又覺得「劉陟」這個名字還不如「劉岩」呢，又在白龍元年（西元九二五年）把「劉陟」這個名字給廢掉了。用什麼好呢？劉陟對外胡吹什麼三清殿上白龍飛，改名為「劉龔」。劉龔這名字還沒記熟呢，又改了。有個洋和尚勸劉龔：「市面上流行讖言：『將來劉家天下要被姓龔的滅掉』，陛下還是再換個名吧」。劉龔也不辭辛苦，開始豐滿的大腦想啊想，把頭髮都想白了，還沒想出什麼好名出來。

這時劉龔突然想到一個好字出來「龑」，字典裡根本沒這個字，這是劉龔生編硬造出來的，取周易「飛龍在天」之意。武則天也幹過這事，生生造出一個「曌」字，取「明月當空照」之意。要說皇帝就是皇帝，想的與凡夫俗子就是不一樣。其實名字只是一個符號，何必在名字上錙銖必較，毫無意義，但劉同志可不這麼想，好名字就是個好兆頭。

劉同志正在廣州天花亂墜呢，他的岳父老泰山馬殷越老越來精神，覺得地盤不夠大，連女婿也惦記上來了。南漢白龍四年（西元九二八年）三月，馬殷大起水師，由梧州東下，圍攻封州（今廣東封開）。劉龑這個惱火：「老不死的，待在長沙不好嗎？跑我這裡搗什麼亂？」劉龑邊罵邊翻著《周易》卜卦，正好卦到了《大有》，《大有卦》主吉「其德剛健而文明，應乎天而時行。」劉龑大喜：「哼哼！老傢伙，算你倒楣，我要發了！」先改白龍四年為大有元年，然後派左右街使蘇章率水軍去救封州。

蘇章是員良將，他到封州後，密使官兵在賀江水中放下大鐵鍊，兩頭繫在江邊大艦上，然後挖土把戰艦遮起來，艦上埋伏三千神箭手。蘇章帶著幾百弟兄乘坐小艇前去挑戰，沒打幾下就跑，楚軍已為漢軍敗了，行大艦來追。結果中了蘇章的埋伏，楚軍大艦被江中鐵索給絆住了，不能動彈。蘇章一搖紅旗，藏在堤後的漢軍弓弩手萬箭齊發，楚軍死傷無數，帶著破船逃回去了。

劉龑得報大喜：「哈！岳父，這回吃癟了吧，沒事別招惹我，下回注意就行了。」岳父大人已經沒有下回了，兩年後馬殷就死了。劉龑的小舅子們開始了殘酷地廝殺，也沒工夫理這個大腦發育不正常的妹夫。

南漢大有三年（西元九三〇年），劉龑怎麼看怎麼覺得盤踞在交州（今中越邊境一帶）的曲承美不順眼：「小子，你在交州也玩不出什麼動靜，不如把交州送給我吧。」便派大將梁克貞、李知順去收交州。曲承美那點實力夠誰吃的？梁克貞等人將曲承美打敗後，把交州的寶貝打包帶回，並找輛驢車把曲承美送到了廣州。

客觀來說，劉龑的「雄才大略」窩在巴掌大似的地方，也確實施展不開。如果劉龑生在中原，情況又會如何？當然，十國中許多皇帝都有當中原大國皇帝的能力，王建、孟知祥、楊行密、李昪等人哪個也不比朱溫、李嗣源、石敬瑭差。「命中注定」，他們只能偏安小邦，就像劉備那樣。

其實當中原皇帝未必就是什麼好事，五代存在時間最長的不過是後梁的十六年，十國中除了北漢和前後蜀差不多三十年，其他的都存在五六十年，正如成漢人解思明所勸李壽的那樣：「數年天子，孰與百世諸侯？」何況劉龑已經修成了成果，當了皇帝。

劉龑又不老實了，大有九年（西元九三六年），劉龑遣大將孫德晟起兵攻蒙州（今廣西昭平），但被楚軍連踢帶揣給頂了回來，損失慘重。劉龑不服氣，聽說交州發生兵亂，原愛州（今越南清化）刺史楊廷藝部下吳權來攻交州，聲稱要殺掉害死楊廷藝的交州牙將皎公羨。

皎公羨想到了劉龑，求劉龑來救救他。劉龑雄心萬丈，讓兒子劉洪操率大軍來救交州，自己則坐鎮海門（今廣西合浦）。劉洪操也想在老爹面前立上大功，好在皇太子的競爭中占上手。可劉洪操注定不是個當皇帝的料，連當將軍都不夠格。

吳權這時已經滅掉皎公羨，率舟師在海上和劉洪操的南漢海軍人戰一場，吳權在海中撒下了無數鐵器，自己則順著漲潮引誘劉洪操。劉洪操哪知其中有詐，沒追上吳權不說，海潮退去，露出的鐵傢伙便把南漢海軍的戰艦都給戳破了，死傷慘重，劉洪操本人也不幸死於意外事故。劉龑聞著噩耗，邊哭邊撤，交州沒收回，倒賠了個兒子，雖然兒子多，但哪個不是心頭的肉？虎毒還不食其子，劉龑殘暴不假，但總歸是做父親的，誰不心疼啊？

來回折騰了幾年，劉龑越來越沒脾氣了，梟雄也有老的時候，曾經的風光只不過是一張已經發黃的日曆，總是在翻老皇曆的人，十有八九要被社會淘汰掉。在大有十二年（西元九三九年），劉龑聽從宰相趙光裔的建議，派諫議大夫李紓去長沙，修好十多年來已經惡化的楚漢關係。

這時的楚王是馬希範，他和劉龑也沒有什麼私人恩怨，雖然劉龑的皇后馬氏已經故去許多年了，但好歹和馬希範親戚一場，馬希範也需要一個穩定的南方局勢，二人和好。

劉龑越發顯得老態了，五十多歲的人了，從接替哥哥劉隱開始算起，主政嶺南已經快三十年了。劉龑殺人無算，欠了歷史一大筆血債，當然那些歷史的勝利者哪個不是踩著白骨堆向歷史展示自己的勝利？劉龑在快要到地下見哥哥之前，安排了一個繼承人的問題。雖然劉洪度順次最長，但劉龑不想立他，他還是看上劉洪昌。

劉龑其實是個看問題很透徹的人，他對右僕射王翻說：「洪度和洪熙都不像是成大事的人，只有洪昌可以做到。不過我的這幫兒子沒幾個有出息的，我閉眼之後，他們必然要兄弟鬩牆，就像老鼠鑽進了牛角，還能猖狂多久？」說完痛哭不已。劉龑本想把劉洪度和劉洪熙外放，免得兄弟們成仇。

可崇文使蕭益卻勸劉龑：「陛下何以出此策？自古立嫡立長，若立越王（劉洪昌），置秦王（劉洪度）何地，陛下不怕他們兄弟自相殘殺嗎？」劉龑已經沒有了主見，連稱有理，決定立劉洪度為皇太子。南漢大有十五年（西元九四二年）四月，偉大的「殺人專家」、「造字專家」、「精神病患者」劉先生嗚呼於廣州，年五十四歲。劉洪度靈前即位，改名為劉玢，更年號為光天元年。

知子莫若父，劉玢還真如劉龑所說「不足任事」，剛上來就胡鬧，劉玢喜歡聽曲牛飲玩女人。劉龑還沒出殯時，劉玢就把伶工召來，就在老爹的靈前耍了起來，劉玢左手摟著美女，右手執金樽，狂呼亂叫：「唱得好，賞他！」更讓人稱奇的是，劉玢居然讓猛男索女脫光了衣服在地上做愛，劉玢站在一邊加油喝采。

在宮中玩厭了，就到外面胡鬧，經常帶著娼妓黑衣夜行，闖入民宅，做瀟灑狀，弄得廣州城雞飛狗跳。劉玢胡作非為，南漢政局迅速混亂，上有昏君，下有貪吏，老百姓最倒楣。一時間起義不斷，南漢局勢烏煙瘴氣。群臣對這個昏君莫不頭疼萬狀，不過有一個人倒是暗中歡喜，他希望劉玢繼續鬧下來，直到他把劉玢搞掉為止。劉玢的弟弟晉王劉洪熙是高祖劉龑諸子中最像劉龑的，為人狡黠、兇悍殘暴，他早就想取劉玢而代之了。

如果是劉洪昌上臺，估計劉洪熙沒什麼機會。偏是這個活寶哥哥，機會自然就來了。劉洪熙為了讓劉玢繼續醉生夢死，特意從市上買了歌舞伎獻給劉玢，劉玢果然大喜，連誇兄弟好眼光，劉洪熙暗笑而退。

不過劉玢並沒有放鬆對兄弟們的警惕，讓心腹太監嚴守宮門，非詔不許讓諸王進宮。劉洪熙進不了宮，便不能下手。一邊暗罵劉玢一邊聯繫其他遭忌的兄弟，越王劉洪昌和循王劉洪杲等人也害怕被劉玢吃掉，經常聚在一起，終於謀出了一個無上的法子。

劉玢喜歡看摔跤，光天二年（西元九四三年），劉洪熙就密使心腹陳道癢在江湖上尋到了幾個高手，如劉思潮、林少強等人，重金買通，然後讓陳道癢帶他們入宮，請劉玢觀看摔跤表演。劉玢好熱鬧，就在長春宮中設場子觀戰，劉玢照舊美人與酒，邊喝邊看。劉思潮等人在場上耍，陳道癢在一旁盯著劉玢。

劉玢喝醉了，不想看了，搖搖晃晃的入寢宮休息。陳道癢知道時機到了，給劉思潮打個眼色，這些人緊跟著闖入寢宮，將已經打起呼嚕的劉玢殺死在床上，順手將侍寢的太監都給宰了。

在府中等到好消息的劉洪熙立刻搶在劉洪昌前面入宮稱帝，先下手為強。其實按長幼順次，也該輪著劉洪熙，只不過夜長夢多，一年前石敬瑭死時，石重睿本該當立，結果卻便宜了石重貴。劉洪熙搶得先機，諸王束手，只能拜倒在四哥的腳下。劉洪熙上臺後，謚劉玢為殤帝，這是個惡謚，同時劉洪熙改名為劉晟，改元應乾元年。

四

劉晟以臣弒君、以弟殺兄，得位不正，兄弟中難免有不服的，這點劉晟是知道的。劉晟能殺兄，下面的弟弟們誰敢說就不會再來這一手？皇權至高無上，誰威脅到皇權誰就得從地球上消失，古往今來，都是這樣。

明成祖朱棣起兵「靖難」，奪位後大開殺戒，南京城中血流成河，屍積如山。甚至「千古第一明君」李世民都沒能免這個「俗」，上臺就把李建成、李元吉的兒子斬盡殺絕。劉晟照抄老文章，第一個遭殃的是循王劉洪杲。劉洪杲本來有功，但有功又如何？韓信滅楚，難免族誅，檀道濟禦魏平叛，也遭傾害，劉洪杲又算得了什麼？劉洪杲逞英雄，請旨要去平定「亂黨」，如果讓劉洪杲平亂，軍權肯定就落到了劉洪杲手中，劉晟就靠軍權混日子，哪能不疑心？劉晟決定除掉劉洪杲。劉洪杲對四哥脾性最了解，知道要壞事了。

南漢應乾元年（西元九四三）五月，劉晟讓劉洪杲入宮說是要有事相商，劉洪杲還算是個人物，知道死到臨頭，沐浴更衣，在佛前拜了幾拜，說上一句已經被許多帝王說過的話：「求佛祖保佑，來世轉生，莫生於帝王家！」然後入宮，然後被殺，然後屍骨無存。

走投無路的南朝宋順帝劉准和隋朝皇泰主楊侗在被殺之前，都淒涼莫名的說道：「來世莫生帝王家！」勝者王侯敗者賊，千古同然，在太平時節，生在帝王家可以鐘鼎玉食、富貴終身。但亂世中的末路帝王欲做匹夫而不得，為了勝利者江山千秋萬代，他們只有死。

南漢高祖劉龑雖然也殘忍暴虐，但劉好歹只殺外姓不殺親族，劉晟卻專門殘害手足兄弟。劉洪杲雖然死了，但對劉晟威脅最大的卻是越王劉洪昌，劉洪昌寬厚有禮，深得眾心。劉晟一日不除劉洪昌，帝位一日不穩。為了至高無上的皇權，父子相殘、兄弟火拼，人間慘劇不斷上演，說到底，是一個私字作怪。乾和二年（西元九四四年）三月，劉晟讓劉洪昌去昌華宮祭奠伯父襄皇帝劉隱，劉洪昌並不知道自己正在走向鬼門關，二話不說就去了。剛到昌華宮，劉晟派出的殺手就在昌華宮把劉洪昌給殺了。

劉晟有時候也怨恨老爹劉龑，沒事撐的，生出那麼多兒子，生他一個多好，也省得他一個個動手。劉洪昌下頭還有十幾個兄弟，怎麼處置？沒什麼好說的，統統殺掉！劉晟在大開殺戒之前，對著天空說道：「弟弟們，休怪哥哥手辣了，要怪只能怪老爸，為什麼要生出你們？」緊隨劉洪昌見閻王的是韶王劉洪雅。

然後受刀的是劉晟的「佐命功臣」劉思潮等人，反正皇位到手，留著也沒什麼用，還浪費糧食。從中牽線的陳道癢開始害怕了，便私問老友鄧伸。鄧伸沒說話，送給陳道癢一部《漢紀》，陳道癢莫名其妙：「什麼意思？」鄧伸大罵道：「蠢豬！什麼意思？韓信和彭越怎麼死的，書中都有明載，自個查去！」陳道癢這才醒悟：劉晟要對自己下手了。

沒等陳道癢想出保身妙法，劉晟就知道他們之間的談話，氣得大罵：「好，朕就讓你們做回韓信！」，乾和四年（西元九四六年）九月，下詔收陳道癢、鄧伸三族，夷誅廣州市上。這時的劉晟已經殺紅了眼，管你同父還是同母，總之劉晟不希望任何一個威脅自己地位的人留在世上。

南漢乾和五年（西元九四七年）九月，劉晟派出刀斧手出發，將弟弟齊王劉洪弼、貴王劉洪道、定王劉洪益、辯王劉洪濟、益王劉洪簡、恩王劉洪偉、宜王劉洪照以及他們的兒子們盡數殺斃，至於劉晟的侄女們，劉晟學起了南朝宋孝武帝劉駿，大發善心，一個不發，全都沒入宮中，供他自逞肉欲。

劉晟的兄弟們只剩下了高王劉洪邈、通王劉洪政，劉晟殺累了，要休息一下，所以讓這兩個待屠之羊多活兩年。劉洪邈和劉洪政也知道肯定活不了，但這樣提心吊膽的等死，還不如給來一刀痛快的呢。

劉晟的老爹娶了來自湖南的老娘馬氏生了自己，劉晟也想學學老爹，從湖南弄個美女過來。於乾和六年（西元九四八年）八月，派工部侍郎鍾允章去長沙找楚王馬希廣求婚，馬希廣知道這個外甥變態，怕把女兒送入虎口，把鍾允章給趕回去了。劉晟氣得在殿中團團轉，問鍾允章：「湖南情況怎麼樣？」

鍾允章知道劉晟的意思，便道：「湖南兄弟殘殺不已，無力南下侵我，不過陛下可以趁楚亂北上，千載良時，錯之可惜。」劉晟大笑，即派指揮使吳珣和大太監吳懷恩領軍北攻賀州（今廣西賀縣）。這時的楚國已經不復武穆王馬殷時強大，楚軍激戰十餘年，加上楚國政局動盪，楚軍戰鬥力低下。對於老百姓來說，和平最好，但對於軍隊來說，戰爭才是他們存在的唯一理由。

南漢軍很快攻破賀州，雖然楚軍來救賀州，但被吳珣在城下挖了大坑，架上竹竿，鋪好浮土，楚軍哪裡知道，上來就掉了進去，剩下的全都溜了。南漢軍乘勝在桂北湘南一帶大肆掠地，這裡也不是楚國的核心統治地區，楚軍精銳多在湖南本土，所以南漢軍跟玩似的就拿下重鎮桂州（今廣西桂林）等六州。

南漢的北線戰略防禦體系更加穩固，但劉晟和父親一樣，兇暴之餘卻又能在軍事上取得一番作為。當然這和楚國已經發生嚴重內亂有很大的關係。到了乾和九年（西元九五一年）底，南唐軍邊鎬部攻入長沙，楚國滅亡。

劉晟不想讓李璟吃獨食，遣太監潘崇徹率軍北上收郴州（今湖南郴州），與南唐軍大戰於城下，這兩支漢朝和唐朝後人的軍隊展開了激烈的絞殺，結果歷史老人舉起潘崇徹的手宣布：南漢勝利！因為邊鎬無能，長沙大亂，劉言等人亂中取事，南唐軍撤出湖南。但這時劉晟已經取得湖南十餘州。李璟種樹，劉晟摘果子，這等好事上哪找去？

這些功勞當然是劉晟的，劉晟自詡「神武雄略」，開始做長夜歡，大造宮室，掠民間女子入宮供他享受。大太監林延遇和宮人盧瓊仙等人也跟著主子狐假虎威，作亂朝中，南漢局勢雖然沒有像湖南那樣崩潰，但國勢在劉晟的牛飲中日漸衰落。

戰爭方息，劉晟又開始處理「內政」，兩個可憐的弟弟劉洪邈和劉洪政這樣窩囊的活著，劉晟看著都心痛：「唉，你們活著不覺得沒意思嗎？哥哥找好事做到底，送你們一程吧。」乾和十二年（西元九五四年）四月，劉晟派林延遇毒死劉洪邈。劉洪政命好，成為諸兄弟中最後一個遭到毒手的，乾和十三年（西元九五五年）六月，南漢高祖劉龑的兒子們，除了在位的劉晟外，其他的都被劉晟所殺，一個不留。

劉晟心中這個高興啊。不久，劉晟的「親密戰友」林延遇伸腿瞪眼了，消息傳出來，舉國皆賀。林延遇是個魔頭，但老百姓真正應該慶賀的是劉晟這個真正的殺人狂壽終正寢，林延遇充其量只是劉晟的一條走狗而已。

劉晟玩累的時候就派人探聽中原的消息，這時周世宗柴榮已經奪下南唐的淮南十四州，國威極盛。劉晟也知道害怕了，想學老爸去向周朝稱臣，借路湖南，可湖南軍閥周行逢沒搭理劉晟：「對不起，此路不通，從海上過去吧。」劉晟想想：「稱臣又如何？柴榮早晚也不會放過自己。」劉晟至此大徹大悟：「對酒當歌，人生幾何？譬如朝露，去日苦多。」趁現在還活著，抓緊時間享受吧，劉晟每每持金樽牛飲，歎道：「時局如此，我能在死後不做俘囚，已是人間大幸，子孫輩如何，聽天由命吧。」

劉晟除了喝酒，就是玩女人，乾和十六年（西元九五八年）八月，劉晟死於廣州，年三十九歲。

劉晟荒淫殘暴，本應該遭人心之顯誅，能保全屍，真的算是劉晟的大幸。劉晟的長子衛王劉繼興即位，改名劉鋹，同時改元為大寶元年。通過對南漢歷史的了解，不難發現，這個荒唐的朝代和南北朝的北齊特別相似，劉隱類似高澄，劉龑類似高洋，劉晟類似高湛，而劉鋹又像極了後主高緯。

唐太宗和魏徵曾經有一段對話，討論周宣帝宇文贇和齊後主高緯孰優孰劣，魏徵對此有很精闢的見解：「周宣帝雖然驕狂殘暴，但威福能夠自專。而齊後主愚懦無能，朝中豪門用事，只是一個擺設。兩相比較，高緯不如宇文贇。」齊後主高緯當皇帝十二年，除了玩還是玩，大權被胡太后、和士開，甚至還有陸令萱等人把持，好容易出一個了不起的斛律光，還被害死了。

高緯什麼樣，劉鋹就是什麼樣，甚至比高緯還不如。劉鋹即位後，第一件事就是把大權盡付大太監龔澄樞和陳延壽，雖然南漢朝並非沒有人才，但劉鋹認為手下那幫文武都是有身家的人，本家的都信不過，更何況這些外姓。但已經去了勢的太監卻可以相信，他們沒有後代，用起來放心。

中國歷史上的宦官之禍以東漢、唐、明三朝是為熾烈，皇帝之所以寧用宦官不用賢臣，原因還是在於家天下的私有性質。親戚也不能隨便相信，尤其是東漢，自明章以降，東漢一百多年歷史就是外戚和宦官慘死廝殺的歷史。

這都不算更荒唐，劉鋹幹了一件讓歷史哭笑不得的事情，對於那些想有番作為的大臣，並非不可以施展抱負，但有個條件：閹割後再用。除了一些幸進小人，正人君子誰會幹這事？大權依然由龔澄樞等人把持。估計這個千古第一餿主意是龔澄樞想出來的，不想讓別人分吃自己的蛋糕。

五

劉鋹把政事全丟到一邊，自己在宮中和波斯女人尋歡作樂，南漢的對外貿易比較發達，所以來廣州的有許多胡人，劉鋹當然想嘗點新鮮的。不知從哪冒出來一個叫樊鬍子的女巫，胡吹自己是玉皇大帝降臨真身。

劉鋹是個飯桶，居然相信了，在宮中設下大帳，讓樊鬍子穿著道服坐在上面指點江山，稱劉鋹為「太子皇帝」，劉鋹則跪在地上聽玉帝旨意。龔澄樞和樊鬍子是一夥的，自然狂拍馬屁，樊鬍子便對劉鋹說：「龔公是玉皇大帝派來輔佐太子皇帝的，不能對他們不敬，否則老天也不會饒你。」劉傻子一個，說什麼就是什麼。

大寶二年（西元九二九年）十一月，宰相鍾允章看不下去，屢勸劉鋹不要這樣胡鬧下去，殺掉這些惹事太監，重振國勢。劉鋹已經玩上癮了，不聽。龔澄樞等人懷恨在心，趁著鍾允章準備皇帝祭祀大典的時候，讓太監許彥真誣告鍾允章謀反。劉鋹剛開始還不相信。

龔澄樞和內監李托都說鍾允章謀反人證物證俱在，不誅何待。劉鋹根本沒有主見，龔先生說他反，那他肯定要反，將鍾允章斬於獄中，並夷三族。鍾允章是南漢的老臣，忠貞不貳，鍾允章被殺，其他人更不敢來管這些烏糟事，都做了啞巴。

搬倒了鍾允章，龔澄樞成了實際上的南漢皇帝，劉鋹不過是個花瓶。對劉鋹來說，玩女人的興趣遠大於上朝的興趣，由龔澄樞他們為自己代勞吧。唐太宗說過：「用君子則君子皆至，用小人，則小人競進。」南漢朝中宦官用事，自然上來的多是些貪鄙小人，有些人乾脆去了勢，進宮當太監，跟著龔老大享福去了。南漢總人口不過百萬，而混跡於宮中的太監居然達到了兩萬人，比例高達百分之二，太聳人聽聞了。

太監陳延壽為了討好劉鋹，勸劉鋹學習中宗（劉晟），誅滅兄弟，以防他們造反。劉鋹一聽大喜：「公真國士無雙，好辦法！」這次倒楣是桂王劉璿興，接下來還有三個倒楣鬼：慶興荊王、保興祥王、崇興梅王欠收拾，不過劉鋹現在暫時沒動他們，反正他們也跑不了。

權力場上從不講什麼手足親情，誰能保證劉璿興他們幾個當皇帝，不會對劉鋹下手？對於失敗者，他們也想成功，只是既然把身家性命押在了輪盤上，總是要分出勝負的，他們只能認命。

劉鋹當皇帝不到兩年，中原就又換了個姓，趙匡胤兵變上臺，而且一上來就擺出了要統一的架勢。招討使邵廷琄對此看得很清楚，勸劉鋹：「天下崩亂百餘年，所以我朝先祖才能在嶺南稱雄。天下大勢，合久必分，分久必合，趙匡胤素有雄略，統一是遲早的事情。如果陛下不想振興祖業，與趙宋對抗，那麼就應該學習李璟，向宋朝稱臣。」劉鋹覺得邵廷琄沒大沒小，這是在跟皇帝說話？管他什麼趙匡胤，離他八丈遠呢。

劉鋹從來就沒關心過什麼天下大勢，那不是他應該過問的，趁年輕趕緊玩，不然老了就玩不動了。劉鋹聽說內侍監李托有兩個養女長得傾國傾城，大女兒做貴妃，小女兒做美人，劉鋹和她們日夜「探討人生」，李托因女得勢，升為內太師，和龔澄樞平起平坐。

國內雞飛狗跳，國外天翻地覆，南漢大寶八年（西元九六五年），宋朝出兵湖南，滅掉周保權，周保權被趙匡胤請到汴梁喝茶去了。隨後宋軍丁德裕部南下攻克郴州（今湖南郴州），刺史陸光圖戰死，郴州距廣州不過二百餘里，宋軍晨發至夕可抵廣州。劉鋹生在廣州、長在廣州，從來沒想過有一天也會到汴梁喝茶，他不想去，也知道害怕了。

覺得邵廷琄說的也有道理，就讓邵廷琄主持軍務，嚴防宋軍。龔澄樞等太監們哪能讓邵廷琄得勢，他們才不在乎皇帝姓什麼，他們只在乎自己的利益，反正自己刑餘幸生，做狗的人，跟誰不一樣啃骨頭？這些人便密使心腹上書劉鋹，說邵廷琄撈到軍權準備謀反自立。劉鋹沒有大腦，龔爹爹說太陽是黑的，那就是黑的。

劉鋹派人賜死邵廷琄，邵廷琄手下都知道主帥是被冤殺的，可誰也救不了，只能暗罵劉鋹混蛋，軍心自是解體。在這一點上，劉鋹和李煜倒有些相像，李煜殺了林仁肇，劉鋹殺了邵廷琄，自毀長城，不亡何待。

邵廷琄一死，南漢能數得上的名將也就是駐守桂州（今廣西桂林）的西北招討使潘崇徹了，劉鋹對潘崇徹也不放心，密派太監郭崇岳去看看潘崇徹的動靜，並囑咐發現潘崇徹若有不軌，就地格殺。潘崇徹也知道受到了皇帝猜忌，先是大陳甲兵接見郭崇岳，郭崇岳臨場下了軟蛋，沒敢動手，溜回廣州。郭崇岳前腳剛到，潘崇徹就跑回廣州，反正桂林早晚要丟，何苦把命搭上。劉鋹念他有大功，只是奪去了潘崇徹的兵權，沒把他怎麼樣。

劉鋹能力不怎麼樣，脾氣倒不小，大寶十三年（西元九七〇年）八月，已經稱臣宋朝的南唐「兒皇帝」李煜受趙匡胤指令，派給事中龔慎儀去廣州，勸劉鋹識點時務，趕快向宋稱臣，以免自毀家業。劉鋹打心眼裡瞧不起李煜：「窩囊廢，趙匡胤是你爹？這麼怕他？你怕，老爺不怕！」

把龔慎儀投進牢裡，回書大罵李煜，話說得很難聽。李煜也氣：「隨便你，反正教訓你的人不是我。」趙匡胤知道後，決定南下。

南漢大寶十三年（西元九七〇年）九月，宋朝以潘美為南征軍主帥，兼賀州道行營兵馬都部署，起大軍攻南漢。潘美走的是西路，這裡江水直通廣州，行軍比較方便。潘美先攻賀州（今廣西賀縣東南），南漢刺史陳守忠急向劉鋹告急，劉鋹放著潘崇徹不用，居然派出了龔澄樞光棍似的到賀州「鼓舞士氣」，龔澄樞空手白條地到了賀州說了幾句空話，南漢軍士大怒：「連個銅子也不掏就想讓我們賣命？哪有這等便宜事！」

潘美率軍攻城，而龔澄樞腳長，先一步溜了。回到廣州訴苦，劉鋹只好會議群臣，大臣們都希望潘崇徹出馬，可潘崇徹不想送死，說是眼疼去不了。劉鋹狂罵：「狗屁！數錢的時候眼怎麼不疼？我大漢朝還怕沒人用了？」

改派梧州（今廣西梧州）都統伍彥柔率軍溯江前去會會潘美。宋軍探報伍彥柔要來，便在城外埋伏精兵。伍彥柔一邊彈著琵琶一邊上岸，讓手下搬來胡床準備彈個小曲，鼓舞士氣。宋軍大笑著殺了過來，南漢軍大敗，伍彥柔被宋軍俘虜，留著沒用，斬！隨後宋軍攻城，雖然城中南漢軍倒是很會挺，但奈何兵少而且士氣低落，潘美攻下賀州。

這回輪到劉鋹獻醜了，只好低三下四的請出潘崇徹幫幫忙，去守賀江。哪知宋軍卻北上攻昭州（今廣西平樂），潘崇徹任由宋軍過去，守在賀江觀賞風景。不久，劉鋹收到前線敗報：昭州失守、桂州失守、連州（今廣東連縣）失守。劉鋹這個沒心肝的不但不惱，反而大笑：「這些地盤本是湖南的，宋軍能奪到這幾州已經發財了，不會再南下了。」跟北齊後主高緯一樣的愚蠢混蛋，吳明徹取淮南，高緯也是這般大笑，結果如何？

潘美下一個目標就是廣州門戶韶州（今廣東韶關），南漢韶州都統李承渥手中有重兵十幾萬，不怕宋軍。而且李承渥還有一支大象部隊，每頭象上坐著十幾個軍兵，作為前鋒，嚇唬宋軍。潘美怕你這個？讓弓箭手給我狠狠地射，有重賞。亂箭齊發，大象倒地，南漢軍大亂，被宋軍全殲。韶州一下，廣州門戶洞開，南漢大寶十四年（西元九七一年）春，宋軍攻克英州（今廣東英德），南漢唯一的「名將」潘崇徹出賣了劉鋹，投降宋軍。

劉鋹想和宋軍講和，可惜對牛彈琴，宋軍繼續南下。劉鋹終於挺不住了，決定投降，活命要緊，江山社稷祖宗陵寢都見鬼去吧。可右僕射蕭漼剛走，劉鋹又後悔了，調集手上最後的精銳準備和宋軍決戰。劉鋹的龔爹爹出了個好主意：「宋軍跟土匪一樣，要的只是財寶。陛下把東西都燒了，宋軍什麼都撈不到，只能撤軍。」

劉鋹一聽：「這辦法好！」一把大火，把廣州宮城燒掉，然後帶著錢財準備乘舟下海，去移民東南亞。可負責此事的太監樂範帶著幾千貪心的弟兄開船去東南亞發財去了，劉鋹立刻變成窮光蛋，身上一個子也沒有了，飯都沒地方吃了。宋軍行至白田（今廣州市郊），劉鋹此時上天無路，入地無門，只好白衣請降於潘美馬前。至此南漢滅亡，從劉龑九一七年稱帝算起，共歷五十四年。

劉鋹繞來繞去，還是被趙匡胤請去喝茶，宋開寶四年（西元九七一年）五月，宋太祖趙匡胤在明德門下舉行盛大的受降儀式。刑部尚書盧多遜宣讀大宋皇帝詔書，歷數劉鋹不明天命，以抗大國之罪。

劉鋹哪方面也比不過齊後主高緯，但有一樣本事高緯沒有，高緯口吃，劉鋹則是鐵嘴銅牙，跪在地上狡辯：「罪臣即偽位時只有十六歲，少更經事，軍國政務一體茲於龔澄樞等人，他們這幫人才是真國主，罪臣不過是個木偶，」說完叩頭乞生。

趙匡胤留下劉鋹還有些用處，畢竟李煜、錢弘俶等人還沒歸順。但龔澄樞這幫鳥人留著只會壞事，何況他又不是李存勖。下旨誅夷龔澄樞、李托等人於市中。封劉鋹為恩赦侯（還是趙匡胤寬厚，耶律德光還封石重貴為負義侯），找個上等宅院，養了起來。

不久，趙匡胤閒來無事，詔劉鋹入侍講武池陪他喝酒，劉鋹很會拍馬屁，別人都還沒來，他頭一個到了。趙匡胤知道劉鋹口渴，賞了他一杯御酒。哪知劉鋹嚇得跪到地上，連哭帶嚎：「罪臣敢抗王師，本應族誅，然陛下寬厚自天性，許臣不死。臣本願做個大宋順民，觀皇帝陛下一統四海之盛世，所以罪臣不敢喝這酒。」言下之意是：「你想毒死我？不喝！」趙匡胤仰天大笑：「朕要殺你，何須把你叫到這來，在府中就可賜死。」順手將劉鋹的那杯酒拿過來一飲而盡，讓人另外倒酒。

劉鋹見自己出了大醜，羞愧萬狀，伏地拜謝。

廣東歷史上唯一一次建國經歷到此結束，南漢劉氏政權荒淫無度致使亡國，堪比北齊，但周武帝宇文邕死前賜死高緯一族，相比起來，劉鋹實在太過幸運。南漢亡國，對廣東百姓也是一件幸事，劉鋹實在太不成器，弄得民不聊生。劉氏割據廣東七十多年，說一點貢獻也沒有並不公平，南漢至少為中國開通了一條海上絲綢之路，具有重要的歷史意義。

第六章

湘江北去——歷盡滄桑話湖南

明太祖朱元璋出身佛門，卻做起了皇帝；梁武帝蕭衍出身帝王，卻做了和尚。這成為史上奇觀。不過這種有趣的現象不獨發生在佛教界，木匠中也有這樣的例子，明熹宗朱由校出身帝王卻做了木匠，而出身木匠的唐朝末年許州（今河南許昌）人馬殷卻做起了帝王。馬殷在湖南建立的楚國是為正史所承認的獨立政權，雖然馬殷一天也沒有稱帝。

馬殷在歷史上的名氣不算大，但如果提到轟動世界的一九七二年在湖南長沙馬王堆漢墓出土的西漢女屍「辛追」，大家是不是有印象呢？馬王堆就是馬殷家族的陵墓，位於長沙市東郊四公里處。

一

同朱溫、楊行密、錢鏐一樣，馬殷也生在唐宣宗李忱大中六年（西元八五二年），出身依然是「八輩貧農」，祖墳中從沒冒過青煙。不過正如秦末陳勝大呼：「王侯將相，寧有種乎！」英雄何必問出處，而且赤手空拳打出來的江山比坐收祖宗遺蔭更有說服力。人不怕出身，就怕沒出息，就如同哲人那句名言：「你改變不了歷史，但可以改變未來。」

馬殷和王建有些相似，首先都是同鄉，而且他們出道時第一個「貴主」是同一個人：唐蔡州刺史秦宗權。不過王建投奔秦宗權時，秦老大還是「政府高官」。馬殷因為幹木匠活不能養家糊口，只好背著一個破包袱卷行走江湖。在唐中和四年（西元八八四年）參加了秦宗權的部隊，而秦老大已經做起了「賊」。秦宗權把馬殷派到了大魔頭孫儒手下當差，做了一員偏將。

最初幾年，馬殷沒有在秦大哥的麾下混出模樣來，畢竟那時秦宗權手下「人才濟濟」，顯不出馬殷的特別來。唐光啟三年（西元八八七年），淮南節度使高駢被畢師鐸所害，楊行密等幾路勢力大打出手，淮南局勢瞬間崩盤。秦宗權因在河南碰上了朱溫這顆硬釘子，便把狗爪子伸向了淮南。十月，秦宗權派兄弟秦宗衡率軍東下進入淮南爭奪地盤，以孫儒為副，張佶、劉建鋒、馬殷為馬前卒，呼嘯著撲向淮南。

楊行密剛把畢師鐸打出揚州，就被強悍的蔡軍給堵在城中，雙方操傢伙對毆。兩軍打了幾仗，秦宗衡沒撈到什麼便宜。朱溫那頭對秦宗權加緊攻擊，秦宗權吃抗不過，速命秦宗衡率軍回援。孫儒以四海為家，不想回去，兩人爭持起來。孫儒大怒：「去死吧你！」將秦宗衡滅了，自為軍主。

孫儒在手下眾將中最看重的是劉建鋒，經常派劉建鋒掠地攻城，馬殷倒沒有多少表現的機會。在楊行密和孫儒的前幾次交鋒中，楊行密屢戰屢敗，險些被孫儒吃掉。到了唐大順二年（西元八九一年）春，孫儒親自率軍來宣州（今安徽宣城）來攻楊行密，兩軍大戰於黃池（今安徽馬鞍山附近），打頭陣的孫軍大將馬殷險些活捉楊軍大將劉威，大敗淮南軍。

隨後孫儒進圍宣州。二人在宣州鬥了半年，直到景福元年（西元八九二年）五月，楊行密在宣州城外大破孫儒軍，孫儒因病沒跑了，被田頵斬於陣上。數萬軍士投降楊行密，其中包括馬殷的弟弟馬賓，楊行密徹底粉碎了孫儒的帝王夢。

孫儒雖然兇暴，但對劉建鋒、馬殷他們還算不錯。帶頭大哥死了，劉建鋒和馬殷就成了爹不疼娘不愛的流浪兒，讓他們上哪謀生去？抱頭痛哭一場。肯定不能投降楊行密，此仇不共戴天，去跟錢鏐？又不是人家的嫡系，去了也是雜牌軍。哥兒們商議一下，不如兄弟們抱成團，去闖天下。劉建鋒是孫儒手下一號人物，自然就成了新任大哥，馬殷做先鋒，張佶做軍師。孫儒手下還有七千多弟兄沒被打散，劉建鋒帶著弟兄們向空中哭拜了孫儒亡靈，然後渡江南下，進入江西境內。

這支流亡軍隊並沒有明確的戰略目標，只能像無頭蒼蠅般亂撞。唐末戰亂，百姓困苦，愁無生路。劉建鋒的流亡軍隊一過來，老百姓蜂擁入伍，跟著劉建鋒去到江湖上討口飯吃。劉建鋒帶著十幾萬流民軍隊在江西境內四處衝殺，從洪州（今江西南昌）到虔州（今江西贛州），到處都留下這支軍隊的身影。

唐乾寧元年（西元八九四年）五月，劉建鋒的隊伍離開了江西，進入武安軍治下的醴陵（今湖南醴陵）。武安軍節度使鄧處訥不知道這些人是什麼來路，派人叫邵州（今湖南邵陽）指揮使蔣勳帶兵固守龍回關（今湖南長沙東四十里處），一隻蒼蠅也不能放進來。劉建鋒這次來湖南，就沒打算回去，他們四海為家，走到哪裡家就在哪裡。

劉建鋒準備強攻龍回關，馬殷站出來勸道：「不著急打，我先去看看情況，不行咱再攻。」馬殷來到關下，昂首叫城，蔣勳也要摸摸他們的底細，帶著酒肉出城犒勞馬殷。馬殷言道：「公不聞蔡州劉公建鋒英武雄略冠於天下麼？今我劉公領十萬決勝之師，戰無不勝，攻克不取，江以南，嶺以北，孰敢攖我劉公之鋒？蔣公三千烏合，夠我們吃幾頓的？蔣公不若順天應命，事劉公、封大國，豈不比跟著鄧處訥這個草貨強？」蔣勳只是給鄧處訥打工的，覺得跟了劉建鋒會得到的更多，便開門納降。

隨後馬殷讓弟兄們扮作湖南軍馬，連夜奇奔長沙而去。到了長沙城下，馬殷讓手下大喊：「城上的快開門，蔣將軍要進入覆命！」深更半夜的，從打扮上看也是自家人，沒想那麼多，打開了城門。劉建鋒大喜：「殺！」兄弟們要進城享福了，個個爭先恐後，殺進節度帥府，把正在喝酒的鄧處訥堵在屋裡。

鄧處訥大驚：「你們是誰？」「蔡州劉建鋒！」劉軍上前就地砍死鄧處訥。劉建鋒自稱武安軍節度留後，馬殷為副，並上表唐朝，希望能轉正。唐昭宗手中的橡皮章子反正是公家的，隨便誰用都可以。乾寧二年（西元八九五年）四月，朝廷拜劉建鋒為武安軍節度使，馬殷為內外馬步軍都指揮使。而之前投降的蔣勳因劉建鋒分配不公，在邵州作亂，劉建鋒派馬殷前去收拾蔣勳。

劉建鋒得志後，性格上的缺陷開始暴露，也會喝酒玩女人了，政事多委任張佶處理，自己在府中胡混。劉建鋒聽手下馬仔說校衛陳贍的老婆美豔動人，動了淫心，反正自己有錢，勾結個把女人不在話下。陳贍老婆也貪戀富貴，被劉建鋒泡上了。

殺父奪妻之仇是男人兩大恨事，陳贍平白被人扣了頂綠帽子，恨得咬牙切齒。乾寧三年（西元八九六年）四月，忍無可忍的陳贍趁人不備帶著鐵錘來到府中，正好劉建鋒身邊沒人，陳贍眼中冒火，大喝：「淫賊！今天爺送你上路！」一錘將劉建鋒砸得腦漿迸裂，死於非命。

眾人聞變急趕過來，把陳贍抓了起來。眾人先商議選個大哥帶頭，初議是推舉行軍司馬張佶主政湖南。張佶前不久被馬踢傷，正臥床養病，聽說兄弟們要他出頭，連連擺手：「劉將軍遭變，還有馬指揮使在邵州。馬將軍雄才，必能任事，不如擁立馬將軍。」

馬殷這些年為劉建鋒出生入死立下大功，威望要高於張佶，眾人也沒什麼好說的，張佶派馬殷的心腹姚彥章去邵州請馬殷速回長沙。面對千載一時的機會，馬殷居然犯起傻來，猶豫不決。姚彥章急得直跺腳：「此天意授湖南於主公，奈何不要！主公與劉將軍、張司馬情同手足，今劉將軍遇難，長沙軍情不穩，若有人作亂，如何收場？你不要自然會有人要的。」

馬殷大悟，留下都指揮使李瓊繼續圍攻邵州，星夜回到長沙。馬殷剛到，張佶就坐著軟輿來見馬殷。馬殷真不愧梟雄，拿得起放得下，當眾給級別比自己還低的實際長沙主事人張佶下拜。

張佶並非沒有可能接替劉建鋒，即使馬殷不同意，但長沙城畢竟在張佶手中。張佶把這麼眼熱的位子讓給馬殷，沒點度量是做不到的。張佶命人把馬殷扶到正堂，率眾人伏地，定下君臣之分。不久張佶奉命攻邵州，拿下蔣勳，砍頭。

這一天是楚國史上具有開天闢地意義的轉捩點，馬殷不再是劉建鋒手下的大馬仔，而是自己做了大哥。以後打下來的天下，都是他馬殷的。馬殷和劉建鋒槍林彈雨十幾年，親如兄弟，大哥不能這麼「冤」死，馬殷下令剮死陳贍，為大哥報仇。

唐昭宗李曄的橡皮章子一蓋，馬殷成為潭州刺史，正式確認了馬殷在長沙的統治地位。當然馬殷不能只守著長沙，那能成多大事？當時武安軍轄下七州：衡州（今湖南衡陽）有楊師遠，道州（今湖南道縣）有蔡結，郴州有陳彥謙，永州（今湖南零陵）有唐世旻，連州（今廣東連縣）有魯景仁。不吃掉這些夥計，馬殷是別想睡安穩覺的。

馬殷問謀士高鬱：「長沙北有荊南成訥，東有淮南楊行密，南邊還有個劉隱，四面受敵，不如多送給他們些財物，免得他們來找事，你看如何？」

高鬱抵掌而談：「成訥庸才不足成事，何足畏？楊行密與我們有殺主之仇，巴結他對我們一點好處也沒有，不如通使汴梁，朱溫現在勢力強大，可以做我們的後援。主公則厲兵秣馬，養息教訓，十年之內，必成霸業。」

二

馬殷的實力尚不足對付楊行密，所以結好朱溫就能在楊行密背上插上一刀，和朱溫結成戰略同盟，對雙方都有好處，因為他們都是楊行密的敵人。劉備和孫權之所以走到一起，說到底還是因為曹操。這就是權利場上的生存法則，利益才是永恆的，人從來都是為了利益而活。

馬殷派人帶著重禮去汴梁，表示願與朱大哥做個朋友，朱溫摸著這些寶貝嘿嘿傻笑：「好說，好說。馬兄弟以後有什麼事儘管找我。」同時奏請李曄封馬殷為湖南節度兵馬留後。馬殷和汴梁結盟，沒有了後顧之憂，可以放心地在湖南開拓自己的事業。

高鬱是馬殷手下的第一謀士，後來馬殷在湖南成就大業，有一半的功勞應該記在高鬱的頭上，可以說高鬱是馬殷的「諸葛亮」。高鬱主管財政，鑄大鐵錢，十個銅錢兌一個鐵錢。按常理，鐵錢不如銅錢更有價值，但高鬱此舉卻讓來湖南做生意賺大錢的商人無法帶走沉重的大堆鐵錢，只能換成大宗當地貨物易地二次出售，湖南經濟因此迅速發展起來。馬殷兜裡有了錢，底氣也足了許多。

當然對馬殷來說，最重要的還是地盤，長沙這個小池塘養不了馬殷這條大魚。唐光化元年（西元八九八年）五月，馬殷開始了軍事擴張，目標就是湖南境內其他五州。這些地方兵力較少，先弱後強對馬殷來說是個必然的選擇。馬殷派指揮使李瓊、秦彥暉、張圖英、李唐等人率軍南下衡州，衡州的大老爺楊師遠是個無智無勇的草頭王，哪經得起長沙軍敲打，被李瓊斬於城下。長沙軍沿湘江西進，攻打永州。唐世旻被圍了一個多月，不想坐死永州，突圍逃去。

唐光化二年（西元八九九年）七月，馬殷再命李唐取道州。道州地處湘粵桂交界，得到道州西可進廣西，南可下廣東，戰略迴轉餘地較大。但道州的蔡結還有點本事，聯合當地少數民族軍隊伏在半路上的樹林裡，李唐剛到，就被這幫人「招呼」了一下。李唐真是個聰明人，你們不是藏在樹林裡嗎？那就把你們請出去吧。一把大火，藉著風勢燒了起來，正在樹林中休息的道州聯軍被燒死無數，蔡結被擒後斬首，李唐順利進入道州。

馬殷的這張大網一撒，三條大魚入網，只有陳彥謙和魯景仁還在逍遙。馬上就要到新年了，對馬殷來說，最好的新年賀禮就是陳彥謙和魯景仁的人頭，有勞李瓊跑一趟。同年十一月，李瓊馬踏郴州城，斬陳彥謙。然後翻過騎田嶺（五嶺之一），挺進連州城下。

李瓊射書勸魯景仁早降免死，魯景仁心疼自己的家業，不肯合作。李瓊大怒，下令狂攻，一連攻了三天還沒拿下。李瓊費了牛勁才在第三天夜裡破城，魯景仁有志氣，抹了脖子。李瓊帶著魯景仁人頭回長沙報捷，湖南七州盡屬馬殷。

雖然湖南到了手，但馬殷不能就此罷手，像劉表那樣做個天下太平的「荊州牧」，必須繼續擴張。地盤擴大了，自己的生存空間自然也就大了，當然戰爭肯定要死人的，但不管誰死，總會有人笑到最後的，而笑到最後的人，雙手總是沾滿別人的鮮血。不必有什麼歉疚，吃人是亂世中生存唯一的法則。

拿誰開張呢？東面有淮南的楊行密、浙西的錢鏐、福建的王審知，南邊有劉隱，這都是些牛人，惹不起。核桃啃不動，那就先啃梨吧，佔據廣南五州的靜江節度使劉士政在馬殷眼中正是個可口的梨子。不能責怪馬殷把劉士政當梨吃，因為劉士政也希望把別人當梨吃，就看誰的本事大了。

唐光化三年（西元九〇〇年）十月，馬殷先派人去桂州（今廣西桂林）找劉士政，希望能交個朋友，言下意就是快點給我彎腰吧。可馬殷的使節沒到桂州境界，就被駐守全義嶺（今越城嶺）的靜江節度副使陳可璠給打回去了。馬殷嘿嘿一笑：「傻子，中了俺的計了！」馬殷正愁師出無名呢，陳可璠真是個好人。馬殷下令，指揮使秦彥暉、李瓊帶著七千弟兄們去找陳可璠算帳。

真是天助馬殷，劉士政派指揮使王建武屯兵秦城（今廣西興安西南），陳可璠在鄉下搶奪鄉親們的耕牛送給王建武充做軍糧。人民是永遠招惹不起的，有當地人跑到湖南軍中，告訴李瓊：「我給大軍帶路，從小徑可抄秦城後面。」李瓊也是個賊大膽，只帶了三百多個弟兄就上路，趁著夜黑，突襲秦城，活捉王建武，然後人不知鬼不覺地回到大寨。

第二天，李瓊在桂林軍寨前告訴陳可璠：「王建武已經被我們抓到了，想活命的早降！」陳可璠大笑：「放狗屁！王將軍還在秦城呢，你糊弄傻小子吧？」這回輪到李瓊大笑了：「不見棺材不掉淚的奴才，讓你看看！來人，推上來，斬！」湖南軍把可憐的王建武押到陣前，把頭砍下來，然後找個力氣大的，把王建武的人頭扔到桂州軍營。陳可璠差點沒被嚇死，桂州軍不知道王建武怎麼被抓到的，都驚呼有鬼，士氣大為衰落。李瓊發動進攻，桂州軍已經沒心戀戰，加上陳可璠，多數被湖南軍生擒。李瓊比較心狠，下令將二千多桂州軍就地活埋。

李瓊帶著勝利者的驕傲姿態，一路殺來，湖南軍所到之處，無不望風披靡，誰想被活埋？湖南軍沒幾天就包圍了桂州。從道德上講李瓊所為非常無恥，但從現實角度來講，李瓊似乎又沒做錯什麼，殺雞駭猴，在封建時代習以為常。所謂「殺降不祥」，對有些人根本不起作用，他們要的是利益，而不是空頭名聲。

劉士政不想被活埋，只好出降，被李瓊送到長沙享福。至此，靜江軍所轄桂州、柳州（今廣西柳州）、宜州（今廣西宜山）、象州（今廣西象州）、嚴州（今廣西來賓）、蒙州（今廣西昭平）、梧州均被馬殷奪下。湖南勢力達到西江，距南國首鎮廣州只有不到百里，對劉隱造成強大的軍事壓力。

天復元年（西元九〇一年），唐朝正式拜譚州刺史馬殷為武安軍節度使，馬殷成為和中原朱溫、河東李克用、淮南楊行密、兩川王建同一級別的大軍閥。李曄以為賞了馬殷做節度使，就能讓馬殷為朝廷效力，李曄給馬殷與淮南楊行密各下了一首密詔，讓他們出兵勤王，滅掉朱溫。

楊行密倒是出兵了，不過那是因為他和朱溫有仇，純粹是江湖仇殺。馬殷根本就沒動靜，何必得罪朱溫？自己在湖南還沒坐穩，哪有閒心管李曄的死活。馬殷此舉，確實很不道德，但他和錢鏐一樣，所得到的都是自己在血海中拼出來的，你不封我，我也照樣做老大，憑什麼感激你這個傀儡皇帝。我們換個位置，你又會如何做？

在對唐朝的態度上，楊行密做得要比馬殷好一些，畢竟還裝潢點門面，馬殷連門面都不要了。楊行密寫信給馬殷：「兄弟，朱三這個王八蛋太猖狂無恥了，你怎麼能和他混在一起？不如甩了他，咱們兄弟結拜，共同舉事勤王。」馬殷還沒表態，心腹許德勳就勸：「楊行密說的沒錯，朱溫是很無恥，但他現在控制著皇帝，挾帝號令天下，我們犯不著和楊行密攪一塊，沒好處。」馬殷也做此想，沒理楊行密。

馬殷現在考慮的不是什麼勤王作虛頭文章，而是實實在在的擴大地盤，有誰嫌地盤大？唐天復三年（西元九〇三年）五月，淮南節度使楊行密攻鄂州（今湖北武漢）的杜洪，鄂州地處南國要衝，戰略意義重大，朱溫不能讓楊行密得逞，調荊南節度使成訥以及馬殷和荊州大盜雷彥威等勢力去救鄂州。馬殷派許德勳率水師溯江北上，和大盜雷彥威合兵奇襲江陵，席捲江陵百姓和財物而去。

許德勳完成任務後，返回長沙時，路過岳州（今湖南岳陽），不屬於馬殷系統的岳州刺史鄧進忠開門慰勞湖南軍。許德勳勸鄧進忠：「公自守岳州，四面皆強鄰，能為多久？不如歸順馬公。不然你遇到麻煩，可沒人來救你。」鄧進忠也知道自己沒多大出息，便投降了馬殷。有了岳州，湘江一線的防禦更加牢固。

馬殷這邊雖然風光，但卻無時無刻不想念被留在淮南楊行密黑雲都做指揮使的弟弟馬賨。楊行密也不知道馬賨就是馬殷弟弟，有次楊行密問馬賨的家庭情況，馬賨不好意思地說自己是馬殷的弟弟。楊行密大驚：「什麼？你是武安軍的弟弟？失敬！」楊行密也犯不著得罪馬殷，便把馬賨送了回來，馬殷當然高興，讓馬賨做了武安軍節度副使，肥水豈能流於外人田？

兄弟馬賨因為受到楊行密的厚待，便勸哥哥：「孫帥遭難都過去十多年了，哥哥何苦為此與淮南過不去？楊行密舉義旗，是為忠臣，哥哥不如絕了朱三，與淮南聯合，不比做鬥眼雞要好？」

馬殷很不高興：「你懂什麼？楊行密不是個好東西！專門和朝廷做對，萬一朝廷聲討淮南，我們豈不也成了叛賊？」其實馬殷所說的朝廷就是朱溫。馬殷的外交政策是北連朱溫，從側翼威脅淮南，從而緩解來自淮南的軍事壓力。馬殷想的有道理，朱溫和楊行密，馬殷必須得罪一個，與其得罪朱溫，不如得罪楊行密，反正以楊行密的實力，也拿湖南無可奈何。

不久楊行密病死，寶貝兒子楊渥倒有點本事，於天祐三年（西元九〇六年）三月，派指揮使陳知新找馬大爺聊聊，攻岳州。許德勳一時沒打過陳知新，被趕出岳州。

三

唐天祐四年（西元九〇七年）二月，梁王朱溫想當皇帝，給馬殷遞了個眼色，馬殷心領神會，遣使勸進。四月，朱溫在汴梁稱帝，國號大梁。李克用、王建、楊渥等人自稱唐朝忠臣，不服朱溫。馬殷向梁朝稱臣，不過中途出了點小問題，鎮守江陵的朱溫義子高季昌不讓馬殷使節過去。馬殷氣的：「癟三！想幹什麼？」讓許德勳出兵幫助高季昌學做人，高季昌又害怕了，向馬殷認錯。馬殷使節這才過去。朱溫當然要報答馬殷的支持，拜馬殷為楚王，五代十國時期的楚國算是正式建立。

淮南節度使楊渥野心比老子還大，橫看豎看馬殷不順眼，梁開平元年（西元九〇七年）的六月，大起水陸三軍，劉存、劉威等淮南名將領軍，岳州刺史陳知新在岳州接應。事關生死存亡，馬殷沒有選擇，也拿出自己的家底和楊渥決戰。派指揮使秦彥暉起水師三萬，沿湘江北上，兩軍在江中對峙。淮南軍沒撈到什麼便宜，加上陰雨不斷，江水暴漲，劉存想撤，便使一招詐降計，以伺隙機撤退，秦彥暉識破了劉存詭計。

劉存在艦上衝著對面的秦彥暉大呼：「姓秦的，為什麼不准我們投降？你這樣缺德，小心斷子絕孫！」秦彥暉狠吐了幾口口水：「你們這夥賊人入境燒殺，本當遭到天誅，還想什麼子孫後代？爺先宰了你再說。」督水師進攻，兩軍在長江上血戰。淮南軍沒挺住，全軍覆滅。劉存和陳知新被活捉，送到長沙砍頭。劉威屬兔子的，腿短但跑得快，逃回去了。岳州經過一年的折騰，又回到馬殷手裡。

馬殷雖然收回岳州，但岳州的戰略地位不如高季昌控制的江陵，不過馬殷知道高季昌是朱溫的家奴，不便對高季昌下手。正好朱溫下詔讓馬殷聯合高季昌討伐盤踞在朗州（今湖南常德）的武平節度使雷彥恭（雷彥威弟），馬殷早就看這個江湖大盜不順眼了，梁開平元年（西元九〇七年）十月，馬殷派都指揮使秦彥暉北上取朗州，不能讓高季昌拿了去。

馬殷這邊忙活，淮南那邊接到雷彥威的求救，出兵來砸馬殷的場子。淮南大將泠業、李饒攻岳州，馬殷哼哼：「楊渥也敢來砸馬老爺的場子？」照例由一號大將許德勳出面。許德勳確實會打仗，他派出五十個「水鬼」，潛到淮南軍營前，上岸衝殺，並舉火為號，淮南軍不知對方有多少人，亂成一團。許德勳接到信號，出城衝殺，淮南軍人敗。許德勳趁熱打鐵，追殺到底，泠業、李饒被俘，載回長沙處死。

東線安寧，馬殷再用兵西線。開平二年（西元九〇八年）五月，湖南軍秦彥暉部進圍朗州。秦彥暉在城下和雷彥恭使勁地耗，一個月後，雷彥恭糧食吃沒了，秦彥暉先派副將曹德昌潛水入城，打開城門，湖南軍大喊著殺入朗州城。雷彥恭乘小舟拼出一條血路奔向淮南。而和雷彥恭做好鄰居的澧州（今湖南澧縣）刺史向瓌知道打不過秦彥暉，乾脆投降了。

北方局勢差不多穩定下來，馬殷開始南向擴張，同年九月，派從淮南投奔過來的名將呂師周為主帥，去嶺南和清海節度使劉隱爭地盤，馬殷相信嶺南實力不會強過淮南。呂師周確實是員能將，和劉隱在廣西一邊大打出手，劉隱的軍事能力相比較來說還不如他兄弟劉岩，連戰連敗。湖南軍連收廣南六州，兵鋒直逼廣州，嚇得劉隱尿了好幾回褲了。

馬殷打了幾場漂亮的大勝仗，好不得意，請朱溫封自己為天策上將軍。朱溫這時候正和漂亮的兒媳婦們上演家庭倫理劇，沒功夫理馬殷，想要就給他吧，自己又少不了一根毫毛。開平四年（西元九一〇年）六月，馬殷在長沙開天策上將軍府。馬殷見淮南、嶺南、吳越、兩川都有自己的人才智囊團，為統治者制定戰略政策提供智力支持，自己要做大事，自然需要大量人才。馬殷也搜羅了一些人才，聘其中最精英的十八位為學士。

一般意義來說馬殷建立的楚政權也稱為湖南政權，但馬殷的地盤實際上並不只是現今湖南一境，楚國勢力最盛時，除了湖南全省，還控制著廣西西江以上和貴州的大部分。開平四年的九月，馬殷因為辰州（今湖南沅陵）和溆州（今湖南懷化）的同僚經常到湖南境內參觀，馬殷不勝其擾，讓呂師周再辛苦一趟，先後剿滅了辰州的宋業和溆州的潘金盛，楚國控制的最西邊達到了南寧州（今貴州惠水）。

馬殷覺得再沒人敢來他的地頭上滋事了，但廣州城中的「癲癇患者」劉岩平生最大的愛好就是給別人添堵，你想安生吃飯，他偏喜歡給你摳點鼻屎出來。乾化元年（西元九一一年）十二月，劉岩親率大軍來給馬殷找麻煩。守容州（今廣西容縣）的湖南大將姚彥章見劉岩來者不善，有些懼意，乾脆帶著百姓逃回湖南。劉岩拿回了他認為本該屬於他的兩廣交界地區，其實天下本無姓，能者自取之，沒有本該是誰的一說，有本事的撐死，沒本事的餓死，哪朝哪代不是如此？

劉岩這人其實挺有意思，他玩完了馬殷，又想玩馬殷的女兒，給馬殷寄了封快遞：「馬大爺，我三十多歲還是個光棍，您老可憐可憐我，收下我做您的女婿吧，反正您閨女一大把，不在乎一個兩個的。」馬殷一聽鼻子都氣歪了：「我女兒再多也不能都給你，吃這麼多小心撐死你。」不過馬殷為了穩定南方形勢，到底搭進了個女兒。

梁貞明元年（西元九一五年），馬殷熱熱鬧鬧地把女兒嫁到了廣州。和親就意味著雙方結成了政治同盟，劉岩無北憂，馬殷無南患，雙方皆大歡喜，當然更歡喜的是劉岩，白得了一個漂亮媳婦。其實馬殷並沒吃虧，兩年後劉岩當了大漢皇帝，馬殷也就成了皇帝他丈人，虧本買賣誰做啊？

此時朱溫已經亡故，嫡子朱友貞繼位，朱友貞能力和老爹差了十萬八千里，面對河東李存勖的強勢，朱友貞快要招架不住了。馬殷老奸臣猾，犯不著一棵樹上吊死，便和李存勖暗中勾勾搭搭。馬殷遣使去太原，雖然沒建立正式的大使級外交關係，起碼也是個代辦級的。李存勖也希望擴展自己的戰略外交，雙方經常通使。

這幾年馬殷基本上在享福，該打的差不多都打完了，周邊也沒有什麼大事可做，除了經常和占著江陵巴掌塊大地方的高季昌屢有摩擦，但也只是你吖我一臉口水，我噴你一臉唾沫。

馬殷和高季昌耍把戲的同時，密切關注中原戰事。梁龍德三年（後唐同光元年，西元九二三年）十月，後唐軍攻克汴梁，朱友貞自殺身亡，中原從此再次姓李。

消息傳到長沙，馬殷立刻派長子馬希範去洛陽拜李存勖的碼頭，並把朱梁賜給他的印綬上交，對自己身事「偽梁」二十年的嚴重錯誤表示嚴重的懺悔。亂世軍閥多數是「有奶便是娘」，管你姓朱姓李，只要你實力強到足以消滅我的程度，我完全可以跪在你面前，幹什麼都成，不為別的，只為活命。

李存勖問馬希範：「聽說洞庭湖魚多，都有些什麼魚？」馬希範知道李存勖的心思，便胡扯：「洞庭湖面狹窄，沒多少魚，如果陛下巡幸洞庭，雖是臣家榮耀，但洞庭的水只夠馬喝的，怕陛下會受委屈。」李存勖大笑，厚賞馬希範，遣還長沙。

同光三年（西元九二五年）底，唐軍西進成都，消滅前蜀。馬殷嚇得魂飛魄散，如果李存勖真要統一，下一個要被請到洛陽喝茶的肯定是自己。馬殷裝出一副可憐相，上表請皇帝恩准致仕：「臣老矣，乞陛下隆恩，准臣歸老衡山，沒齒不忘陛下盛德。」李存勖暗笑這個老傢伙膽小如鼠，聖喻不准：好好給朕當你的楚王，朕不會動你。

即使李存勖想動馬殷，也沒機會了。同光四年（西元九二六年）四月，成德軍節度使李嗣源作亂，李存勖在洛陽被亂兵所殺，李嗣源入洛即位，馬殷繼續向李嗣源「奴顏婢膝」。李嗣源對這些遠道的大鎮實行懷柔政策，只要稱臣，就封高官。天成二年（西元九二七年）六月，唐明宗李嗣源封馬殷為楚國王，其實大家都在逢場作戲，你當皇帝，我當國王，井水不犯河水。

馬殷接受李嗣源冊封後，在長沙正式建立「楚國」，仿天子之制，立百官，不過名稱比帝制略低一些。他的左右手姚彥章和許德勳任左右丞相，拓跋恒為僕射。

因為前不久荊南的高季興（高季昌避唐諱改名高季興）扣留了湖南使節史光憲，馬殷大發水陸師進擊江陵。荊南地盤太小，只有區區三州之地，根本抗不住湖南如此大規模的攻擊，被湖南六軍副使王環打敗。高季興是個耍賴高手，立刻裝起孫子，向馬殷請和。

馬殷剛開始不同意，王環勸：「滅高季昌容易，不過江陵為四戰之地，以後我就要自擋中原、蜀、吳之兵。不如留下高季興，做我們的北方屏障。」王環很懂戰略博弈，後來趙普勸趙匡胤先南後北也是這個道理。

高季興是五代十國時代著名的「高賴子」，從來都這副德性，馬殷也就算了。馬殷調轉槍頭，打起寶貝女婿劉龑的算盤，但被劉龑的大將蘇章在賀江擊退。天成三年（西元九二八年）六月，江陵的高季興向吳國稱臣，李嗣源很生氣，讓馬殷出兵練練高季興。

馬殷讓許德勳和馬希範代自己出征，畢竟自己七十多歲了，筋衰體弱。高季興的侄子高從嗣不知天高地厚，闖入楚軍要和馬希範一對一地決戰。馬希範嫌高從嗣級別不夠，讓副將廖匡齊和他對馬，兩招就給廢了。高季興又害怕了，再向馬殷認錯，馬殷也覺得高季興這人特沒意思，回去。

四

馬殷開始在兒子們中選擇繼承人，行將就木的人，不知道哪天就走了。馬殷最喜歡二兒子馬希聲，便讓馬希聲出任武安軍節度副使兼管長沙，總督內外軍事，是實際上的王位繼承人。可馬希聲比較弱智，能力不如馬希範，馬希範見二哥這個白癡成了「皇太子」，大有不服：「你能幹什麼？」但老頭子還在，不敢放肆。

馬希聲剛上得檯面就幹了件自毀楚國根基的蠢事，他居然聽信高季興的讒言：「高鬱心懷不測，準備謀反。」馬希聲知道高鬱在湖南的地位，害怕以後高鬱架空自己，經常勸馬殷除掉高鬱。馬殷和高鬱感情很深，大罵馬希聲：「畜牲！高鬱是我們馬家的諸葛亮，少打他的主意，我不同意！」「你不同意？由不得你了。」馬希聲假傳楚王令，殺掉高鬱，並夷三族。

馬殷此時還不知道高鬱被殺的消息，在府中閉目養神。直到第二天，才有人將高鬱死訊告訴馬殷。馬殷號啕痛哭：「高鬱是湖南首謀之士，今敢殺鬱，明日不復得滅老父乎！」

馬殷連日號哭，眾人勸解不住，只能由他去。後唐長興元年（西元九三〇年）十一月，馬殷死於長沙，壽七十九歲。

當英雄老去的時候，他能留給歷史些什麼？悲壯？悲涼？悲哀？都有。青年時代橫戈立馬，呼嘯江湖，劍上飲血，馬上大笑，何等瀟灑，何等風流。但轉瞬之間，英雄青絲變白髮，血肉軀變做塚中骨，一切都結束了。他們縱使改變了世界，也永遠改變不了自己。

嚴格意義上來說，馬殷算不上「英雄」，但馬殷能在亂紛紛的世界中，赤手空拳地打出一片天地來，這首先就證明了馬殷的能力。即使做梟雄，世上幾人可做得？馬殷剛出道時並不是老大，但孫儒和劉建鋒要麼兇暴無謀，要麼好酒及色，縱然可以在亂中風光一陣，但這樣的人終究要被歷史淘汰掉的，馬殷有智略，會用人，更懂屈伸之道，才能成就大業。頂天立地不彎腰固然是大英雄氣勢，但能屈能伸也是大丈夫，馬殷一生，算不上大開大合，也算得轟轟烈烈。

馬希聲氣死了老爹後大搖大擺地襲位，不過馬希聲不想當什麼楚王，反正湖南都是他的，名分並不重要。上表請除楚國建制，仍稱武安軍節度使，同時兼領靜江軍。

要說馬希聲弱智也不正確，小算盤還是有的，馬希聲是長沙著名的「吃雞大王」。他聽說梁太祖朱溫也是個「吃雞大王」，可惜沒有機會找朱師傅學習吃雞大法，而且老爹尚在，花錢大手大腳要挨批的。等到馬希聲執政之後，開始大飽口福，一天三頓飯，至少要用五十隻雞下料，馬希聲在府中狂吃海喝。

這時馬殷還沒有下葬，按理馬希聲應該食素，偏不，照樣吃雞。到了馬殷下葬這一天，馬希聲不哭不鬧，先吃了幾頓雞，然後才去發喪。眾人見他如此饞嘴，不禁搖頭。禮部侍郎潘起輕聲對同僚說：「晉朝阮嗣宗臨母喪，尚吃掉一頭蒸豬，喝了兩斗酒。主公如此，可謂善法賢人。」眾人掩袖竊笑。

曾夫子曰：「慎終追遠，民德歸厚矣。」馬希聲就是這樣「慎終追遠」的，吃著燒雞懷念父親，真是一絕。雖然阮籍也喝酒吃肉，但阮籍是著名的「狂徒」，從不尊禮數的，馬希聲可是楚王，如此荒唐行徑，指望他治下「民德歸厚」，豈不是緣木求魚？

不過湖南百姓有福，後唐長興三年（西元九三二年）七月，馬希聲只當上了一年多的楚王就殂了。馬希聲死時沒有確定繼承人，長沙文武一邊搖頭歎息，一邊商議楚王人選。馬殷諸子中，馬希聲之後就是武平軍節度使馬希範，馬希範素有賢名（也是個銀樣鑞槍頭），眾人便遣使去朗州（今湖南常德）迎馬希範回長沙，繼立楚王。

俗話說：「新官上任三把火」，至於以後政績如何都是次要的，先把臉洗乾淨，留個好印象。馬希範剛上臺也燒了一把火，不過馬希範卻把火燒到了死去二哥馬希聲的母親袁德妃那裡。馬希範當初沒能得到儲君的位子，把賬算在了袁德妃的頭上。馬希範經常對袁德妃冷鼻子冷臉，甚至手腳還不太乾淨。袁德妃好歹也算是馬希範的庶母，哪經得起馬希範如此胡來，羞憤交加。

馬希聲有兩個同母弟弟馬希旦、馬希旺，馬希範也沒放過，見一次罵一次，後來乾脆把他們免了職，禁閉在破茅屋中。馬希範在府中召集除袁德妃所生子之外的兄弟們聚會。袁德妃哭久成疾，被馬希範活活氣死，馬希旦不久也「憂憤而卒」。用現代話說，馬希範做人太不厚道，馬希聲再有過錯，拿人家老娘撒什麼氣？心胸如此狹窄，能成大事麼？

名節禮教這些東西是罵不死人的，除非想死。馬希範還是有點本事的，軍政財權被馬希範牢牢把在手中，任何時代，只要不丟掉這三大權力，再加上點智慧，無論統治者多麼殘暴，至少在生前是不會被推倒的。馬希範地位穩固後，開始放起了第二把火：貪圖享受，馬希範出身富貴家，不在乎千兒八百萬的。

馬希範「酒色財賭」四毒俱全，經常招呼文苑學士廖光圖等人入府耍樂，喝醉了就賭。這夥人聚在桌前切磋賭技，出老千也是難免的事情，不論輸贏，狂呼亂叫，不成個體統。學士拓跋恒為人正直，最看不慣這些人，經常勸誡馬希範自重。馬希範跟拓跋恒打馬虎眼，背地裡照舊，這幫賭棍也恨透了拓跋恒。

馬希範比他二哥馬希聲懂事，知道拓跋恒不可能威脅到自己的地位，倒是那幫兄弟們卻要時刻提防，他們才是自己最大的敵人。坐鎮桂州（今廣西桂林）的靜江節度使馬希杲強於治政，在桂州享有很高的聲望。馬希範不高興：「你有聲望？還要我幹什麼？」越想越不放心，正好嶺南軍入侵楚國，馬希範藉這個機會，於後唐清泰四年（即後晉天福元年，西元九三六年）四月，自率五千精銳馬步軍南下，同時留下同母兄弟馬希廣留守長沙，一個娘的才算親。

馬希杲聽說哥哥來了，也知道哥哥的意思，惶急不安。只好讓自己的老娘華夫人親自跑一趟，華夫人心疼兒子，兒子有難，做娘的死又算得了什麼？華夫人在全義嶺（今越騎嶺）迎到了馬希範，華夫人可憐巴巴地跪在馬希範面前，先數落一通兒子：「希杲無德無能，劉岩才能乘機侵境，沒想到居然勞動了大王親來，這都是臣妾的罪過，雖百死無贖妾罪也。妾願入宮府做一掃地婢，只希望大王看在先武穆王的分上，饒過希杲吧。」

華夫人在名分上也是自己的庶母，既然華夫人如此自甘下賤，也滿足了馬希範的虛榮心，以假應假：「聽說希杲把桂州治理得很不錯，此來也算來學習學習吧，夫人不必多心。」話是這麼說，華夫人有什麼不明白的，再三拜謝，方才回去。這時南漢軍也撤了，南方無邊患，馬希範回長沙，並把馬希杲移鎮武平軍（今湖南常德），就近控制。

馬希範連打帶嚇唬，把兄弟們差不多都制服了，馬希範掌中楚國士兵十餘萬，哪個還敢有二心？馬希範把「家事」理順之後，便把眼光盯向了中原，此時「千古一帝」石敬瑭已經在汴梁城中舒舒服服的做起了兒皇帝。馬希範不管你兒皇帝父皇帝，繼續執行父親的中原外交政策，向石敬瑭稱臣。

石敬瑭很高興，但也不知道賞馬希範什麼好，總不能再讓馬希範當他的乾爹，一馬希範的實力不到那份上，二已經有了耶律乾爹，再找一個不怕人家笑罵？在天福二年（西元九三七年）十二月，封馬希範一個空頭的「江南諸道行營都統」了事。

孔老二曰過：「飽則思淫欲」，這個「飽」不能僅理解成吃飽飯，也可以理解成解除「危機」。馬希範在穩固自己在湖南的統治基礎後，便開始琢磨找幾個漂亮女人玩玩，也該馬希範心想事成，到了天福三年（西元九三八年）十月，馬希範的正妻彭氏因病亡故。彭夫人長得比較醜，但手段兇悍，馬希範在彭夫人的眼皮底下，有賊心沒賊膽，暗咒這個「母老虎」快點死，果然天遂人願。

「母老虎」不在了，馬希範興奮的嗷嗷叫，趕快把那幫「哥兒們」叫來，連牛飲帶狂賭，玩完了把哥們踢滾，挑幾個漂亮侍女「夜戰」。沒幾天就膩了，想換換口味，馬希範看上了一個商人的老婆，便把這個生意人殺了，把人家老婆抱回府中準備享用。可沒想到這個女子性情剛烈，不稀罕這個富貴，自殺身亡。

馬希範「強姦未遂」，直叫晦氣。馬希範準備再晃動賊眼珠子瞅美女時，天福四年（西元九三九年）八月，溪州（今湖南古丈）刺史彭士愁串動同僚數萬來攻澧州（今湖南澧縣）。馬希範大怒：「媽的！壞了老子的好事。」派靜江指揮使劉勍率兵攻溪州兵。劉勍率軍星夜奔澧州，大敗溪州兵，彭士愁打不過就跑，劉勍一直追到獎州（今湖南芷江）。彭士愁沒地方跑了，只好帶著一大幫洞主投降。

溪獎地區「少數民族」多，這些地方酋長紛紛歸附馬希範。溪州以西、南寧州（今貴州惠水）以東，夷州（今貴州鳳岡）以南、那州（今廣西東蘭）的數萬平方公里地區都歸了馬希範。楚國到此時達到了極盛。

可惜楚國不是帝國建制，如果是的話，等馬希範「駕崩」後，完全可以撈到「太宗」廟號。宋朝以後，第二代皇帝全都被諡為太宗，而且多是有為之君（當然此有為非彼有為）。唯獨明世宗朱嘉靖沒事撐的，把永樂大帝的廟號由太宗改成什麼成祖，一點不霸氣，閒話。

五

外患消弭後，馬希範繼續縱欲為樂，大造宮室、花園，花錢如流水，不在乎，老子有的是錢！馬希範用金銀雕飾門窗欄杆，用丹砂塗牆。古代沒有地板牆，春夏季馬希範用竹席鋪地，秋冬用棉紗鋪地，極盡奢華。

白居易有詩：「宣城太守知不知？一丈毯，千兩絲！地不知寒人要暖，少奪人衣作地衣！」冰天雪地中，百姓衣衫破爛，瑟瑟哀號，統治者們卻身披棉衣絮襖，圍著木炭紅爐「手拈梅花，唱道國家祥瑞。」

階級社會中，無論是亂世還是所謂的盛世，享福的總是一小撮統治者，那些饑寒而死的百姓，別說留個名，甚至連個墳穴都沒有，挖個坑成千上萬的屍體埋在一起，這就是歷史！

馬希範不但奢侈，而且狂妄自大，他造了一座九龍殿，但只雕了八根繞龍柱子，並對手下說：「知道我為什麼只刻八條龍嗎？」馬仔們搖頭，「豬腦子！因為我就是一條龍！」還別說，馬希範確實有點想像力，可惜沒用到正道。學士拓跋恒時常規勸，馬希範根本聽不進去。

就這樣，馬希範一直胡鬧了好幾年。到了晉開運三年（西元九四六年）十二月，契丹皇帝耶律德光大軍入汴梁，石重貴出降，中原大亂。湖南牙將丁思覲勸馬希範：「晉猶漢也，契丹雖強猶虜也，今天子蒙塵北狩，中州無主。此正天授大王以成齊桓、晉文之事也！願王能舉湘兵十萬，北進中原。中原士民豈願俯首事虜？義師行於汴洛間，舉義旗募銳旅，驅胡虜奉王道，期年之內，大業底定。大王不要再貪戀兒女之事，兒女之樂，孰比雄踞天下之樂？大王思之！」

丁思覲說的慷慨激昂，也並非紙上談兵，當時湖南闢地千里，帶甲十萬，國豐庫足，只要馬希範能起事，成功希望很大。可馬希範正在和美女調情取樂，不願意幹這份苦差，湖南夠他用的，何必貪得無厭，不從。百年難遇之良機就此錯過，氣得丁思覲當面大罵馬希範：「豎子！終不可教也！吾事昏君，宜其死乎！」說罷自殺。

真為丁思覲可惜，像這樣具有戰略眼光的人才，如果能跟著柴榮，是可以幹出一番事業的。跟著馬希範這樣的「自守虜」，只能坐老一生，撫劍傷神。

馬希範鬧夠了，他的大限也到了，後漢天福十二年（西元九四七年，劉知遠稱帝後捨開運年號，仍稱天福年號。）五月，楚王馬希範病死長沙。雖然馬希範生前沒有確定繼承人，但明眼人都能看出來，他的嫡親兄弟馬希廣最有資格繼位。不過長沙統治集團內部還是因為繼承人的問題發生了嚴重衝突。

都指揮使劉彥瑫、天策府學士李弘皋等人則希望立馬希廣，而都指揮使張少敵、都押牙衙袁有恭等人希望立馬希萼。不過此時馬希廣身在長沙，得地利之便，而馬希萼正守在永州（今湖南零陵），張少敵手再長，一時半會也不能把馬希萼拽到長沙。張少敵嚇唬劉彥瑫等人：「永州（馬希萼）年長，自當繼立。而且如果立了都尉（馬希廣），永州豈能心服？萬一禍起蕭牆，諸公勿辭其責也！」劉彥瑫哪裡肯聽？

拓跋恒出來打圓場：「都尉雖然久居長沙辦事，但畢竟年少，還是讓都尉派人去永州假意謙讓，等永州辭讓之後，再立不遲。」拓跋恒說了跟沒說一樣，萬一馬希萼接受了馬希廣的「辭讓」，讓馬希廣如何下台？

還是劉彥瑫說的實在：「廢話少說，現在都尉就在長沙，何必捨近求遠，大權到手，自專生殺，哪能憑白送人？別人占了便宜，我們還有活路?!」支持馬希廣的一派強行立馬希廣為楚王，領武安節度使。張少敵沒有辦法，只能由他們去。退出後仰天長歎：「湖南放馬三十年，從此大亂將起了。」

果然不出張少敵所料，湖南自馬希範死後，開始了自毀前程的內耗，最終亡國。當然，如果反過來是馬希萼繼位，馬希廣在劉彥瑫的擺布下照樣會鬧事。不論立哪一個，湖南都要大亂，要怪，也只能怪馬殷，誰讓他生出一大堆惹事精？生一個不就完了？呵呵。

馬希萼的同母弟天策府左司馬馬希崇見劉彥瑫等人強行擁立馬希廣這個廢柴，氣得不行，他在想：「要立了我哥哥，不幾年湖南也要傳到我的手上。」馬希崇密信飛馳永州，說盡了劉彥瑫的壞話：「先王遺命本是立哥哥的，可被劉彥瑫這些無恥小人詐傳遺命，改立了馬希廣。哥哥速來，我們見機行事。」馬希萼一聽，肺都氣炸了：「劉彥瑫，我操你祖宗！」馬希萼以奔喪為名，帶甲士去長沙。

可劉彥瑫早就料到他們會來這一手，派都指揮使周廷誨在長沙城外埋伏重兵，馬希萼剛到長沙城外的碧霄宮，就被劉彥瑫的人馬給扣住了，隨後馬希萼被軟禁在碧霄宮。馬希萼鳳凰變草雞，威風不起來了，求人給馬希廣帶個信，希望去朗州（今湖南常德）安身。

周廷誨勸馬希廣斬草除根，馬希廣為人尚不失忠厚，哭道：「好歹也是一個父親生出來的，我哪能下這個重手？不如就讓他去朗州吧，一人一半地盤總能讓他滿意吧。」便放馬希萼去朗州任武平軍節度。

沒想到馬希萼根本不領他這個情，剛到朗州，就於漢乾祐元年（西元九四八年）九月，上書漢隱帝劉承祐，請允許他以武平軍節度使的名義單獨向朝廷納貢，還請劉承祐另外加封自己，實際上是想脫離湖南的武安軍獨立。馬希廣沒什麼主見，聽從手下都押衙歐弘練的勸告，重金賄賂漢朝宰相楊邠等人。

楊邠等在劉承祐面前勸皇帝不要理馬希萼，自成湖南內亂。劉承祐便拒絕了馬希萼。馬希萼大怒：「天下皇帝非你一家，能奈何得我？」改向南唐稱臣。李璟正因為幾年前在福建白忙活一場而生悶氣，沒想到天上又掉了一個大餅，為什麼不吃？不過現在馬氏兄弟實力相當，不敢輕易下賭注，只是封馬希萼為同平章事，派楚州（今江蘇淮安）刺史何敬洙出兵幫馬希萼。

馬希萼有了南唐的支援，開始下手。後漢乾祐三年（西元九五〇年）九月，馬希萼出兵攻打馬希廣。長沙城中的劉彥瑫不當馬希萼是個人物，對馬希廣大言道：「馬希萼手頭只有萬把人，殿下手中雄兵十萬，不用害怕！臣去為殿下平賊。」

馬希廣撥給劉彥瑫一萬人馬，劉彥瑫一路馳進朗州地界，在僕射洲先敗了馬希萼一陣，馬希萼逃回朗州後，重整兵馬再戰。兩軍在湄州進行水戰，劉彥瑫縱火想燒死馬希萼。可風向突然有變，一把火把長沙軍燒死大半，劉彥瑫保住一條小命竄回長沙。馬希廣嚇壞了，大出府庫金銀，讓將士們給自己賣命。

馬希萼得勢不饒人，派指揮使朱進忠攻益陽（今湖南益陽），退守益陽的長沙方面馬軍指揮使張暉騙部下：「你們守城，我出城繞道擊朗州兵後。」張暉是個大滑頭，出城後就跑回長沙了。朗州軍有人看到張暉跑了，趁勢攻城，很快就拿下益陽。

馬希廣確實是個書呆子，派人去勸說馬希萼：「我們湖南和淮南世仇，你現在投降李璟，和袁潭屈膝曹操有什麼區別？」馬希萼亂棍打回來使，致書馬希廣：「從此我們兄弟恩斷情絕，亮出傢伙吧。」同年十一月，馬希萼留兒子馬光贊守朗州，自率大軍撲向長沙。而幾乎與馬希萼和弟弟翻臉的同時，漢隱帝劉隱在趙村被殺，郭威入汴梁。

朗州兵大舉南下，跟蝗蟲一樣掠過湘陰（今湖南湘陰東），撲到了長沙城下，在湘西屯下，山蠻軍屯嶽麓山。馬希廣沒有退路，只能做最後一搏，讓水軍指揮使許可瓊帶水師紮營城北，馬軍指揮使李彥溫率騎兵紮駝口，步軍指揮使韓禮紮楊柳橋。馬希廣這個路數其實很正確，馬步舟三軍互為犄角。但可惜用錯了人，許可瓊已經被馬希萼給收買了，允諾破城之後分湖南一半給許可瓊。

這時馬希廣準備聽從山蠻酋長彭師暠的建議，讓彭師暠率銳卒出城繞到馬希萼背後，前後夾擊。但許可瓊卻給彭師暠背上來上一刀：「彭師暠和嶽麓山蠻軍是一路，非我族類，其心必異，怎麼會甘心為殿下效死？我父親許德勳是湖南忠臣，我絕不會有負殿下，馬希萼飯桶一個，看臣馬前擒賊。」馬希廣耳朵軟，信了。

馬希廣人神兩道兼吃，派巫師用麵捏一個鬼在江上，想讓這個鬼嚇跑馬希萼，找個長沙城中的和尚日夜在艦上念經，馬希廣則穿著僧袍天天給如來下拜。

馬希萼大笑，下令攻城，長沙城幾度險被攻破，馬希廣速令許可瓊來救，沒想到許可瓊卻下令開城投降，朗州軍和山蠻軍一呼而入。山蠻「同胞」有的還從沒來過長沙，進城後就開始「尋寶」，燒殺三日，老百姓可倒了大楣，死傷無數。

指揮使吳宏對馬希廣忠心耿耿，與山蠻酋長彭師暠率孤軍格鬥，力戰不支，吳宏滿臉是血，喝彭師暠：「大王待我不薄，今天得為大王死，真人生一大快事！」彭師暠也是一條漢子，把大槊扔到地上，撕破衣服拍著胸膛，大喝道：「今日唯有一死以報我王，有種的朝這來一刀！」馬希萼憐二人孤忠可表，沒有殺他們，但卻把他們痛打了一頓。

六

而馬希廣和老婆則被朗州軍生擒，不過他和哥哥馬希範的子女卻被李彥溫和劉彥瑫帶著僥倖逃向了南唐。馬希廣被拎到馬希萼面前，馬希萼早就想除掉這個窩囊廢，假惺惺地對手下說：「這個人無能愚蠢，所為大惡，都是身邊小人指使的。我想給他條活路，總是一個父親生的，你們覺得呢？」手下馬仔知道馬希萼演戲，都配合馬希萼，不說話，馬希萼「只好」讓人勒死馬希廣。

馬希萼想要留下馬希廣，還用問其他人？這和李克用殺李存孝不一樣，李存孝得罪人太多，眾將都巴不得李存孝死，李克用心中是打算留給李存孝一條活路的，而馬希萼恨不得生吃了馬希廣。

一場兄弟血戰，馬希萼成了新任大哥，南唐的李璟順水推舟，拜馬希萼為天策上將軍、楚王。李璟早就想拿下湖南，派南唐「名將」邊鎬屯兵袁州（今江西宜春），準備下手。

馬希萼毫無遠見，得志後便大開殺戒，報復仇家，殺累了就喝酒玩樂。軍政大事都交給同母弟馬希崇打理，馬希崇比馬希萼還不如，心貪手長，搞得長沙民怨如沸湯，政局越來越混亂。馬氏二兄弟只顧自己享受，對立下大功的將士半塊銀子也不給，將士們怒不可遏，軍心瓦解，甚至出賣馬希廣的許可瓊也沒撈到好處，踢到蒙州當刺史。

馬希萼有個家奴謝彥顒，長得眉清目秀，馬希萼拿他當女人養，恩寵無數。在與眾將宴會時，謝彥顒無功，卻位居眾將之上，眾將大不服。山蠻人把長沙城弄得破亂不堪，馬希萼讓指揮使王逵和周行逢帶本部人馬修城。這些兵爺哪幹過這個？而且馬希萼居然不給錢，把他們當牛馬使喚，眾人大怒：「讓我們幹死囚犯的活，明擺著污辱我們，楚王有錢不賞我們，我們還是逃吧。」王逵、周行逢也有怨氣，帶著弟兄們逃回朗州。

馬希萼派人去追，結果被王逵等人給踢了回來，王逵心一狠，迎立馬希振的兒子馬光惠，據住朗州城，脫離馬希萼系統。王逵不久又把馬光惠給廢了，去請辰州（今湖南沅陵）刺史劉言主政武平軍。

許可瓊有「功」不賞，後悔不迭，暗中密結馬步軍指揮使徐威等人作亂。周廣順元年（西元九五一年）九月，徐威帶著憤怒的弟兄們闖入王府，此時馬希萼在和心腹人喝酒。眾人殺進來，嚇得馬希萼跳牆逃跑，但沒跑遠，被徐威活捉丟到衡山一間破屋子裡涼快涼快。亂兵剮了謝彥顒，然後立馬希崇為湖南主。

剛在朗州立足的劉言覺得這是個機會，誰不想當湖南王？出兵攻長沙。馬希崇也是個酒囊飯袋，為了讓劉言撤軍，把馬希萼的幾個手下宰了，送人頭到朗州請和。劉言在乎這幾個人？說這些頭已經腐爛，不承認他們是馬希萼的人。

馬希萼這時被關在衡山縣，由大將彭師暠嚴加看守，馬希崇這時也不認馬希萼是同母哥哥了，哥哥算什麼？但彭師暠卻讓馬希崇失望了，彭師暠看到馬希崇不是個成事的人，乾脆與衡山指揮使廖偃一起放出馬希萼，推立為衡山王。馬希萼能東山再起，當然大喜。（這可是第二回了，事不過三。）

馬希崇兩面受敵，萬般無奈，只好向南唐稱臣乞援。李璟那邊早就準備好了，馬希崇一降，邊鎬立刻出兵入湘。周廣順元年（西元九五一年）九月，南唐軍入醴陵，距長沙五十里。馬希崇本是指望南唐軍來滅馬希萼的，哪知道邊鎬卻來刨自己的祖墳，急得差點尿了褲子。

南唐軍不久兵臨長沙城下，馬希崇此時已經是插翅難逃，還能往哪逃？朗州有劉言，衡山有馬希萼。馬希崇只好請出歸隱的老臣拓跋恒草降書送給邊鎬。拓跋恒欲哭無淚：「老而不死是為賊！我貪圖長壽，不意今日卻為小兒草降書！」

馬希崇開城迎拜邊鎬馬前，南唐軍進攻長沙的同時，標誌著五代十國時期統治湖南五十多年的馬氏楚國正式滅亡。後來周行逢成了湖南的實際統治者，但這已經和馬氏沒有任何關係，馬殷辛苦半生打拼出來的家業，就這樣被這群不爭氣的兒子葬送掉了。

馬氏兄弟連年廝殺，百姓不但要挨餓，還要挨刀，苦難深重。邊鎬幹了件善事，開倉放糧，救活百姓，老百姓淚水橫流：「邊將軍真是菩薩啊！」邊菩薩的雅稱就是這樣來的。這些糧食本就是屬於老百姓的，可他們卻沒權利享用，統治者給他們吃，還被當成了善舉，真是罪惡！

不要臉的馬希萼居然上書李璟，希望能再封自己為武安軍節度使，保證對大唐朝奴顏婢膝。但長沙士人恨透了馬希萼，沒一個人希望馬希萼回來，也上書請留邊鎬鎮長沙。馬希萼所為純是妄想，李璟吃到嘴裡的，能吐出來？把長沙還給老馬家？傻啊？李璟封邊鎬為武安軍節度使。

李璟在湖南這個大池塘中撈魚，廣州的劉晟同樣盯上了湖南，看舅舅們自相殘殺，喜不自禁，派太監吳懷恩領兵北上，收取桂容諸州。守桂州的靜江節度副大使馬希隱召來蒙州刺史許可瓊，這時馬希萼居然還有閒心來管桂州，派指揮使彭彥暉來取桂州，被馬希隱殺退。馬希隱和許可瓊根本高興不起來，南漢軍大掠境內，自己手頭兵少，無能為力，只好相對號哭。周廣順元年（西元九五一年）十一月，南漢軍突襲桂州，馬希隱和許可瓊開北城逃去，廣西東北部盡屬南漢。

不過湖南的大頭還是讓李璟吃了，邊鎬出兵衡山，逼馬希萼投降。馬希萼的「復辟夢」再也作不起來了，只好出降。邊鎬將馬氏宗族走水路送往金陵。

馬殷和劉建鋒因為孫儒被淮南打敗，逃向湖南，馬殷也許沒有想到自己能在湖南成事，但更沒想到的是，馬氏的湖南因淮南而興，又因淮南而滅，真是成也蕭何、敗也蕭何！

李璟得到湖南這塊寶地，把湖南的財物、糧食甚至樓臺亭閣、果樹花盆都給端到了金陵。讓都官郎中楊繼勳在湖南繼續搜刮，以滿足湖南駐軍的軍需。楊繼勳開始了大規模的搜刮，克扣原湖南軍的軍餉，加上邊鎬在長沙一味享樂，大搞佛事活動，向如來問計。湖南政局再次動盪不安，湖南軍民大為失望，原湖南軍的一些軍官開始準備反唐。這確實不能怪這些人反覆無常，他們降唐是因為在馬氏那裡得不到好處，既然跟了南唐，南唐就應該首先籠絡住他們，要知道他們是軍人，天生要靠這個吃飯的，降你不等於怕你。

指揮使孫朗和曹進準備放火燒死邊鎬，但沒想到火沒著起來，被邊鎬發現，率軍撲殺過來。孫朗見事情不成，強行出城逃奔朗州。劉言這時也向南唐稱臣，不過是因為形勢不利而暫時低頭而已。李璟覺得朗州勢力的存在對自己是個威脅，下詔讓劉言來金陵。劉言根本不可能去，寧為雞首、不為牛後，在朗州也算一路諸侯，在金陵算什麼？

王逵也勸：「朗州背大江，憑洞庭，負險而立，中兵數萬，千萬別聽李璟的。邊鎬這人庸弱無能，之所以能滅馬希崇，主要還是馬希崇無能。邊鎬在長沙不修政事，人心大亂，我們可以乘亂取長沙，成不世之業。」劉言還在猶豫，周行逢大叫道：「機不可失，到時可沒地方買後悔藥吃！」劉言拿定主意，以王逵、周行逢為正副主帥，牙將何敬真、張文表、潘叔嗣等人為前鋒，孫朗、曹進為先鋒，大發朗州軍士，兵分數路，直進長沙。

周廣順二年（西元九五二年）十月，朗州軍攻下益陽，斬殺南唐軍二千多人。邊鎬也不拜菩薩了，急向金陵求兵。李璟的救兵還沒到，朗州軍就已經殺到長沙。邊鎬還想守城等待援兵，可等了數日還沒等到，邊鎬心裡發毛了，決計逃跑。朗州軍攻進長沙，城中大亂，百姓死傷慘重。王逵拿下長沙，繼續歸復馬氏湖南舊境。南唐雖然控制著大半湖南，但邊鎬做為主帥都不以國事為重，他們犯得著為李璟殉國？一窩蜂都逃了。南唐消滅楚國不過一年，該哪來都回哪去了，李璟只好再找馮延巳填詞去了。

劉言運氣真好，沒費多大力氣，湖南居然就成他的了。但嶺北卻被劉晟給偷了，很不舒服，讓王逵辛苦一趟，去收回嶺北。王逵帶著五萬山洞蠻南下，但被南漢的太監將軍潘崇徹差點給滅了，王逵光棍般逃回。

雖然沒拿回嶺北，但湖南這麼大，也夠弟兄幾個吃的。劉言不再向南唐稱臣，連湖南都守不住，憑什麼服你？改向周朝稱臣。同年十二月，劉言覺得長沙幾經戰亂，成了空城，不如回朗州。過完新年，周朝有旨，拜劉言為武平軍節度使，兼武安軍、靜江軍軍政，實際上劉言確定了湖南王的身分。王逵守武安軍、周行逢為行軍司馬。

常言道：「兄弟可共患難，不可同富貴。」哥兒們一起受窮吃苦，個個講義氣。但如果都謀到了富貴，權力的誘惑只能讓兄弟們感情轉淡，甚至刀兵相見，非死即傷，只留下一段段刀光血海中刻骨銘心的記憶，蕩漾在生者心頭。劉言他們也是如此，不過劉言和王逵、周行逢他們還算不上兄弟，劉言不過是王逵請來幹事的，王逵和周行逢才是兄弟。

劉言讓王逵守長沙，越想越後悔，長沙的重要性劉言當然知道，是不是有些失招？後因何敬真因為和王逵沒交情，告辭回到朗州，劉言以為何敬真是王逵黨，來朗州算計自己的。劉言對王逵等人起了疑心。

消息傳到長沙，王逵問計周行逢，周行逢對他說：「劉言本就不是我們的兄弟，當初就不應該把他抬出來，請佛容易送佛難，不如除掉劉言，我們落個自在。不過何敬真等人也是威脅，正好嶺南劉晟北寇，藉口長沙兵少，請何敬真防禦漢朝，先騙來殺掉再說。」

王逵覺得不錯，讓周行逢去朗州騙來何敬真，劉言也不想讓劉晟在湖南立足，就派何敬真和朱全琇領兵南下。何敬真等人路過長沙時，被王逵打著勞軍的旗號灌醉，亂刀砍死。

七

周廣順三年（西元九五三年）六月，王逵讓周行逢守長沙，自率精銳連夜奔襲朗州城。劉言沒想到王逵會來這一手，長沙軍一鼓破城，活捉劉言。隨後王逵上書周朝：「劉言謀叛天朝，乞降淮南，臣已經破城擒賊。長沙是湖南舊治，地大糧足，請陛下還歸長沙為湖南府治。」郭威對這些外鎮從來的都是施行羈縻政策，湖南的事情現在還管不了，隨便他們鬧去。朗州重鎮，得由親信人去守，周行逢無辭其任，周行逢到任後，接到王逵密令殺掉劉言，就讓潘叔嗣送劉言上路。

王逵很有趣，剛把周行逢弄到長沙，就有些後悔了，覺得還是長沙好玩。周顯德元年（西元九五四年）五月，王逵又從朗州遷回了長沙，再讓周行逢回到朗州，潘叔嗣守岳州。周行逢來回跑了兩圈，氣得直搖頭。

周行逢主政長沙時正趕上湖南發生大面積饑荒，老百姓無糧度日，周行逢不忍百姓餓死，速放糧救人，「全活甚眾」。周行逢是從社會最底層殺出來的，自然了解民間疾苦，知道老百姓要求其實並不高，只是想有口安生飯吃。如果這點根本算不上要求的要求都滿足不了，那麼老百姓被逼得走投無路，只能造反。

周行逢深知自己初立，在百姓心中樹立良好的形象是必須的，手不能伸得太長。周行逢對待屬下寬嚴有度，公家財物絕不私受一錢，日子過得比較緊。弟兄們不解：「大哥，你有這麼窮嗎？」周行逢大笑：「只要我想，長沙的金銀都是我的。但馬氏縱其欲、虐其民，前車猶在，怎敢一日忘之？」

周行逢把長沙治得有模有樣，但朗州方面卻發生了塌天的大事，周顯德二年（西元九五六年）二月，岳州防禦史潘叔嗣因和王逵產生矛盾，率軍偷襲朗州，王逵戰死。潘叔嗣讓人告訴周行逢，想和他換個地方，周行逢來朗州，他去長沙。周行逢知道潘叔嗣有野心，不能讓他得逞，以奔喪為名馳入朗州，接管了武平軍。只是讓潘叔嗣當了行軍司馬，潘叔嗣要的是長沙，不想當這個芝麻小官，裝病不去。

周行逢大罵潘叔嗣：「嫌官小？我就是從行軍司馬幹起的，武安軍官大，我能給你嗎？」手下給周行逢出主意：「潘叔嗣反覆小人，久必為湖南禍首，將軍不如把他騙來，說把武安軍給他，等潘某一到，刀斧的伺候。」留下潘叔嗣對自己實在是個麻煩，便派人去騙潘叔嗣，潘叔嗣當然願意，不聽手下勸告，美滋滋的來到長沙準備當湖南王。

周行逢跟真事一樣，親自到城外迎接，邊說邊笑，潘叔嗣心裡這個美啊。等到了帥府，周行逢立刻翻臉：「大膽潘叔嗣！王公待你可謂厚矣，衣錦衣，食玉食，你手刃王公，弒主是為大逆罪。我覺得我們關係還不錯，屢次忍讓，你卻得寸進尺，長沙豈是你這等人所該妄想的？」潘叔嗣剛要辯解，刀斧手就將他拿下，殺於當庭。

劉言、王逵、潘叔嗣這些「準湖南王」都不存了，在湖南唯一能呼風喚雨的，只剩下一個周行逢了。同年七月，周世宗柴榮下詔，正式任命周行逢為武平軍節度使，兼領武安軍、靜江軍。馬殷開創的湖南，傳來傳去居然傳到了一個外姓周行逢手裡，馬殷地下有靈，當會如何感慨。

周行逢為人嚴整，治政有方，馬家那幫少爺們哪個也不如周行逢。周行逢當政後，革除馬氏時代制定的「刮民制度」，拿一些地痞流氓開刀，貪官污吏一個別想在他手中混飯吃，選賢任能，湖南局勢刷新如初，士民大悅。當然，周行逢作為一路梟雄，生性多疑，動輒殺人。雖然有些人確實該殺，但他的正妻潘氏卻不這樣認為，潘氏非常像馬希範的老婆彭氏，「陋而剛決」。經常勸周行逢：「寬政得人，嚴政失人，相公不可濫殺。」周行逢不想讓女眷干政，十分不高興：「女人家頭髮長見識短，你知道個什麼？軍政上的事情你少過問。」

潘氏的脾氣大，一生氣就跑到鄉下去了，周行逢對髮妻感情深厚，派人去請。潘氏雖然回去了，但不住在帥府，自居一舍，帶著奴婢自耕自織，還經常跑到帥府中給周行逢交稅，周行逢哭笑不得：「夫人何苦！我缺這些東西嗎？」潘氏冷言：「國家財政多出賦稅，如果我們家首先違例，別人會怎麼看？」見周行逢一笑，又道：「妾之所以不願回，在於大君用法嚴刻好殺，萬一禍變，我可不想陪你死。」周行逢知道夫人是好意，行法略有寬鬆。

周行逢是湖南王，在五代十國那個亂世中，有時就必須下重手，將惰兵驕，官貪吏墨，對這樣的人是不能手軟的。對他們手下留情，就是絕了百姓的生路。不過罪及首謀就行了，不要大開殺戒，會「折陰壽」的。當然這些宿命觀點我們不能相信，但心中自有鬼神，做人做事要對得起自己的良心。

周行逢做了五六年的湖南王，在他治下，湖南形勢漸漸穩定下來。只是周行逢命數較短，宋建隆三年（西元九六二年）十月，周行逢得了重病，自知不免，召集長沙文武，把十一歲的幼子周保權託付給他們：「我死後，衡州刺史張文表為人兇狠，必然要反。你們都是我故交，請善保周家血脈，除掉張文表。實在不行就歸附朝廷，不能讓湖南落到張文表手中。」隨後周行逢病死，眾人擁立周保權。

張文表闖蕩江湖幾十年，自恃有平湖南大功，聽說周行逢死後讓十一歲的娃娃當湖南王，大怒：「周氏之興，我出力最多，周行逢死了，湖南也應該交給我。讓我去拜一個吃屎的娃娃？休想！」張文表假裝奔喪，路過長沙時，殺掉潭州留後廖簡，霸佔長沙。

周保權倒也懂事，派楊師璠去攻潭州，同時上奏汴梁，請趙匡胤出兵幫助剿賊。趙匡胤不僅繼承了先主柴榮的皇位，而且還繼承了柴榮的統一大業，因為河東有契丹做戰略後方，暫時還不能動，只能先南後北，先挑最弱的荊南下手，然後拿湖南。正好這時周保權求救，趙匡胤巴不得這樣的好事，派山南東道節度使慕容延釗為湖南道行營都部署，樞密副使李處耘為都監，起軍南下。

宋軍假裝借道，在江陵騙出了荊南節度使高繼沖，將荊南小政權給平了。之後進入湖南，但這時張文表已經被楊師璠給捉了，凌遲於朗州市中，生食其肉。因為之前張文表也向宋朝上表，趙匡胤派人去向周保權要人，朗州指揮使高超代答：「這個嘛，張文表謀亂已經被殺，張文表的肉挺好吃的。」宋使趙璲只好回去覆命。

慕容彥釗管你張文表怎麼死的，他們要的是湖南。慕容彥釗部直進岳州，李處耘部夜走朗州道，兩部風疾南來。朗州觀察判官李觀象苦勸周保權：「天下一統，事必成於趙宋，高氏坐守江陵五十年，終不免伏闕請死。少主人不如見機入朝，至少能保富貴終身。」周保權想降，但指揮使張從富卻不同意，非要和宋軍見個真章。

宋軍絕大部分的主力都是周世宗柴榮歷練出來的，戰鬥力之強，遠非湖南的雜牌軍可以相比。張從富帶著雜牌軍剛到澧州（今湖南澧縣），就碰上了宋軍李處耘部。果然是雜牌軍，還沒打呢，都跑光了。李處耘心狠手辣，想不戰威服朗州，將被擒的朗州軍校挑幾十個身體強壯的，殺了吃肉，其他的臉上刺字，趕回朗州。

朗州軍聽說宋軍吃人，嚇得毛髮倒豎，燒掠朗州，然後眾人鳥獸散。這時宋軍慕容彥釗部已經破了岳州（今湖南岳陽），攻到朗州，活捉了張文富，砍了腦袋。朗州大將汪端帶著周保權逃命，藏在寺廟裡。不久宋軍追上，汪端做人不地道，丟下周保權逃了，但不久就被宋軍給拎了回來，凌遲處死。

周保權被宋軍俘虜，送往汴梁。趙匡胤見周保權只是個小孩子，也不忍心把他如何，好言勸慰，賜京中閒宅供周家人居住，歲賜祿米。因為高繼沖和周保權是第一批降王，後邊還有孟昶、李煜、劉鋹、錢鏐等人沒過來，所以留下高周二人可以給後來老幾位起「帶頭示範作用」。

湖南馬氏政權滅亡十二年後，湖南周氏政權也滅亡了，湖南從馬殷唐乾寧三年（西元八九六年）割據開始算起，到今天已經差不多七十年了。唐朝末年的大動亂讓十世紀的中國變得支離破碎，前前後後大大小小的政權不計其數，雖然有些割據政權經濟發展有起色，但畢竟在分裂時期，只能橫向比，而不能縱向比，只有統一，才有穩定，只有穩定，才能發展。

湖南的故事結束了，歷史真的很讓人感慨，七十年風雨，人事滄桑，讓人不忍回首。

第七章

八閩風雲——福建八十年

一

在福建省福州市北郊的蓮花山下，有一座規模不算很大的墓，墓前兩側立著兩對石頭雕刻的文武官員，文官執笏，武將按劍。正中樹著一塊石碑，上寫「唐閩忠懿王墓」，這些石刻和石碑是明朝萬曆三十年（西元一六〇二年）由福建都運使司副使王亮給先祖建立的。王亮的這位祖先叫王審知，唐末五代人，王審知就是五代十國時期閩國（今福建省）的建立者，福建歷史上大名鼎鼎的「開閩王」。

中國經濟的重心有一個南移的趨勢，漢朝以前經濟重心在黃河流域，到了東晉南朝，長江流域的經濟發展起來，而到唐末五代宋朝則是中國經濟重心由北方遷移到南方的重要轉型時期。在這個時期內，原先經濟落後的廣東、浙江、湖南、福建開始「騰飛」。

而在中國南方諸省中，歷史發展軌跡最相似的，當屬廣東和福建。廣東和福建在唐宋以前都是著名的「蠻荒之地」，經濟落後。但到了唐末五代，廣東和福建都有一次建國的經歷。而且廣東和福建的實際開創者都是兩位，廣東有劉隱和劉岩，福建則有王潮和王審知。

王審知是光州固始（今河南固始）人，生於唐懿宗李漼咸通三年（西元八六二年），雖然祖上曾經做過一任固始縣令，但到王審知這輩，已經成了地道的農民。中國的開國帝王就出身來說一般有三大塊：大小貴族（包括少數民族政權和累世軍閥）、農民、小市民階層，其中以農民和小市民出身的最多。

五代十國時期的開國帝王中，除了李存勖算是個貴族出身，其他的全是農民或小市民階級。亂世出英雄，貧賤也出英雄，當然不是說出身貴族就幹不成大事，唐太宗李世民家世顯貴三百年，照樣能開創劃時代的大唐帝國。窮人不要哀歎自己的出身，英雄不問出處，窮不可怕，怕的是沒志氣，人窮絕不能志短，不信？請看陳勝！

王審知長大以後，也沒找到好的出路，只能在地裡刨食吃。王審知的大哥王潮倒是有點出息，在固始縣衙當差，勉強能混個溫飽。不過王潮和他兩個兄弟王審邽、王審知性情豪縱，常坐論天下事，鄉里知名。這時唐朝統治腐朽黑暗，山東一帶爆發了大規模的王仙芝、黃巢農民大起義，各地豪傑風起雲湧，紛紛起事。

唐僖宗中和元年（西元八八一年）八月，壽州（今安徽壽縣）的殺豬販子王緒也想做番大事，舉起殺豬刀仰天大呼：「殺豬僕才，寧有種乎！」和妹夫劉行全召集鄉里壯漢五百多人，攻入壽州，擁兵萬人，不久又攻下了固始。

王緒聽說固始有王氏三兄弟有本事，便把王潮兄弟給招了來，「與說大悅」，讓王潮做了糧草官，兩個弟弟跟著哥哥吃肉。王潮兄弟善待手下，得到大家的信任，軍中喚他們為「王氏三龍」。

王緒雖然得了光州，但實力遠不如隔壁的蔡州刺史秦宗權，王緒便投在了秦宗權的門下。秦宗權真是個了不起的人物，十國中有三個開國帝王出自他的門下（王建、馬殷和掛名的王審知）。秦宗權這幾年靠著亂世打劫發家致了富，是河南的頭一號財主，王緒對這位秦爺又恨又怕。秦宗權也把王緒當成家奴一般使喚。

光啟元年（西元八八五年）春，秦宗權因為和宣武軍節度使朱溫幹上了，軍中缺糧，便派人到光州讓王緒送錢糧過來。王緒就那點家當，還要留著自己吃喝，給了秦宗權自己怎麼辦？賴著不給。不過王緒知道秦宗權的脾氣，怕秦宗權拿自己當豬宰了，帶著願意跟自己的五千多弟兄押著光州百姓南逃，王潮兄弟也帶著老母親董氏隨軍南下。家鄉不是他們的安居樂土，還是外邊的世界好，即使永遠不再回來。

王緒讓妹夫劉行全打前路，這支流亡部隊渡過長江，在江西腹地搶東西吃，但沒有留在江西，而是過洪州（今江西南昌）、虔州（今江西贛州），越過武夷山進入福建境內。再過汀州（今福建長汀）、漳州（今福建漳浦），闖到了大海邊。從離開光州算起，他們到達千里之外的漳州只用了不到一個月的時間，這樣的行軍速度太讓人恐怖了。

海邊待不下去，折頭北上，但福建沿海山路難走，加上糧食不夠吃的，王緒下令老弱病殘一律拋棄，自生自滅。王潮兄弟事母至孝，哪裡捨得丟下老娘，扶著老母親沿山路行進。王緒看見了，大罵王潮：「軍法無情，你們犯我軍法，是目中無法！」王潮三兄弟不服：「天下人誰沒有母親？將軍是幹大事的，當以孝感人，怎麼能讓兒子拋棄母親？」

王緒見他們頂嘴，氣得拔劍要殺董氏，王潮三兄弟忙護住老母親：「老母生我，將軍用我，皆是大恩情重。今天將軍要殺老母，請先斬我兄弟三人！」軍中將士和王潮兄弟交情甚厚，也來求情，王緒這才作罷。

董氏經不起來回折騰，沒多久就病死了，王潮兄弟害怕王緒生氣，連哭都不敢，趁著黑夜把老娘埋在路邊，做個記號。王緒終究只是個亂世草頭王，心狠胸窄，會相術的說「軍中有王者氣」，勸王緒絕除後患。但王緒不知道到底是誰應了「天命」，乾脆把麻利能幹和身材魁梧的將士都給殺了。

將士們看到王緒如此荒唐殘忍，氣憤不過，王潮暗中嚇唬劉行全：「劉將軍長相奇異，有天人之資，肯定活不了！」劉行全還沒活夠，不想死，在南安（今福建南安東）強突帳中，拿下王緒，三軍大呼萬歲。

王潮要推立劉行全為帥，劉行全胸懷倒很寬：「我不行，王將軍神武明智，當為三軍主！」王潮假意不從，眾人讓來讓去，讓到了王審知。王審知吏不能要，即使有心，現在也不是時候。最後還是王潮當上了主帥，王審知做副帥，劉行全做先鋒。

現在王潮最需要做的就是要建立一塊自己的戰略根據地，絕不能實行流寇主義。王潮本想回到光州，在中原幹番轟轟烈烈的大事業，但當這支流亡軍隊行進至泉州時，聽說泉州刺史廖彥若貪鄙無能，就改變北上路線，開始圍攻泉州。泉州在當時的福建僅次於首鎮福州，在泉州立足也不錯。但這場攻堅戰非常困難，王潮軍打了足足一年，才在光啟二年（西元八八六年）的八月攻下泉州，殺掉廖彥若。

總算有了塊落腳地，但王潮佔據泉州名不正言不順，總脫不掉個「賊」名。王潮求福建觀察使陳岩幫忙給撈個名分，陳岩沒理由得罪王潮，上書請任王潮為泉州刺史。這時王潮才成了正果。王潮到底是個幹大事的人，主掛泉州軍政以來，安撫流散百姓，各居舊業，待將士如兄弟，軍民自是信服。原來的帶頭大哥王緒看到王潮兄弟得勢，羞愧難當，引劍自殺。

後來王審知在福建稱王，無論如何都要感謝大哥王潮的，不能學孫權，明明是孫策開拓江東三世大業，孫權卻薄待兄長，只封了個長沙王，太不講兄弟情分了。王潮在泉州總感覺地盤小了點，但福州的陳岩不好對付，只能虛與委蛇，打發過去。

陳岩對王潮的印象倒是不壞，雖然這幾年井水不犯河水，但相處得還可以。唐大順二年（西元八九一年）底，陳岩得病將死，派人去泉州速召王潮來接替自己打理福州。

可還沒等王潮高興勁過去，陳岩的女婿范暉在陳岩死後就把住福州自稱留後。范暉對岳父非常不滿：「肥水不流外人田，老東西怎麼倒想把福州送人？」得志之後，范暉以為天下太平，縱情聲色，弟兄們大為不滿，多數逃向泉州。

煮熟的鴨子倒讓范暉給吃了，王潮豈能善罷甘休！別說陳岩打算給我，就是不給我，福州早晚也要拿下。唐景福元年（西元八九二年）二月，王潮派堂弟王彥復和二弟王審知出兵取福州。王審知騎著白馬前行，風流瀟灑，三軍深為折服，齊呼「白馬將軍」。福州不是等閒郡縣，城高糧多，王審知一時沒攻下來，死傷較多。

范暉急派人去越州（今浙江寧波）找親戚董昌求救，董昌發浙東兵五千前來解圍。王審知心裡著急，想請大哥前來助威，王潮不來，派人告訴兄弟：「缺兵我發兵，缺將我增將，如果三軍盡死，我必然來為你們報仇！」王審知知道哥哥的脾氣，豪氣一上來，督軍再攻。

城上箭飛如雨，王審知不管不顧，冒死攻城，泉州軍幾陣狂攻，殺進福州。范暉嚇得開城狂逃至海邊，被泉州軍追上了斷，浮屍海上。越州軍看到來晚一步，沒必要和王審知翻臉，回去。

福州一下，王潮聲威大震，周邊的建州（今福建建甌）、汀州（今福建長汀）紛紛請降。唐景福二年（西元八九三年）六月，王潮入主福州，福建五州盡數為王潮所有，不久王潮就被唐昭宗任命為福建觀察使，王審知為副使。

福建雖然偏遠，但總算是自家地盤，固始縣中雖然有自己童年的記憶，但人是不能靠著記憶而活，人要為未來而活。何況老娘就死在福建，兄弟都在身邊，福建就是自己的家。

王潮的兩個弟弟王審邽和王審知都有能力，但王潮更偏愛三弟，而且王審知的軍事能力更強一些，在這個靠軍事吃飯的時代，軍事就是一切。王潮平時對王審知極為嚴厲，王審知犯有小過，王潮都要大棍子伺候。

當然王審知也知道哥哥這是對他好。王潮重病不起，雖然自己有四個兒子，但他們都不是亂世中幹大事的料，讓他們當，不幾年就會被人吃掉，也只能傳給兄弟王審知。唐乾寧四年（西元八九七年）十二月，王潮死，王審知繼任福建的總瓢把子，讓二哥王審邽守泉州。李曄的橡皮圖章一落，王審知成了剛成立的威武軍留後，直到光化元年（西元八九八年）的十月，節度度的任命詔書才下來。

名分這東西，你在乎它，它就重要，否則一文不值。當然表面上有名分更有利於謀取更大的利益。王審知此時已經是福建的實際統治者，全閩一境，唯王審知命是從，這就足夠了。

王審知知李曄不過是個簽名的，真正把事的是朱溫。楊行密、李克用這幾位和朱溫有仇，王審知和朱溫素無恩怨，沒來由得罪朱溫。王審知的敵人不是朱溫，而是楊行密和錢鏐，有了朱溫做靠山，王審知可以有較大的戰略迴旋餘地，犯不著圖虛名而受實禍。

不過有一點麻煩的是，因為王審知朱溫之間橫著一個楊行密，楊行密不喜歡別人巴結朱溫，王審知只能走海路，從福州行至山東半島，然後陸路進汴梁。不過海路風險太大，經常翻船，不少使者喪身海中。不過還算能和朱溫保持聯繫，王審知也能及時地根據中原變化而制定相關戰略。

二

唐天祐四年（西元九〇七年）四月，朱溫廢唐自立，王審知得到消息後，立刻遣使去汴梁拜賀。朱溫和王審知都是誠實守信的生意人，在商場上混，就要講一個信字。王審知給他朱溫多少，朱溫就得還給王審知多少。梁開平三年（西元九〇九年）四月，朱溫下詔，正式封王審知為閩王。王審知多年的媳婦熬成婆，做了大王。

相對於楊行密百戰取淮南，王審知取得福建的統治權略容易一些，但這並不能說明王審知能力差，畢竟福建較為僻遠，不似淮南事關南北要害，牛人太多，僅孫儒就差點嗑死楊行密。福建雖然也受到唐末戰亂的波及，但受波及程度不大，王審知利用相對平靜的外部環境，開始著重內政建設，發展經濟，招攬人才。

王審知知道江山來得不易，不敢放鬆懈怠。王審知在生活上沒什麼過高的要求，只是夠家人吃喝就可以了，縱欲聲色不是王審知該做的事情。王審知是福建出了名的「鐵公雞」，別說其他人想從他身上拔毛難於上青天，就是別人勸王審知給自己提高點待遇都很難做到。

王審知穿衣服知道愛惜，有次褲子破了個大洞，換成中戶人家也會想到再做條新的。王審知卻毫無慚色地用酒庫麻布撕下一塊補上，別人覺得太寒磣，堂堂閩王豈能穿不起新褲子？王審知卻自以為樂。有人送給王審知一個玻璃瓶子，在唐宋時玻璃是絕對的稀罕物，價值不菲。王審知當場就把瓶子摔到地上：「治國安民，用此物何用？只能敗壞勤儉之風。」

我們不能說王審知故作清廉，多做兩條好褲子，玩玩玻璃瓶子，只要百姓能吃上飯，也不會罵他。王審知這麼做主要是想給下屬做一個勤儉的榜樣，「上行於奢，下必從之」的道理王審知是知道的，如果身邊人都講奢侈，那麼這些人只會把手伸向老百姓。好處他們撈著，罵名卻讓王審知背著，這樣的買賣一般人不會做。

在梁貞明二年（西元九一六年）底，王審知又下令造鐵錢和鉛錢，和銅錢並行境內。王審知造鉛鐵錢的動機和湖南的馬殷差不多，都是為了保護境內的經濟發展，減少銅錢外流，同時也能帶動福建經濟的發展。福建和吳越嶺南一樣，都不遺餘力的發展海外貿易，「洋人」的錢不賺白不賺，阿拉伯以及波斯的商船穿梭於福建沿海。

福建最重要的對外通商口岸是泉州，現在對海上絲綢之路的起點是廣州還是泉州有爭議，但泉州的海外貿易在五代十國時期非常發達，是和廣州齊名的南國兩大貿易口岸。王審知看到大把的錢落入自己的口袋，當然非常高興。人富裕了，就要學點文化，暴發戶心態不足取。

歷代成大事的人，身邊沒有幾個智囊是絕對不行的，不能學項羽，放著范增、陳平而不用，最終慘死亡國。王審知周邊幾個鄰居都有一個強大的智力集團，給統治者提供決策服務。王審知也不能落後，中原崩亂，那些世家子弟紛紛南逃，幾個南方政權都收留不少這樣的人才，甚至江陵的高季昌還得到一個進士梁震。

王審知收留的大牌也不少，唐昭宗時宰相王溥的兒子王倓、楊沂、徐寅、韓偓、歸傳懿、楊贊圖、鄭戩等人。其中以韓偓名頭最響，韓偓是晚唐五代著名的詩人，「謀身拙為安蛇足，報國危曾捋虎鬚」就是韓偓的名句。這些人都是飽學之士，王審知用之不疑。人才的浪費是世界上最大的浪費，治政治軍治天下，說白了就是一個治人，會用人者得天下。

劉岩剛從馬殷那弄到了個老婆，這下王審知又要弄走他一個女兒（非馬氏生），劉岩在想：「這老王，算盤打的挺精明，嘿嘿。」不過閩漢盟親，大家各得其利。便在梁貞明三年（西元九一七年）底，把女兒嫁到福州。王審知和劉岩成了親家翁，但王審知的年齡卻足足大了劉岩二十六歲。

在福建的三個鄰居中，要數吳國實力最強，對東邊的吳越和福建手腳不太乾淨。梁貞明四年（西元九一八年）七月，吳國大舉發兵，消滅盤踞在虔州（今江西贛州）的譚全播，企圖霸佔整個江西。譚全播知道善者不來，連向吳越錢鏐、湖南馬殷、嶺南劉岩和王審知求救，這四家都知道吳國強大就是他們的災難，都出兵來救譚全播。

王審知也派兵至雩都（今江西于都），準備俟機救虔州。但此時吳軍實力強勁，在古亭（今江西崇義境內）大敗楚軍張可求部，藉著大勝，吳軍再來攻吳越軍與閩軍。王審知看形勢知道譚全播是守不住了，覺得福建實力尚不足和吳國決戰，不如退兵自保，這也是沒有辦法的辦法。王審知下令撤軍。

不久，吳軍攻下虔州，譚全播想逃奔王審知，半路被吳軍請到揚州作客去了，江西南部盡入吳國。王審知受威脅最大，下令嚴防死守。好在福建和吳國的邊境橫著一條險峻的武夷山脈，徐溫拿下虔州也需要一個消化的時候，也不方便對南方諸國動手，所以南方形勢還算平靜。

外頭的事弄完了，王審知開始處理家事，王審知的嫡長子是王延翰，自然成了理所當然的繼承人，但王審知的侄子（王審邽子）、泉州刺史王延彬對此不能不有點想法。王延彬有本事不假，坐鎮泉州十七年，把泉州治理得不錯。

但王延彬總覺得自己名頭不響，想弄個節度使當當，加上「神僧」浩源說什麼泉州有王氣，王延彬更加自負，派人走海路去汴梁，求封為泉州節度使。但王審知耳朵長，消息走漏，王審知極不高興：「泉州是福建重鎮，刺史就是節度使，還走海路？不怕掉到海裡餵魚？」下令殺掉浩源，罷免王延彬，踢到府裡軟禁起來。

梁龍德三年（西元九二三年）十月，後唐軍攻下汴梁，朱友貞身死殉國。王審知和馬殷、錢鏐這幫老油條立刻轉向李存勖稱臣，他們也知道自己和後唐不搭界，弄個國王當當就行，反正李存勖一時半會也打不過來。李存勖照朱梁的規矩，統統封王，該幹嘛幹嘛去。

王審知老老實實的做閩王，任他中原地覆天翻，誰當中原皇帝就給誰磕頭。侍臣不解，問王審知：「福建距中原山海之遠，即使大王做皇帝，有誰又能把大王怎麼著？」王審知大笑：「劉岩據彈丸之地都可以當皇帝，我為什麼不能？只是當這樣的皇帝沒有什麼意思，我寧當大國節度使，也不想當小國天子。反正福建已盡入吾轂中。」

和親家王審知比起來，劉岩的度量就差多了，皇帝也分三六九等，天朝皇帝當起來才過癮，弄個一畝三分地當皇帝，也就是過過癮罷了，沒什麼實際意義。名分永遠是給別人看的。

而且王審知也六十多歲的人了，時日不多，何苦為了虛假的名分再惹出事來？至於兒孫輩如何，王審知是管不到了。後唐同光三年（西元九二四年）十二月，割據福建近三十年的閩王王審知病死於福州，年六十四歲。

王審知作為福建歷史上第一位閩王，對福建的影響極為深遠。在割據福建三十年間，發展經濟、勤儉節約，在王審知主政期間，福建基本上沒有發生重大戰事。和錢鏐的吳越一樣，是五代十國時難得的「世外桃源」，史稱「輕傜薄斂，與民休息。三十年間，一境晏然。」。

五代十國時期真是一個讓人心動的時代，十國對歷史的貢獻猶為特殊，現在南方幾個發達省份都在十國時建立了自己的獨立政權，對中國南方地區經濟發展所起到了巨大推動作用，馬殷開發了湖南，錢鏐開發了浙江，劉岩開發了廣東，王審知開發了福建。現在這些地區的人們，也沒有忘記他們（劉岩嘛，呵呵），王審知雖然不是福建人，但福建人民永遠都不會忘記王審知的，人是世界上最有感情的動物，誰對他們好，會刻骨銘心記上一輩子。

王審知死後，王延翰襲位，王延翰先稱威武軍留後，然後遣使經海路北上中原乞求任命。同光四年（西元九二五年）三月，李存勖的任命書下來，王延翰高高興興的做起了威武軍節度使。不久，唐莊宗李存勖在洛陽兵變中被殺，李嗣源稱帝。消息傳到福州，王延翰低頭想了想：「我是堂堂閩王，做個節度使豈不是太掉價了？週邊那幫糟老頭子都當上了國王，劉岩這狗才還做了皇帝，我嘛，也弄個王當當。」

王延翰拿出《史記．閩越王無諸傳》，搖頭晃腦讀了幾句：「閩越王無諸者，其先越王勾踐之後也。」然後把書丟到案上，對文武說道：「無諸是勾踐之後，猶能稱王，我是先大王之後，為什麼不可以？你們說，可不可以？」眾人點頭哈腰：「可以，可以。」

後唐天成元年（西元九二六年）十月，王延翰在福建自稱大閩國國王，「立宮殿，置百官，威儀文物皆仿天子之制。」雖然還奉後唐正朔，反正李嗣源也拿他沒辦法，用你的年號已經滿給你面子了。

田舍翁多收十斛麥，尚且欲易其婦，何況王延翰這個大閩國王，王延翰又是福建著名的美男子，「美皙如玉」，自然不肯裝純潔，便弄來幾個美女嘗嘗鮮。可惜老婆崔氏是個大醋獅，崔氏出身顯貴，博陵崔氏是唐朝著名的望族。

這位崔夫人貌醜心狠，甚至福州市面上傳言老王爺王審知就是她下毒害死的，王延翰一見到這個婆娘就打怵。崔氏痛恨丈夫花心，經常用鐵鞭子木爪了殘害那些無辜的美女，死在崔氏手下的女人不下八十個。

也許是遭了天忌，崔氏有次正在院中打人，突然晴空萬里之中亮出一道閃電，當場劈死崔氏。王延翰大喜：「該死久矣！」瘋狂玩樂起來。二弟泉州刺史王延鈞見大哥荒淫無度，寫信勸大哥注意點形象，好歹是一國主子。王延翰大怒，回罵王延鈞，王延鈞恨透了王延翰。

王延翰吃著碗裡瞅著鍋裡，又讓建州刺史王延稟（王審知的養子）：「去，給我多弄些美女過來。」王延稟不吃他這一套，回信把王延翰罵了個狗血淋頭。王延翰見兩個弟弟如此不聽話，起了殺心。哪知道王延鈞和王延稟早就勾搭成奸了，搶先下手。後唐天成元年（西元九二六年）十二月，王延鈞出兵泉州，王延稟出兵建州，直攻福州。

三

王延稟乘大艦走建陽溪（今閩江）先到福州，在城下殺敗了福州指揮使陳陶，強攻入城，將驚嚇過度的王延翰從床下掏了出來。王延稟大罵：「弒父逆賊，崔氏早死不見殺爾，今天我要為先王討個公道！」下令斬王延翰於紫宸門。

不久，王延鈞也到了，這時王延稟以自己先王養子的身分，不便出頭，奉王延鈞為威武軍節度留後。王延稟回建州前，王延鈞在城外大擺宴席送客。王延稟喝上頭了，拍著王延鈞的肩頭說：「兄弟千萬不要學王延翰，不然兄弟我還要再來福州的。」言下之意，王延鈞當然知道，暗中記下了王延稟的仇。

王延稟說話不講場合，這樣的話換成誰都會遭疑忌的，王延鈞在王延稟回去之後，越想越不痛快：「今日王延稟能殺王延翰，明天保不齊就要殺我。」天成三年（西元九二八年）的七月，唐明宗李嗣源封王延鈞為閩王，王延鈞現在需要鞏固自己的地位，暫時不便對王延稟下手。

王延稟回到建州後，越想越後悔：「明明是我先拿下的福州，卻讓給了王延鈞，傻不傻？養子又如何？李嗣源是李克用的養子，他當皇帝也沒見天下人反他。」下定決心，後唐長興二年（西元九三一年）四月，王延稟留次子王繼升守建州，自己和建州刺史長子王繼雄率建州水軍順建陽溪東下福州。隨後王延稟攻西門，讓王繼雄攻東門。

王延鈞氣得鼻子都歪了，半天沒扶正：「我還沒動手，他倒先來了！」王延鈞讓侄子王仁達率水軍出戰王繼雄。王仁達有點鬼主意，詐降王繼雄。王繼雄也不動動腦子想想真假，便獨自上了王仁達的船上，要找兄弟喝小酒。王仁達大喜，立斬王繼雄，然後來到西門外，把王繼雄的人頭扔到王延稟腳前。

王延稟正準備放火燒城，看到大兒子的人頭，驚哭不已。福州軍趁亂出城攻擊，大敗建州軍，王延稟邊哭邊逃，但沒跑多遠就被追兵給拿了，送給王延鈞。

王延鈞笑言：「真沒想到啊，獨眼哥哥真的再來福州了，歡迎歡迎，熱烈歡迎！」王延稟羞愧難當。建州的王繼升聽說老爹吃拿了，跑到杭州避難去了。一個月後，王延鈞下令殺掉王延稟，取消他的王氏宗籍，復名周彥琛。改由親兄弟王延政主政建州。

翻開一部中國史，我們會發現，越是亂世，狂人就越多。這些人不是純粹意義的精神病患者，他們都有治國治人之才，但為人兇殘狂暴，比如魏晉的司馬昭，再比如南北朝的高洋。五代十國這樣的人也非常多，尤其是十國，南漢的劉龑、劉晟父子，湖南的馬希範，再加上這位閩王王延鈞。亂世社會動盪，生命的價值被抹殺，也必然會造成某些人人格上的扭曲，甚至變態。

王延鈞在這點上像極了他的岳父南漢皇帝劉龑，劉龑是個標準的自大狂，荒唐事做了不少。王延鈞的「英雄事蹟」比起老岳父來，更加荒謬可笑。長興三年（西元九三二年）三月，吳越王錢鏐病逝。七月楚王馬殷病逝，因為錢鏐和馬殷都有個尚書令的頭銜，王延鈞想要，上書李嗣源：「馬殷和錢鏐都是尚書令，但他們現在見閻王去了。請陛下賞我一個玩玩吧。」自從唐太宗李世民做過尚書令之後，有唐一代，便沒有尚書令的專職，到了五代，也只是給那些「德高望重」的老軍閥戴戴，王延鈞半大的孩子，要什麼尚書令？被李嗣源給拒絕了。

王延鈞大怒，下令停止對後唐的進貢，學習老岳父劉龑，把寶貝留下來自個玩。王延鈞還是個虔誠的「道教徒」，聽說王延鈞「信奉」道教，一幫專靠旁門左道糊弄人的道士巫婆神漢紛紛跳了出來。王延鈞大喜，讓道士陳守元、神漢徐彥等人建造一座富麗堂皇的寶皇宮，然後竄到宮裡煉丹。

陳守元見王延鈞好騙，胡說：「寶皇有旨，命大王暫時讓位，安心修道，可以做六十年太平天子。」王延鈞已經走火入魔，對陳守元言聽計從，讓長子王繼鵬暫時打理福建軍政，王延鈞做了道士，道名玄錫。

沒過幾天，「玄錫道長」就把兒子踢到一邊，仍做大閩王。王延鈞問陳守元：「你說我能六十年太平天子，六十年後怎麼著？」陳守元拿王延鈞當傻子耍：「寶皇再有旨，說大王六十年後可得道成仙，為大羅仙人。」王延鈞大喜：「當什麼狗屁閩王，我要做大閩皇帝！」

後唐長興四年（西元九三三年）正月，王延鈞在寶皇宮自稱大閩皇帝，改元龍啟，更名王鏻，同時還將福州改稱為長樂府。尊父王審知為太祖皇帝，封長子王繼鵬為福王兼寶皇宮使。哪知道王鏻屁股還沒在寶座上捂熱，就突然發了病，昏倒在地，半天才醒過來（估計可能是王鏻激動過度）。

五代十國的開國帝王多喜歡改名，寫起來非常麻煩，唐宋時皇帝改名風最盛。比如唐肅宗李亨，曾用過嗣升、浚、璵、紹四個名字。當然在現代人看來，名字只是個符號，但古人卻認為名字有關運道，起個好名字圖個吉利。

王鏻胡鬧到二月，福建發生強烈地震，王鏻以為寶皇生了氣，嚇得又跑到寶皇宮中做起了「玄錫道長」，讓王繼鵬監國，自己樂個清閒。當然王鏻避位不是為了修道，而是為了享福，以前閩太祖王審知為了節約，宮府比較簡陋。王鏻覺得老頭子太不會過日子了，放著大把的錢不用，長徽了算你的責任？

揮霍了一段時間，王鏻手頭的錢不多了，得想想辦法。王鏻想到了「生性巧佞」卻很有經濟頭腦的中軍使薛文傑，便讓薛文傑做了國計使，專門給他刮地皮。

薛文傑也確實沒有辜負「玄錫道長」的厚託，新官上任之後開始放火，第一把火就燒到了福建富戶身上。薛文傑派人打聽誰家最有錢，然後給富戶羅織個罪名，家財沒收充「私」，有不願意合作的，火刑伺候。百姓賺點錢都不容易，薛文傑陰毒狠辣，王鏻貪得無厭，福建人無不咒罵，民怨沸騰。民心對有些權貴來說可有可無，他們需要的是人世間頂級的奢侈享受，而不是在他們看來一文不值的狗屁民意。

薛文傑的狗眼又盯上了建州土霸吳光，想趁著吳光來福州朝覲的機會，送給吳光一頂「謀反」的大帽子，撈一把肥油。吳光豈是好惹的人，帶著手下弟兄逃到吳國，俟機報復。

王鏻不管這些閒事，天天坐在錢堆中數錢，人是金錢的奴隸，但君子愛財取之有道，王鏻搶來的是金錢，丟掉的卻是民心。雖然他沒感覺到什麼，但當人民對統治者失望時，就像火山一樣在積蓄力量，終有徹底爆發的那一天。

薛文傑對王鏻做出了「傑出貢獻」，王鏻也對他寵信異常。薛文傑得勢之後，開始大肆報復和自己有過節的仇家。內樞密使吳英正在家養病，薛文傑裝好人，對吳英說：「主上要罷免吳公。」吳英不知薛文傑的壞腸子，問他如何應付。薛文傑笑道：「你就說頭疼小病，過幾天就好。」吳英是個傻帽，居然相信薛文傑的鬼話。

薛文傑買通一個巫師，這個鳥人便在王鏻面前栽贓：「先王嘗在北廟中擊吳英的頭，疼痛萬狀。」王鏻派人去問，吳英果然正患頭疼病。王鏻大怒，立捕吳英下獄，讓薛文傑審訊。那還有好？夾棍鞭子，吳英吃打不過，只好認罪，王鏻下令處死吳英。閩軍多是吳英帶出來的，吳英一死，閩軍大怒，揚言要殺掉薛文傑報仇。

閩龍啟元年（西元九三三年）十二月，數月前逃到吳國避難的建州土霸吳光唆動吳國信州（今江西上饒）刺史蔣延徽出兵攻建州，王鏻派驃騎大將軍王延宗去救建州，同時向吳越求援。

國難當頭之時，王鏻居然還有閒心「處理家事」，殺掉了對王鏻立下大功的禁軍都指揮使王仁達。王仁達自恃有殺王延稟之功，在王鏻面前沒大沒小，說話不講分寸。王鏻連沒罪的吳英都敢殺，何況你這個找屎的糞耙子？王鏻收王仁達一族，扣上謀反罪名，族誅市中。

而王延宗帶著大軍沒走多遠，軍中就出現譁動，吳光帶出來的將士聚眾大呼：「薛文傑不死，我等死不前進一步！」王延宗沒敢惹這幫已經出離憤怒的軍爺，急使告變王鏻。王鏻哪裡捨得這個財神爺？王繼鵬可不管什麼薛文傑，把軍隊惹毛了，以後他別想安生繼位。勸王鏻：「薛文傑和江山孰輕重？父親自思之。不然前線倒戈，麻煩就大了。福建這麼大，還愁沒第二個薛文傑？」

王鏻想想也對：「薛文傑不過是我的一條狗罷了。」讓王繼鵬捕拿了薛文傑，押上囚車送到前線。還沒出福州城，得到消息的老百姓紛紛在路邊用瓦片砸薛文傑。送到軍中後，將士們大喜，碎剮了薛文傑。然後閩軍出發，去救建州。

而已經攻至建州城下的蔣延徽眼見得就要破城時，卻被吳國實際統治者徐知誥強行調了回來。因為蔣延徽是楊行密的女婿，徐知誥擔心蔣延徽得到建州後，會反過來找自己的麻煩。

蔣延徽實在不想放棄這塊肥肉，但此時王延宗的救兵和吳越國的援兵都趕到了建州，無奈之下只好收手。王延宗非常的好客，送了蔣延徽一程，吳軍死傷慘重。徐知誥正準備篡位，現在還沒功夫搭理王鏻，遣使通聘福州。王鏻知道徐知誥的厲害，他能來求和自然是巴不得的好事，王鏻精力有限，他還要尋歡作樂，週邊無事最好。

外患內憂解除後，王鏻開始縱淫。王鏻的正妻金氏不比王延翰家的那頭醋獅，為人賢慧，但卻極不合王鏻的口味。王鏻需要的是浪蕩女人，金氏雖好，終不能讓王鏻神魂蕩漾。

王鏻東瞅瞅西看看，發現父親王審知的侍女陳金鳳極合自己的脾味，便跟餓狼一樣，撲倒了陳金鳳。陳金鳳也不是個賢德女子，跟著王鏻就能享盡榮華富貴，何樂不為？不要指望世上所有的女子都賢慧，就如同不要指望世上所有的男人都正直一樣。兩人天天鬼混在一起，不久就封為皇后。

四

由於王鏻沒有控制好「工作」的節奏，時間一長，王鏻累倒了，只能暫停「工作」。因見王鏻無用，水性楊花的陳金鳳移情別戀，泡上了王鏻的孌童歸守明。歸守明也常抱怨王鏻不能再「用」他了，既然陳金鳳送上門來，自然願意苟合。

歸守明很夠哥兒們義氣，他居然把朋友百工院使李可殷介紹給了陳金鳳，李可殷長得也帥氣，陳金鳳大為可口。三人在宮中上演一齣齷齪的三角戀愛劇，福州城中都傳遍了，王鏻對宮闈醜聞並不太知情。

太子王繼鵬見老爸廢了，便開始打起了王鏻侍女李春燕的主意，王繼鵬想：反正你現在是半個殘廢，留著也用不著，不如我替你效勞吧。買通陳金鳳，請她做了回撮合。看樣子王鏻撐不了多久，自己的下半生富貴還要指望著王繼鵬呢，陳金鳳當然願意。王鏻本不想給：「我的女人憑什麼給你這個畜牲？」但架不住陳金鳳的苦勸，只好忍痛割愛。

王鏻次子王繼韜早就看上了李春燕，結果卻讓卻讓哥哥占了先，醋意大發，準備做掉王繼鵬。

當然王繼韜要殺王繼鵬絕不是因為一個女人，而是讓人眼熱的大閩國皇帝位子。

陳金鳳作為皇后，等閒人都要看她的臉色，陳金鳳的姘頭李可殷和親戚陳匡勝狗仗人勢，經常對王繼鵬和福州皇城使李倣雞蛋裡挑骨頭。王繼鵬實在無法忍受低人一等的日子，決定聯合李倣，先幹掉李可殷，再做一票大買賣。

閩永和元年（西元九三五年）十月，江湖上幾個強人竄到李可殷家中，當場擊殺李可殷，福州城為之譁然。陳金鳳見情人死了，跑到王鏻那哭訴，王鏻雖然重病在身，但還算清醒，大怒，立刻叫來李倣：「李可殷是怎麼死的？」李倣無言以對，被王鏻罵了出來。李倣按事前計畫，帶著一票強卒殺回宮來，要取王鏻的狗頭。

王鏻見來了叛軍，嚇得狂叫奔逃至寢宮九龍帳下。亂兵衝進來，亂刀朝榻下狂刺，一哄而出。王鏻身中數刀卻還沒有斷氣，躺在地上哀號。方才躲避亂兵的宮女看他可憐，上前將王鏻勒死，福建歷史上第一位皇帝王鏻就這樣離開了人世。

而陳金鳳、歸守明、陳匡勝以及王繼韜等人一個都沒漏網，全都做了刀下之鬼。王繼鵬繼位，改元通文，尊王鏻為太宗惠皇帝，改名王昶。王繼鵬弒父奪位在五代並非特例，二十多年前，朱友珪也幹掉老爹朱溫，再往前推進五百年，南朝宋太子劉劭也手刃生父宋文帝劉義隆。不過劉劭和朱友珪命不好，只當了幾天皇帝就被兄弟幹掉了，成了「元兇」。相比之下，王繼鵬好歹還做了幾年福建王，雖然最後依然不免被殺。

王繼鵬和李倣雖然勾勾搭搭成了奸，但終歸是露水夫妻，同床異夢。王繼鵬雖然任李倣判六軍諸衛，總領禁軍，但心中總不太放心，李倣能殺王鏻，難說不敢殺他。雖然李倣對他有「恩」，但權力場上講什麼情分？父子兄弟都可以骨肉相殘，誰還在乎你這個外人？李倣也甚不自律，得志後飛揚跋扈，招納亡命，陰懷不測。這也由不得他多留一手，萬一王昶翻了臉，拿王鏻之死說事，李倣滿門就得族滅。

不過李倣還是比王昶慢了半拍，通文元年（西元九三五年）十一月，李倣如平常時入朝議事，剛上得殿，便被埋伏在禁中的宸衛都（王昶親軍）指揮使林延皓率軍活捉，立斬當庭，懸其頭於朝門外。李倣黨羽聞變攻城，被禁軍打退，狗腿子帶著奪下來的李倣人頭遠走吳越國。

王昶本就不是個好孩子，即位之後，絲毫不落地學起老爹來。王鏻做「玄錫道長」時的「國師」陳守元繼續跟著王昶吃肉喝湯，甚至軍國大事也無不先諮詢陳守元（比南梁山中宰相陶弘景差遠了）。

陳守元祖上積德，做了「宰相」，自然要利用機會發家致富了。發財的辦法非常簡單：收受賄賂。閩人知道陳守元的面子價值連城，紛紛找他辦事，陳守元因此發了大財。

王昶沒看上老爹建造的寶皇宮，下令建造紫微宮，用水晶做裝飾，極盡奢侈豪華，同時又在螺峰修建了一座白龍寺。官庫的錢都是有數的，王昶自然越花越少，等到勒緊褲腰帶的時候，王昶才有些著急。

王昶問吏部侍郎蔡守蒙：「聽說朝中有些官員收受賄賂，有沒有這事？」蔡守蒙為人尚算正直，回道：「有自有，無自無，陛下不要輕信傳言。」王昶把蔡守蒙叫到跟前小聲說道：「別跟朕打馬虎眼，天下哪有不吃腥的貓？這樣吧，朕授權給你，專門察官員收賄一事，發現一個抓一個，家產充公。」蔡守蒙不願做這得罪人的事，王昶怒起，蔡守蒙害怕了，只好照辦。王昶果然又發了一筆橫財。

得隴復望蜀，人之常態，人的貪欲永遠沒有滿足的時候。王昶嫌不過癮，下詔加重賦稅，甚至老百姓養的雞鴨，種的果蔬，都要課以重稅，百姓叫苦不迭。怎麼王家父子都這個德性？這樣下去，誰能受得了？

王昶管你百姓死活？照舊花天酒地，不過福建地皮刮得差不多了，王昶賊眼盯上了石敬瑭。閩通文三年（西元九三七年）十月，王昶上表石敬瑭，請求皇帝冊封，算是拜在了石大爺門下。石大爺見有人這麼捧他，自然高興，誇獎王昶是個懂事的好孩子。石敬瑭遣散騎常侍盧損赴閩冊封王昶為閩國王。王昶一聽就不高興：「這裡只有大閩皇帝，沒有閩國王！」王昶聲稱有病不見，盧損只好回去。

隨後王昶又作書晉朝執政，要求晉朝和閩朝互以敵國禮相待。別看石敬瑭不敢在比他小十一歲的乾爹耶律德光面前耍橫，但在王昶這個「夷貊之君」面前還是有很強的優越感，畢竟他是中原大國皇帝。石敬瑭氣得下詔將王昶的醜事公昭天下，把閩使帶來的貢品全都扔出去。

王昶繼續在福建耍寶，鬧了一段時間後，突然雄心大起，想平定江南。為了「證明」自己的本事，王昶在殿中設立一個超大號的箭靶子，自己站在箭靶子不遠的地方，舉弓對群臣說：「如果此箭能中靶，就說明朕當平定江南，活捉徐知誥。」王昶果然厲害，一箭中的。（閉眼也能射中。）王昶仰天狂笑，手下那幫馬屁精假裝陶醉狀：「皇帝一箭定天下！」

王昶還真把自己當個人物，發兵北上至邊境，揚言要滅唐。李昪多大年紀？吃的鹽比王昶吃的米都多，誰怕你？江南文武希望出兵教訓這個渾小子，李昪大笑：「沒想到王繼鵬居然還有這樣大的雄心壯志。」閩兵在邊境上轉了幾圈就回去了。江南軍的戰鬥力冠絕南方諸國，江南沒發兵攻福建就算王昶大幸了。

其實王昶也知道李昪的實力，自己才幾州幾縣？拿什麼跟人家比？王昶也只是玩玩罷了。王昶一時手癢，想殺人，他的幾個叔父成了倒楣鬼，閩通文五年（西元九三九年）四月，王昶讓神漢林興出面做偽證，說戶部尚書王延望、前建州刺史王延武有反狀，捕殺二人。

王昶經常向人哭窮，但實際上王昶有錢，只不過王昶覺得窮而已。王昶讓陳守元在宮中造三清殿，花錢億萬，僅造三清像就用了好幾千斤黃金。王昶天天蹲在宮中燒爐煉丹，弄得宮裡一片烏煙瘴氣。

沒多久，王昶煉丹就練傻了，成天疑神疑鬼，又盯上了二十八叔王延羲。王延羲生性硬挺，屢為王昶所忌，宰相王倓也經常當場斥責王延羲，王延羲無權無勢，只得忍氣吞聲做牛馬。新羅國送給到王昶一把寶劍，王昶橫劍問王倓：「劍是用來做什麼的？」王倓掃了一眼王延羲：「專斬不忠不孝不仁不義之徒！」王延羲知道王倓話中有話，嚇得臉色慘白。

不過王延羲手中無兵，倒不是王昶最擔心的。以前太宗王鏻即位時，曾經成立過兩支貼身禁軍，一支拱宸都，一支控鶴都，待遇極高。王昶嗣立後，覺得二都不好控制，便成立了一支兩千多人的宸衛都，做自己的親身侍衛。待遇要高於拱宸、控鶴二都，二都官兵大為不滿：「宸衛都哪點比我們強？憑什麼他們吃肉我們喝湯?!」

雖然拱宸、控鶴二都是太宗的親信，但有些人為了錢連人格都可以出賣。只要王昶提高二都待遇，或者王昶把拱宸、控鶴二都拆散，然後挑選大部精銳再成立一都，待遇和宸衛都相同，他們肯定不會有所抱怨。

王昶準備把「將作亂」的二都發配到泉州和漳州。二都士兵家小都在福州，都不願意離開。王昶經常縱酒痛罵二都指揮使朱文進、連重遇，二人也都是從太祖王審知手下熬出來的老資格，哪受得到你這個半大孩子的羞辱，密謀作亂。

通文五年（西元九三九年）七月，宮中起火，損失比較大，王昶就派連重遇帶兵去打掃整理。反正王昶也沒拿二都當人看，當奴隸一樣使喚，連呼帶罵。二都大怒：「媽的！還讓不讓老子活了？」

連重遇聽說王昶居然懷疑他縱火，並拿他下酒。恨得牙根直癢癢，當晚正是連重遇入宮值警，連重遇帶著拱宸、控鶴二都士兵縱火長春宮，闖進內殿，迎立王延羲，三呼萬歲。然後眾人攻內殿，要做掉王昶。

宸衛都力敵不過，王昶帶著李春燕及幾個少爺開門北逃，跑到半路，宸衛都千餘壯漢多半逃散，在梧桐嶺被堂兄弟王繼業率兵追上。王昶雖然射死幾個福州兵，但終窮寡不敵眾，被圍當場。

王昶心一涼：「完了！」把弓丟到王繼業腳下，大呼：「以臣弒君，大逆不道，你的良心讓狗吃了?!」王繼業呸了一句：「忠臣不事昏君，故有此事，要怪只能你自己貪暴無能。而且二十八叔即位，我是皇侄，在你手下我不過是個堂兄弟，跟你我還覺得委屈呢。」王昶長歎一聲：「予我一樽酒飲盡，生殺由你吧。」王繼業讓王昶死前喝一個痛快，然後由福州兵下手勒死，李春燕等人都陪王昶到地下享福去。

而王鏻父子的「國師」陳守元想跑沒跑了，被當兵的發現了，送陳國師上了路，瓜分了金銀。

被王昶強逼賣官的蔡守蒙也不幸遇難，死於連重遇之手。

五

王延羲不費吹灰之力就得到了福建，真是好運氣。王延羲廢除帝號，而改稱閩國王，向晉朝稱臣，不過國中還是帝國建制，改通文五年（西元九三九年）為永隆元年。王延羲發了回善心，追諡王昶為康宗弘孝皇帝。

有時真想不通，像王審知這樣為人尚不失忠厚的長者，怎麼會生出這幫禽獸子孫？而且一個不如一個，王延羲也不是個好東西。上臺之後，王延羲立刻要報復王倓，可王倓好運氣，已經死了。王延羲命人刨開王倓的墳，把屍體扒出來，王延羲見著屍體大怒：「狗彘！今尚能辱我不！」一挺劍狂刺王倓屍，方才洩憤。

吳國伍子胥鞭楚平王屍，為父兄報仇，傳為歷史佳話，因為楚平王負伍家在前，當有此報。但王倓與王延羲並沒有什麼大仇大恨，只不過仗著王昶之勢羞辱一下王延羲，王延羲都這麼記仇，對其他人可想而知。韓信受辱淮陰市少胯下，及富貴還鄉，召市少為都尉：「此壯士也！」胸懷何其人，反觀王延羲心胸狹窄，錙銖必較，較之韓信遠矣。

亂世昏君多有個「傳統」，喜歡手足相殘，這在南北朝五代時期最為普遍，具體一些，是南朝宋齊梁和十國的南漢、閩國。這些朝代內部殘殺極其慘烈，父子相攻，兄弟相害，輕則毀家，重則滅族，為了至高無上的權力，不知上演了多少人間悲劇。

看到王延羲醜行百出，建州刺史王延政常寫信勸哥哥要以王氏基業為重，不要胡鬧。王延羲哪把弟弟放在眼裡，回信大罵：「欠揍是不是？」派心腹業翹去建州做監軍，監視王延政的一舉一動，同時派杜漢崇監南鎮軍，嚴防王延政。

業翹是王延羲的狗腿子，自然天天找王延政的麻煩，王延政恨透了這個鳥人。業翹有事沒事都要捅一下王延政，業翹和王延政議事，起了口角，業翹冷笑：「你想造反麼?!」王延政怒起：「狗殺才！安敢辱我！」拔劍直奔業翹而來。業翹沒想到他會來這一招，狂呼亂叫著騎馬奔到南鎮找杜漢崇去了。

這樣窩窩囊囊的日子王延政徹底過夠了，乾脆反了，建州兵多糧廣，怕什麼狗屁兄長?王延政出建州兵攻南鎮，杜漢崇還沒做好戰鬥準備，就被建州兵殺敗，和業翹一路狂叫，逃到福州告變。

閩永隆二年（西元九四〇年）二月，王延羲發福州精銳兵四萬，由統軍使潘師逵、吳行真率領，直撲建州。王延政遣使速去杭州搬救兵，渾水摸魚的事誰不想做?錢元瓘大喜，派寧國軍節度使仰仁詮帶兵速去建州摸魚。王延政又命親將林漢徹在茶山大敗福州軍，給王延政爭取了不少的戰略緩衝。

建州三面環水，福州軍沿河紮營，潘師逵駐建州西門外，吳行真駐南門，聽說前軍敗了一陣，嚇得不敢出營。王延政死中求生，重金懸募了一千多名敢死徒，於夜間悄然出城，趟過河來，殺入潘師逵營中，放起大火，在營中衝殺。福州軍大敗，潘師逵死於陣中。

王延政又轉向攻吳行真部，吳行真比潘師逵還有本事，聽說潘師逵死了，帶著弟兄們驚呼狂逃。營中大亂，自相踩踏，冤死了一萬多人，王延政順勢殺個痛快。王延政還沒來得及喘口氣，吳越的「救兵」就到了，王延政已經用不著吳越軍，便送上酒肉，請吳越軍吃飽喝足後回吧，以後有事再請。請佛容易送佛難，仰仁詮賴著不走。

王延政知道自己這點實力很難對付吳越軍，只好厚起臉皮請哥哥王延羲看老父親王審知的面子上，幫他一把。王延羲想：「我們王家的事，錢家的插哪門子閒腿？」派王繼業速去建州，一則打退仰仁詮，一則看有沒有機會對王延政下手。算盤打得不錯，這就叫一石二鳥。

福州軍抄到了吳越軍的身後，燒了吳越軍糧草。吳越軍餓了好幾頓，正犯愁呢，天下大雨，十日不停。王延政知道機會來了，發兵強攻吳越軍營，沒有吃飽飯的軍隊是沒有戰鬥力的軍隊，一戰被建州軍殺敗，死亡萬餘，仰仁詮也不敢賴著不走了，狼狽敗退。

經過這一次合作，本成鬥眼雞的兄弟二人關係略微好轉，但也都是笑裡藏刀，尋找滅掉對方的機會。王延羲為了防備弟弟，擴建福州西城，自然少不了刮老百姓的油水。當時削髮為僧可以免徵租賦，所以大量百姓都當了和尚，短短時間內就冒出一萬多和尚來。南漢多太監，閩國多和尚，很有意思。

沒幾天，兄弟倆又坐不住了，再次大打出手。雙方實力相當，誰也占不了誰的便宜。福建百姓飽受戰亂之苦，史稱「福、建之間，暴骨如莽。」無論戰爭最終誰勝誰負，身處社會底層的人民都要付出鮮血、直至生命的代價。

等打累了，王延羲派人去建州講和，福州使者來到建州時，王延政大陳兵甲，請使者觀看，向王延羲示威。使者看了一圈，臨走時還被王延政臭罵一頓，恨恨而去。

永隆三年（西元九四一年）的十月，王延羲又犯了皇帝癮，在福州稱帝。王延羲手上只有巴掌大的地方，做個福州皇帝真不知道有什麼滋味？王延羲是出名的暴徒，只在乎眼前享受，稱王也好，稱帝也罷，說到底只是虛榮心在作怪。

第二年的六月，王延政南攻汀州（今福建長汀）。王延羲倒懂得「圍魏救趙」的道理，派部將林守亮等人出兵抄建州，想絕了王延政的後路。這時王延政屢攻汀州不下，只好撤軍。此時負責防禦建州的王延政大將包弘實、陳望在尤溪口（今福建尤溪和閩江匯合處）大敗福州軍，斬殺數千，林守亮有幸逃掉了。

王氏兄弟知道誰也吃不了對方，只好得過且過混日子，局勢相對平靜一些。王延羲也打累了，趁還活著享受一把也好。王延羲聽說泉州刺史余延英曾經假宣旨意強搶民女，為人所告發。王延羲大怒：「讓我給你背黑鍋？想的倒美！」準備審殺余延英。余延英知道王延羲喜歡錢，天下還有不喜歡錢的人嗎？送給王延羲十萬貫買命錢。

十萬貫相當於現在的一百多萬，王延羲大呼：「余刺史，你太有財了！」然後又裝作不稀罕的樣子：「就這點？皇后那沒一份？」余延英又拿出十萬貫，問王延羲：「聽說有人要彈劾臣假傳旨意？」王延羲裝傻：「聽誰說的？我不知道啊！」余延英大喜。

但凡昏君，沒幾個能少得了「酒色財氣」，王延羲是福建出名的酒鬼，天天牛飲，爛醉如泥。醉後又常發酒瘋，見臣下誰不順眼，刺殺當場。翰林學士周維岳也是個酒林高手，有次和王延羲拼酒時鬧了點彆扭，王延羲醉醺醺地要殺周維岳。

在殺周維岳前，王延羲問手下人：「周維岳個頭矮小，怎麼能喝這麼多酒？把他的腸子掏出來給我看看。」一侍臣和周維岳關係不錯，便勸：「周維岳是大大的忠臣，陛下殺了他，以後還有誰能陪陛下牛飲乎？」王延羲這才甘休。

不僅王延羲能喝，他老婆李氏比他還能喝，而且生性兇悍，加上身邊大臣個個海量，福州城中酒氣熏天。王延羲的外甥李仁遇長相美麗，為王延羲所寵幸，居然用李仁遇做宰相，國事如此，讓人憤歎。王延羲和李仁遇這種極不尋常的關係在倫理道德上是要被譴責的，漢惠帝娶外甥女為妻，已經很不像話了，王延羲居然霸上了外甥，實在讓人驚奇。只是不知道李仁遇的母親看到弟弟和兒子亂倫，會作何感想。

王延政看到哥哥做皇帝，不禁眼熱，閩主王延羲永隆五年（西元九四三年）二月，王延政在建州稱帝，國號大殷，改元天德（以後為了敘述方便，只稱王延羲年號）。

王延政只有建州一塊地皮，財政狀況自然不好，做皇帝得要用皇帝的氣派，吃窩頭啃鹹菜的皇帝誰見過？王延政兜裡沒銀子，便想法子「創收」，他讓「懂經濟」的鎮武軍節度巡官楊思恭做「財政部長」，為他摟銀子。

楊思恭摟錢的辦法其實很簡單，就是提高稅收，不僅是耕地水產這樣的大頭，甚至果瓜蔬菜都沒有倖免，都要交稅。建州人一提到楊思恭，無不咬牙切齒，罵作「楊剝皮」。王延政的吏部尚書潘承祐看不過去，上書切諫，言今禍國十事，切中要害。王延政對潘承祐的多嘴極不高興，罷免了潘承祐。

王延政沒把潘承祐當魏徵來對待，大閩皇帝王延羲卻已經自比唐太宗了。王延羲嫁出去個女兒，發現有十二個大臣居然沒有掏份子錢，大怒，命武士把這幫吝嗇鬼撲倒在地，各賞他們一頓棍子。而御史中丞劉贊沒有彈劾這些人，王延羲要拿鞭子抽劉贊，諫議大夫鄭元弼覺得當庭鞭責大臣有失廷儀，便勸。王延羲惱火：「你以為你是魏徵？也敢虎頭上拔毛?!」鄭元弼知道王延羲的脾氣，狂拍一通馬屁：「陛下做唐太宗，臣自然要做魏徵了。」王延羲狂喜：「說得好！朕就是唐太宗！」（李世民是你這副荒唐樣嗎？）便放了劉贊。

唐太宗李世民被譽為千古第一明君，虛心納諫。通事舍人鄭仁基有女已許陸氏，太宗不知，納入宮中。魏徵聽說鄭女待嫁，忙勸太宗，李世民大驚，急出鄭女還歸陸氏。對比一下「千古明君」王延羲，幾時有這麼開明？唐太宗可不是尋常人做的，王延羲離唐太宗差著十萬八千里，不過倒是和劉龑有得一比。

看到福建形勢混亂，南唐皇帝李璟便有了心思，先做回好人，摸摸情況。閩永隆六年（西元九四四年）春，李璟分別給王延羲和王延政兄弟寫了一封信，責備他們兄弟鬩牆，有負忠懿王（王審知）先德。

王家兄弟正打上癮，都討厭李璟給他們添堵，王延羲回書，自比周公、唐太宗，誅管蔡，建成、元吉，說話倒還客氣。王延政那邊更絕，乾脆大罵李璟父子篡奪楊氏天下，人神共誅。李璟「好心」蹭了個冷屁股，差點氣昏過去，和王延政斷絕一切往來，殷唐遂成敵國。

雖然王延政得罪了南唐，但在二王中先死的卻不是王延政，而是大閩國皇帝王延羲。王延羲在福州以牛飲殺人為樂，反正福建人多，殺幾個人如同碾死臭蟲，人的生命在權力面前是一文不值的。但王延羲卻偏偏殺錯一個人，致使惹出一場大亂，最終喪身亡國。王延羲酒後因為一點小事，殺了控鶴軍都指揮使魏從朗。魏從朗是個小人物，但他身後卻站著兩個人：六年前殺掉王昶迎立王延羲的朱文進、連重遇。

六

朱文進和連重遇擅殺皇帝，心中有鬼，幾年來一年忐忑不安，王延羲雖然是他們所立，但這又能代表什麼？南朝宋開國三老傅亮、謝誨、徐羨之殺營陽王劉義符，迎立劉義隆，結果仍被劉義隆夷族。加上王延羲對他們也頗加猜疑，王延羲醉酒對二人念起白居易詩句「惟有人心相對間、咫尺之情不能料。」二人知道王延羲話中有話，連忙向王延羲大表忠心：「臣世事王氏，奉陛下若生父，絕不敢有二心。」王延羲喝多了，直眼望著他們，一動不動。

二人以為王延羲起了殺心，正好此時皇后李氏想讓兒子王亞澄繼位，而王延羲身體倍棒，這樣等下去哪年是盡頭？便派心腹去給朱文進和連重遇添把火：「皇帝有殺朱公和連公意，你們要小心點。」朱文進和連重遇為了活命，決定再幹掉王延羲，反正王延羲是他們立的，殺了也算公平。二人事先約定，事成之後，由朱文進做皇帝，連重遇做宰相。

閩永隆六年（西元九四四年）三月，朱文進、連重遇派心腹錢達趁王延羲郊遊喝醉之際，殺掉王延羲。王延羲在位只有六年，在十國帝王中不算長，但這對苦海無邊的百姓來說，已經是無法再忍受了，早死早了。朱文進得到消息後，召集群臣，連重遇喝道：「我太祖昭武皇帝（王審知）開創大閩，德被後世。然王氏子孫荒暴無道，天人齊誅，今日當擇應天命者自為大閩國。朱公德邁功高，當為福建主。你們說怎麼樣？」

眾人見左右都是朱文進的人馬，誰敢說半個不字？低頭不語。連重遇管不了這麼多，請朱文進被法服袞冠冕，高坐殿上，自稱大閩王，讓「功臣」連重遇總督六軍。為了除掉後患，將福州城中的王氏直系斬殺乾淨，並假仁假義的追謚王延羲為景宗皇帝。

朱文進廢除帝制，並向晉朝稱臣，石重貴又白撈了個「奴才」，封朱文進為閩王。朱文進得志後，以統軍使黃紹頗領泉州，左軍使程文煒領漳州，汀州刺史許文稹油光水滑的人，立刻倒向朱文進。現在福建五州，就差建州沒拿下了。

建州城中的大殷皇帝王延政聽說朱文進這奴才居然敢自立並滅福州王氏，氣得七竅冒煙，王延羲再不好，也輪不著你朱文進插著雞毛扮鳳凰。更何況建州地處偏僻，四面受敵，戰略地位不如福州。晉開運元年（西元九四四年）十月，王延政發兵南下，屯兵古田（今福建古田）。

王延政不睬朱文進，泉州指揮使留從效也沒把朱文進當個人物，留從效煽動泉州中高級將官拆朱文進的台：「我剛得到急報，富沙王（王延政）已經收復福州，福建仍是王氏天下，況我等世受王氏大恩，吾今計討朱逆，先斬黃紹頗，你們有願意的留下，不願意的可以去通風報信。」眾人擼袖大嚷：「從將軍命！」

留從效率敢死隊強衝入府，黃紹頗還沒反應過來，人頭就已經落地。留從效尋來武肅王王審邽的孫子王繼勳，奉為泉州刺史，當然王繼勳也只是個搖旗蓋章的，大權還在留從效手中。留從效派泉州兵馬副使陳洪進帶著黃紹頗的人頭趕往建州朝見王延政，陳洪進算是一路梟雄，有膽有識有謀，當他行到尤溪口（今尤溪和閩江匯合處）處，正碰上福州軍。要換是別人，可能要嚇得尿褲子，陳洪進有主意，舉黃紹頗的人頭臨營大喝：「弟兄們，泉州義師已經攻破福州，朱文進已經被殺，義師遣我馳建州往迎富沙王，你們還為朱文進賣什麼命？不怕被後人罵作逆賊麼！」

福州兵大譁，一哄而散。有膽大的跟著陳洪進去建州。王延政大喜，對這些「棄暗投明」的豪傑大加封賞，漳州方面得到消息，立斬程文煒，改奉王延政留在漳州的長子王繼成為刺史，而騎在牆上看熱鬧的汀州刺史許文稹看到王延政勢力驟強，又改頭換面，做了王延政的馬仔。

朱文進聞變，同年十二月，朱文進出盡精銳二萬，攻泉州。泉州的留從效早有準備，在城外全殲福州軍，遣使告捷建州。王延政底氣大足，讓屯兵古田的統軍使吳成義火速沿江東進，進逼福州。

諺曰：「螳螂捕蟬，黃雀在後。」當王延政全力進攻福州時，南唐皇帝李璟就在他背後捅上一刀。南唐樞密副使查文徽力勸李璟：「福建大亂，此正天授福建於陛下也！」還用著他說？李璟早就有這個心思。南唐保大二年（西元九四四年）十二月，以查文徽為江西安撫使，邊鎬為南路行營招討使，率軍進入建州，滅掉王延政。

查文徽本想撈個建策之功，哪想到李璟要派他去打仗，他哪是打仗的料？只好慢吞吞地前進。這支蝸牛軍來到建陽（今福建建陽）時，查文徽派前軍臧循部屯兵邵武（今福建邵武），自己賴在建陽不走了。王延政手頭還有點兵，讓大將張漢真從鏞州（今福建將樂）率八千兵先去收拾臧循。臧循本是個做生意的，不懂軍事，被張漢真擊敗，捉入建州處死。

王延政知道查文徽是個飯桶，沒放在心上，速令吳成義快點破城。吳成義聽聞唐軍入境，想到一個好辦法，派人去福州散布謠言：「唐主李璟發兵來助富沙王，福州不日即下，不欲族其家者，速降！」福建山路閉塞，消息不太靈通，福州人真以為南唐軍是來幫王延政的，多對朱文進起了異心。

朱文進心裡一陣陣發毛，暗罵連重遇：「把我推上來當擋箭牌，你倒藏在暗處享福。」反正這福建本就是人家王姓的，還給人家也沒什麼丟人，朱文進派宰相李興准帶著國寶玉璽赴建州納降。

福州將軍林仁翰早就看不上朱、連二人，知道他們的人頭比玉璽更值錢，深夜率三十個猛男闖入連重遇府，林仁翰挺槊上前，刺死迷迷糊糊的連重遇。林仁翰割其首級，以槊挑之，喝謂連部人馬：「重遇手弒二君，罪惡極矣！今富沙王即將入福州，弟兄們何苦為逆賊賣命，不如跟著我去殺掉朱文進，立不世之功！」這些人都是些亡命徒，誰出的價高就跟誰，歡呼而從。林仁翰率軍突入宮中，和朱文進軍戰在一處，沒打幾下，亂軍全都逃了。朱文進想躲沒地方，被林仁翰一槊刺死。

晉開運二年（西元九四五年）正月，林仁翰開門迎入吳成義，並送朱、連首級給王延政，權當是個見面禮。王延政對林仁翰很感冒，淡然待之，還是林仁翰心胸寬闊，不以為意，對王家忠心耿耿。因為南唐軍就在身邊，王延政暫時不敢去福州，派侄子王繼昌守福州，自己留在建州嚴防唐軍，並調林仁翰率福州兵速支援建州。

李璟既然出了手，就不會半途而廢，再派何敬洙部、祖全恩部、姚鳳部三路齊進，會合查文徽部南下建州。南唐軍出崇安嶺（今福建崇安），疾行南進，兵屯赤嶺下。建州軍楊思恭部、陳望部紮營建陽溪（閩江）南岸，兩軍對峙。楊思恭立功心切，想出兵決戰。

陳望不同意：「唐軍勢強，不宜輕戰。」楊思恭怒起：「將軍何怯若是耶！唐軍雖然悍勇，但兵不過數千，我軍萬人，合力一擊，必當大勝。將軍受陛下宏恩，今見國危而不救，豈是忠臣所為！」陳望被罵得沒辦法，只好和楊思恭一起率軍渡河求戰。南唐軍何敬洙部在正線防禦建州軍，而祖全恩卻帶著一票勁卒抄後路，衝殺還沒有渡過河的建州兵。建州兵大亂，何敬洙大喜，麾軍撲殺過來。陳望戰死陣中，「血性方剛」的楊思恭將軍丟了弟兄們，單騎逃回建州。

敗報一傳來，王延政差點哭出來：「建州若失，朕將安歸！」再召泉州兵火速勤王，王延政再做最後一搏，實在不行就南遷福州，至於以後如何，聽天由命吧！可惜人算不如天算，福州也出了一場潑天大亂，絕了王延政的後路。閩元從指揮使李仁達和著作郎陳繼珣曾經在王延羲、王延政、朱文進三個大王手下玩過山車，東投懷西送抱，被三人罵做「蕩婦！」後被朱文進罷黜福清（今福建福清）。

林仁翰獻出福州，二人擔心王延政要拿他們這兩個反覆小人開刀，決計反奪福州，在亂世中自立。晉開運二年（西元九四五年）三月，李仁達、陳繼珣溜進福州，勸王繼昌的副將黃仁諷：「唐人即取建州，此閩人所共知也，將軍為誰守？不如幹掉王繼昌，我們謀場大富貴，不比當王家的馬仔強？」黃仁諷見利忘義，於夜間領武士攻入署中，格斃王繼昌、吳成義。

隨後李仁達為了避免成為眾矢之的，從福州雪峰寺中弄了個和尚卓岩明為主，胡說什麼：「這個和尚雙目重瞳，為天子相！」天上掉下個大餡餅，卓岩明大喜，脫掉僧衣，換上龍袍，光禿禿的腦袋上頂著冠冕，在福州做起皇帝來。

王延政大怒，福州是王延政唯一的退路，這還了得？滅了黃仁諷一族，然後派張漢真發兵來攻福州。不過黃仁諷有兩下子，在城外和張漢真大戰一場，活捉張漢真，一刀喀嚓了。

其實黃仁諷、陳繼珣、卓岩明都被李仁達當槍使了，李仁達豈甘心自己挖井，別人喝水，暗中準備除掉這幾個笨蛋。而當了皇帝的卓岩明更加可笑，他把自己的老爹從鄉下迎到城中，奉為太上皇，自己則坐在殿上敲木魚誦經，本職工作不能忘。

而黃仁諷發現李仁達做事鬼手鬼腳，後悔被李仁達給耍了，勸陳繼珣再降王延政。李仁達哪能給他們這個機會，搶先下手，將二人斬首。隨後又將敲木魚的卓岩明殺死，李仁達自稱威武軍節度留後，主掌軍政。李仁達知道王延政絕不肯善罷甘休，遣使向晉朝、南唐和吳越稱臣，「狡兔三窟」，李仁達的算盤打得太出色了。

後路被抄了，王延政為了活命，只能背水一戰。此時建州城中有還有八千福州兵，這本是王延政手中難得的本錢，可他居然相信福州兵準備降唐的謠言，全部遣歸福州。福州兵剛走不遠，就被埋伏在山口的建州兵全殲，王延政令下把福州軍的屍體做成肉塊，運回建州充做軍糧。沒多久，邊鎬率領的南唐軍攻到建州城下，四面圍城。

李璟為了徹底消滅王延政，盡起江西兵糧，讓邊鎬快點下手。五代後晉開運二年（西元九四五年）八月，邊鎬下令攻城，南唐軍先鋒使王建封捨命攀城，破城而入，開門放進南唐軍，建州軍戰死殆盡，餘部南逃泉州。王延政走投無路，又不想死，只得伏拜邊鎬馬前，哀求乞生。自唐景福元年（西元八九二年）二月王潮進入福州，王氏割據福建邊垂五十三年，至王延政降於南唐，閩國滅亡。

開運二年（西元九四五年）十月，唐軍「護送」王延政至金陵享福，李璟賞給王延政一個羽林大將軍的虛職，終老金陵。李璟調百勝軍節度使王崇文守建州，並斬王延政的「財政部長」楊思恭，算對建州百姓有個交代。

當年王潮兄弟為避秦宗權的追殺，逃離生於斯長於斯的家鄉固始（今河南固始），奉老母南下千里險障之地，因勢成事，在福建開基立國。王審知知道創業不易，操家如小戶，戰戰兢兢，如履薄冰，好容易在南國謀了一份諾大家業。沒想到王潮兄弟歷盡千辛萬苦打下的江山，三十年內，被這幫無德、無能、無恥的忤逆兒孫們弄了個灰飛煙滅，孑遺不留！

七

福建的形勢並沒有因為王氏統治的結束而有所好轉，李璟只得到了建州，福、泉、汀、漳四州均不在他手中，尤其是福州。而李仁達因為形勢所逼，向南唐稱臣，不過條件是他繼續霸著福州，李璟豈能答應。

開運三年（西元九四六年）三月，李璟派「亂鬼」樞密使陳覺去福州招降李仁達。陳覺本不想去，都是該死的宋齊丘在李璟面前胡吹：「陳覺素有辯才，可比蘇張，可不戰而降李仁達。」李璟才派他去。陳覺一步三回頭的磨到了福州，李仁達知道陳覺要說什麼，破口大罵，陳覺嚇得魂飛魄散，沒敢說半句勸降的話，灰頭土臉的離開福州。

陳覺行到建州，覺得這樣回去不好交差，又不想再去福州送死。想出來一個好辦法，假傳李璟旨意，發江西兵和建州兵由建州監軍使馮延魯帶領，去攻福州。馮延魯也是五鬼之一，心下大罵陳覺：「滑頭！你怎麼不去，讓我去送死！」不過他不敢「違旨」，只得硬著頭皮前去。先寫信勸李仁達早降，李仁達不吃他這套，要殺便殺，說什麼廢話。

兩軍在福州西門外大戰一場，李仁達親自上陣，大敗南唐軍，南唐軍死傷一萬多，馮延魯竄回建州。李璟聽說這次慘敗居然是陳覺假傳旨意所致，大怒，把陳覺叫回金陵，準備處死，被朋友們告免，方才留住小命。

晉開運三年（西元九四六年）八月，李璟再派王崇文發軍東進，並調泉州留從效部協助攻城。南唐軍人多，一鼓攻克福州外城。李仁達大懼，急向吳越請救兵。吳越王錢弘佐力排眾議，遣統軍使張筠、趙承泰率三萬精銳，水陸並進，南下去救福州。

南唐軍實力沒得說，但南唐內政混亂，「君子」得勢，這幫人讓他們爭風吃醋打打王八拳，個個都是好手。但讓他們幹點正事卻是癡心妄想。南唐信州（今江西上饒）刺史王建封雖然也受命出師，但心思根本不在這上頭，留從效根本就是來渾水摸魚的。陳覺和馮延魯都這個時候了，還在爭權奪利，王崇文根本控制不住這幫三心二意的滑頭，只好由他們鬧去。

漢天福十二年（西元九四七年）三月，錢弘佐再派大將余安率軍走海路直趨福州。行到福州白蝦浦時，水淺過不去，吳越兵準備下船戰鬥。南唐裨將孟堅勸馮延魯：「兵半渡而擊之，必勝。」馮延魯不聽，縱吳越兵下艦。如果南唐軍真聽孟堅的建議，在吳越軍沒下完船時突擊，吳越兵必然大亂，多好的機會，讓馮延魯這個白癡給放跑了。

吳越兵上岸後，縱兵直擊，馮延魯沒想到吳越兵居然不擺好陣勢，太不講道德了。吳越兵管你個屁，一通狂殺，南唐軍主力死傷殆盡。馮延魯覺得沒臉見人，想自殺，被手下給救了，扶上馬狂奔回國。王建封也溜了。留從效更犯不著給李璟送死，帶軍回福州。福州是泉州門戶，只要李仁達還在，泉州就有戰略縱深。

南唐軍退後，錢弘佐便調東南面安撫使鮑修讓來「幫助」李仁達守福州，李仁達知道錢弘佐想幹什麼，很不高興。

李仁達真是「人盡可夫」，粗算一下，李仁達跟過五個主人，都是反覆無常，從中謀利。因為鮑修讓手伸得太長，李仁達不想再陪他玩，密謀殺掉鮑修讓降南唐，反正李璟肯定還會過來的。哪知道鮑修讓先知先覺，在漢天福十二年（西元九四七年）十二月，發吳越守兵突攻李仁達府宅，將李仁達一家老少統統劈死。至此，福州正式成為吳越的版圖。

可憐李璟辛苦數年，竹籃打水一場空，好容易養條大魚，還被錢弘倧給摸了去。弄來弄去，只弄到個建州和汀州，泉州和漳州被留從效給刮走了。

留從效知道亂世中的生存法則，該低頭時就低頭，韓非有言：「桀為天子，能制天下，非賢也，勢重也；堯為匹夫，不能正三家，非不肖也，位卑也。千鈞得船則浮，錙銖失船則沉，非千鈞輕而錙銖重也，有勢之與無勢也。」韓信天下英雄，也知道殺人當死。如東漢強項令董宣，有人可做得，方孝孺是也，但大多數人是不會這麼做的。

留從效把侄子留紹錤送到金陵當人質，保護費一分不少交，但條件別想打他的主意。李璟吃不下他，只好答應，在泉州成立清源軍，封留從效為清源軍節度使，陳洪進為泉州統軍使。後世所謂清源軍，既是指留從效割據的泉州和漳州。

留從效出身貧家，深知百姓疾苦，主政清源軍以來，安撫流亡，與民休息，泉漳百姓深感從效之德政。亂世中的百姓生存不容易，不僅要忍受統治者的殘酷剝削，一旦發生戰爭，無論哪方勝負，老百姓都要受刀鋒之苦，「寧為太平犬、不做亂世人！」，說得痛切。

留從效如何，李璟是管不到了，他要全力對付周世宗柴榮。顯德三年（西元九五六年）正月，柴榮親征淮南。李璟雖然在福建和湖南連栽了兩個筋斗，但南唐軍實力還在。，只是李璟用人不明，加上柴榮強將手下無弱兵，僅僅三年，被吳國和南唐牢牢掌握五十多年的淮南盡被柴榮收去，南唐只能困守長江，苟延殘喘。

留從效見李璟被掃了面子，又玩了騎牆計，在不和李璟翻臉的同時，又向柴榮表忠心。清源軍對牽制南唐起不到多大作用，柴榮不過虛與往來罷了。後來趙匡胤兵變建宋，李璟遷都洪州（今江西南昌），留從效以為李璟要來拔他的毛，嚇出一身冷汗。他也知道李璟那點家底鬥不過趙匡胤，但對付他綽綽有餘。

宋建隆二年（西元九六一年）十二月，留從效遣使向趙匡胤稱臣，趙匡胤志在統一，很留意泉漳地區，當然想拉攏留從效。不過使節還沒到福州，留從效就病死泉州。留從效沒有親生兒子，大侄子留紹鎮被扣在金陵，小侄子留紹鎡被眾將推為執政。讓一群大老爺們天天拜這個吃屎的娃娃，誰願意？

泉州衙將張漢思和統軍使陳洪進心裡老大不痛快，張漢思問陳洪進：「兄弟你看怎麼辦？」陳洪進笑道：「留家小孩子無權無勢，踢走得了。」張漢思再問：「送給誰？」，「送給李煜，就說留紹鎡陰謀納降錢弘俶，然後你做大哥，我做二哥，清源還是咱弟倆的。」張漢思大喜，派兵闖進府中，把可憐的小紹鎡綁起來，找輛驢車，送給李煜發落。

張漢思自任清源軍留後，陳洪進為副。陳洪進只是副職，但泉漳軍政實際上都掌握在他手裡，張漢思不過是個「精神領袖」。張漢思想來想去不划算，盤算：「你大魚大肉，倒讓我清湯寡水，世上哪有這等便宜事？先殺了你再說。」

陳洪進和張漢思本就是臨時苟合，心從來就沒擰到一塊去，早就對張漢思起了防備。宋乾德元年（西元九六三年）四月，張漢思準備先下手為強，騙陳洪進過來喝酒，哪知陳洪進剛到府中，消息就走漏了，陳洪進強行突圍而去。陳洪進後買通張漢思的親兵，趁張漢思不注意，竄來把正在內宅吃飯的張節度使鎖在了屋中，陳洪進有意思，對著門縫喊：「清源將士見張公老糊塗了，不足主清源軍，所以他們推立我為執政，對不住了老哥，在裡面慢慢吃吧。」張漢思氣得直哭。

陳洪進聚眾大喝：「張將軍自知老昏無能，已經把泉漳軍政交給我了，你們要聽張大人的安排。不聽者斬！」眾人只好聽命，隨後陳洪進把張漢思軟禁起來，過幾年張漢思得以壽終。

清源軍的地盤比起五代十國時的袖珍小國荊南大不了多少，所以陳洪進要找個大靠山，除了趙匡胤，沒第二個人可以有這份面子。陳洪進派人到汴梁去表忠心，趙匡胤剛消滅荊南和湖南，一時半會打不到泉州，先交個朋友再說。乾德二年（西元九六四年）正月，趙匡胤下詔，改清源軍為平海軍，以陳洪進為節度使，賜號「推誠順化功臣」。

趙匡胤這麼給面子，好歹也要有所表示，但平海軍地頭狹小，實在沒有多少東西孝敬老趙，只好開始在泉漳刮地皮，前後刮了一百多萬送給趙皇帝。老百姓被搶得差不多只剩下一條褲子了，怨聲載道。其實陳洪進知道無論怎麼拍趙皇帝的馬屁，清源早晚都要改姓趙，現在所做的一切，不過是日後在汴梁有個討價還價的本錢。至於老百姓罵他，裝聾就是了。

開寶九年（西元九七六年）十月，趙匡胤「請」陳洪進來汴梁認認家門。陳洪進頭皮一陣陣發麻，但又不敢不去。剛行到劍州（今福建南平），急使來報：大皇帝駕崩，皇弟晉王趙光義繼位。陳洪進暗喜：「有理由不去了。」回到泉州發喪，又樂得逍遙幾年。

趙光義也算是一代雄主，哥哥未竟的統一大業當然要由他來完成，放眼天下，除了北方還有契丹和河東劉氏，南方也只剩下錢弘俶和陳洪進了。宋太平興國二年（西元九七七年）七月，趙光義下詔請陳洪進過來聊聊。陳洪進終於知道自己的小日子過到頭了，此行北上，怕是永遠也回不來了。又一想：「去了汴梁，也少不了我一個國公當當，反正都是享福，在哪不一樣。趙光義怕不是好惹的人。」硬著頭皮來到汴梁。

陳洪進猜對了，趙光義已經在汴梁城中給他尋了個好宅院，準備讓他養老。陳洪進對此早有準備，而且隨從幕僚劉安也勸陳洪進見機納土，保全寶貴。陳洪進上表請收泉漳：「臣所領兩郡，僻在一隅，自浙右未歸，金陵偏霸，臣以崎嶇千里之地，疲散萬餘之兵，望雲就日以雖勤，畏首畏尾之不暇。遂從間道，遠貢赤誠，願傾事大之心，庶齒附庸之末。」

趙光義見他如此識時務，當然大喜。宋太平興國三年（西元九七八年）四月，宋朝正式接收平海軍，共二州十四縣，戶十五萬。福建最後一支割據力量正式消亡，從留從效在漢天福十二年（西元九四七年）割據泉漳始，至陳洪進納土，區區泉漳二州在吳越、南唐、南漢的夾縫中居然生存了三十年，實在讓人稱奇。

陳洪進既然賣了身，趙光義自然給他好臉色看。封陳洪進杞國公，在汴梁做個富家翁。宋雍熙二年（西元九八五年），陳洪進死於汴梁，年七十二歲。

第八章

在夾縫中生存——荊南政權的小本經營

一

南北朝末期，梁武帝蕭衍老年昏聵，誤用侯景，結果身死國滅。梁朝統治崩潰之後，北方兩個強大的敵人北齊和西魏（北周）瘋狂南下，北齊奪去千里江淮，西魏（北周）吃的更多，巴蜀荊湖盡被拿下。西魏的實際統治者宇文泰出於戰略考慮，扶持蕭衍之孫蕭詧在江陵立國，史稱後梁，與江東的殘梁勢力進行對抗。

說來頗為巧合，在南北朝後梁滅亡四百多年的五代十國時期，在江陵又出現了一個政權，地盤和「後梁」幾乎相同，同樣在北方政權和南方政權的夾縫中苦苦生存。更為巧合的是，這個江陵小政權所事奉的第一個北方政權，恰也叫後梁，就是朱溫先生的帝國。

因為這個江陵政權的建立者高季昌先是被朱溫封為荊南節度使，後又在後唐莊宗帝李存勖時被封為南平王，所以史稱荊南或南平。

高季昌，唐宣宗李忱大中十一年（西元八五七年）生於陝州（今河南三門峽）。高季昌出身貧寒，因家裡吃飯的太多，便被家人送到汴州（今河南開封）富戶李讓那裡做家奴。

李讓家世富豪，奴僕成群，根本沒把高季昌當回事，兩棗仨窩頭地養著就是。高季昌作為李家的低等家奴，待遇自然好不到哪去。如果高季昌就這樣活下去的話，到老還是個李家的老奴才，娶個奴婢給李家生了一堆家生子兒，世世代代要做奴隸。

不過高季昌運氣好，遇上了一位「恩主」，就是大名鼎鼎的朱老三。朱溫因反黃巢有功，於唐中和三年（西元八八三年）三月被唐僖宗李儇任命為宣武節度使，隨後朱溫到汴州上任。李讓因沒摸清朱溫的底細，便湊湊熱鬧，交了一大筆保護費給朱溫。朱溫大喜，便收了李讓做義子，改名為朱友讓。

李讓改認了祖宗，便請朱溫到府中喝酒，朱溫正吃喝時，看到一個家奴在幹活。朱溫有點眼力，覺得此人面貌不尋常，便問這是誰？李讓笑道：「這是兒子的家奴高季昌。」朱溫把高季昌叫過來，問了幾句，朱溫大悅，便讓李讓收下高季昌做乾兒子。

高季昌只比朱溫小五歲，卻當了朱溫的孫子，不知道心裡是否彆扭。不過朱溫對待這個「乾孫子」卻不薄，朱溫讓高季昌在手下做牙將，並派人教高季昌騎馬射箭，這是亂世中生存的基本功，往大說能建功立業，往小說能防身自衛。高季昌悟性好，很快就學會幾招，不過朱溫也沒拿他當武將用，就他那幾招花拳繡腿，個夠人家練靶子的。

高季昌為人有智略，深得朱溫的賞識，常帶在身邊。高季昌確實有點能耐。唐天復二年（西元九〇二年）五月，因為鳳翔節度使李茂貞劫走了價值連城的唐昭宗李曄，想挾天子令諸侯，朱溫豈能答應？大起汴兵，西向攻鳳翔軍。李茂貞開始沒拿朱溫當盤菜，出兵練了幾個回合，全被朱溫給滅了。李茂貞打不過朱溫，就縮在烏龜殼子裡，任憑朱溫挑戰，李茂貞一概不理。

朱溫拿這個無賴毫無辦法，有點坐不住了，眾將也勸朱溫撤軍。而朱溫的「義孫」高季昌卻提出不同意見：「天下英雄，四海豪傑，均欲得天子，我王欲平萬方，必奉天子而號令諸侯。今茂貞困守鳳翔，不久便能破城，奈何退歸？」朱溫被他一激，便問：「計將安出？」高季昌進言道：「李茂貞無非是想堅壁清野，和我們耗糧食。大王可以派人入城散布謠言，就說汴軍糧盡，人皆思鄉。李茂貞必然來偷襲，我可一戰破之。」朱溫鼓掌大笑：「真是妙計！」

高季昌找來敢死士馬景，讓馬景帶著幾個不怕死的弟兄假裝投降，然後汴軍埋伏四面，準備圍殲鳳翔軍。馬景入城後騙李茂貞：「吾等因軍中無糧以充饑，故來降大王。朱溫已經帶著汴軍主力東歸，而餘下一萬多老弱病殘守營，今晚歸去。時機難得，大王勿錯過。」李茂貞前不久被西川的王建給騙去了山南諸州，正鬱悶著呢，聽說朱溫走了，大喜。當夜李茂貞盡出精銳，偃旗而出，直撲汴軍營中。朱溫見李茂貞上了鉤，擊鼓為號，埋伏好的數萬汴州軍狂潮般殺出來，鳳翔軍大亂，自相踩踏，又被汴軍殺死無數，逃回去的沒幾個。

李茂貞剛被王建騙哭了，這回又哭了：「朱三和王八都是大騙子！」朱溫騙的就是你這個傻子：「快把皇帝交出來，否則我掘了你的祖墳！」李茂貞無奈，只好把唐昭宗交給朱溫，活命要緊。朱溫送唐昭宗回到了長安，有了唐昭宗這塊寶，朱溫實現了「挾天子以討不臣」的戰略，滿心歡喜。

這次能奪還昭宗，高季昌居首功。朱溫對這個「義孫」刮目相看，提拔高季昌為宋州（今河南商丘）刺史。高季昌設計奪回唐昭宗的英雄事蹟迅速傳遍了江湖，江湖中人都知道朱溫的「乾孫子」差點玩死了李茂貞，尤其是那幾位江湖大佬如王建、楊行密、馬殷等，都在心中記下高季昌這個名字。

朱溫自然重用高季昌，唐天祐三年（西元九〇六年）十月，朱溫敲掉了盤踞在荊南一帶的荊南節度使趙匡凝，奪回大片土地。雖然朱溫最大的敵人是李克用，但對王建和楊行密也不敢掉以輕心，東楊西王，對朱溫的南線防禦造成了巨大壓力，不過好在淮南和西川之間的軍事重鎮江陵在自己手中。

江陵北控中原，西憑兩川，東臨江東，南接楚粵，戰略地位極為重要。朱溫必須派一個既有能力又絕對忠誠的人去守江陵，江陵要是丟了，朱溫的麻煩就大了。從哪方面來講，高季昌都是最合適的人選，就委高季昌為荊南節度留後，負責鎮守江陵重鎮，同時派駕前指揮使倪可福帶五千精銳軍駐戍江陵，協助高季昌。

荊州雖然是中南大鎮，但舊屬荊南節度的八州，被朱溫弄到有的只有江陵一府，王建霸佔了峽州（今湖北宜昌）、歸（今湖北秭歸）、夔（今重慶奉節）、萬（今重慶萬州）、忠州（今重慶忠縣），武貞軍節度使雷彥恭控制著朗州（今湖南常德）、澧州（今湖南澧縣）。江陵處四戰之地，戰亂頻仍，百姓流散無居所。高季昌到任後，立刻派人招撫百姓，恢復生產，江陵漸漸恢復元氣。唐天祐四年（西元九〇七年）五月，朱溫廢唐稱帝後，立刻給高季昌轉了正，詔命高季昌為荊南節度使，這也是荊南（南平）政權的開始。

梁開平元年（西元九〇七年）十月，朱溫下詔削雷彥恭武貞軍節度使官爵，讓高季昌和馬殷出兵討伐雷彥恭。高季昌派大將倪可福會同湖南軍秦彥暉部攻朗州。雷彥恭覺得大事不妙，忙向淮南的楊渥求救。楊渥剛當上吳王，也想出出鋒頭，派大將泠業、李饒將兵來救，但在岳州（今湖南岳陽）被湖南大將許德勳給收拾了。

到了梁開平二年（西元九〇八年）四月，吳王楊渥被權臣徐溫廢掉，徐溫新官上任要燒把火，看到高季昌實力太弱，就先拿高季昌開刀。淮南軍順長江西進，來攻石首（今湖北石首），被高季昌一棍子給打回來了。徐溫不信高季昌有能耐，再派大將李厚率一萬五千水師順江攻江陵。高季昌也被逼急了，雖然江陵地寡兵弱，但人到了絕望的時候，總是能爆發強大的力量。高季昌親率舟艦在馬頭（今湖北公安西北）和吳軍決戰，荊南軍死衝吳軍艦，火箭齊發，大破吳水師。

荊南小而不弱，高季昌不是想像中那般容易對付，只好收手。高季昌也知道自己的家底太薄，必須招兵買馬，同時要培養智囊集團。這年的十月，高季昌得知前唐進士梁震因不願屈節事梁，順道回四川老家，路過江陵。高季昌大喜，懇求梁震留下來輔佐自己。

梁震連朱溫也沒上眼，哪瞧得上高季昌？高季昌死磨硬泡：「先生大才，四海共知，即不肯屈事梁朝，又何必委身王建？不如留在江陵，以教季昌。」梁震本不想答應，可又怕高季昌狗急跳牆，只好留下來，但有條件：「高公能看得起我，我沒別的說，可以留下。但我只做幕後策劃，不拋頭露面。」

高季昌大喜，連拜梁震：「先生不以江陵卑小，季昌愚拙，季昌唯先生言是計。」梁震依然掛著前唐進士的頭銜，在高季昌身後出謀劃策。梁震確實打心裡看不起高季昌，他是前唐進士，以他的才力身分，在大鎮謀個宰相不是問題，窩在江陵確實有些委屈他了。

江陵雖然地處各大鎮的夾縫中，但因為荊南是梁朝屬地，所以戰略生存壓力還不算大。高季昌和朱溫的「祖孫感情」不錯，朱溫一直照顧高季昌，也默認了荊南實際上的半獨立地位。

梁乾化二年（西元九一二年）六月，朱溫因為亂倫過了頭，被孝順兒子朱友珪給弄成了「大行皇帝」，隨後朱友珪又被朱友貞幹掉，朱友貞繼位。高季昌和朱友貞沒打過什麼交道，不知道這個「叔父」靠不靠譜。為了生存，高季昌加緊城防，大造戰艦五百艘，募兵入伍，修整軍械，為自守計。同時為了改善荊南的生存環境，和王建、徐溫等人眉來眼去。雖然朱友貞對此早有耳聞，但因為北方的李存勖已經讓朱友貞大為頭疼，所以也沒工夫理高季昌，巴掌大的地方，能鬧出多大動靜出來？由他去吧。

二

這兩年春風得意，高季昌自我感覺非常良好，想擴大生產規模。高季昌覺得王建老糊塗了，比較好欺負。梁乾化四年（西元九一四年）春，高季昌大起戰船，溯江西上，收復原荊南治下被王建奪去的巴東諸州。蜀夔州刺史王成先率軍來戰。

高季昌命人縱火燒蜀艦，江上風大，一把火過去，烈焰沖天，高季昌想看場好戲。哪知道蜀軍招討使張武暗中使水軍潛水用鐵鎖固定死荊南戰艦，加上老天爺不長眼，風勢突轉，回燒荊南軍。荊南戰艦動彈不得，被燒毀殆盡，將士投水而死。

高季昌魂都嚇飛了，跳到小艦上，蒙牛皮而退。蜀軍一炮打來，砸掉了小艦的尾巴，小艦下沉。高季昌直哭：「真他媽晦氣！」又跳到小船，丟下五千多具荊南軍弟兄的屍體拼命划船東逃，勉強逃回江陵。

高季昌渴望擴大地盤的心情可以理解，但明顯找錯了對手，或者說找錯了時機。荊南和週邊的吳、蜀、楚相比，實力弱得近乎可笑，而且主政三國的徐溫、王建、馬殷都是一代梟雄，治國用兵都有一套，高季昌這時找他們耍明顯是找抽，沒被活捉就算他萬幸了。王建是何等人物？手下名將不少，而且巴東長江防線的重要性王建最清楚，哪能讓高季昌輕而易舉地撈便宜？

被王建揍腫了臉之後，高季昌算是老實了一陣子，身邊這幫爺沒個好惹的，誰的毛也拔不得，只能做孫子。汴梁的朱友貞倒是懦弱無能，雖然一直被李存勖壓著打，但高季昌也沒敢打「叔父」的主意，自己那點底子，根本不夠朱友貞吃的。

梁龍德三年（西元九二三年），河東軍入汴，朱友貞自殺。高季昌和朱友貞關係本就不怎麼樣，亡了就亡了吧，再換個主人就是，高季昌向李存勖稱臣。高季昌知道李存勖的祖父是李國昌，自己的名字正好犯諱，便改名為高季興。李存勖也不知道高季興是何等人物，先穩住他再說。

高季興的手下勸高季興去洛陽朝見李存勖，以免惹禍上身，首席幕僚梁震力言不可：「梁唐為仇雠三十年，大王（朱友貞曾封高季昌為勃海王）世係梁朝舊臣，據大鎮，率強兵，自為一方諸侯。今若入朝，恐能去不能回。」高季興覺得事情沒這麼嚴重，不聽梁震勸，隻身入洛陽。

同光元年（西元九二三年）十一月，高季興來到洛陽，作為第一個朝見的地方大鎮，李存勖自然厚待高季興。宴間李存勖問：「卿能來朝，朕心甚慰。今朕欲削平天下，卿向有謀智，為朕一言，今當伐吳乎？伐蜀乎？」高季興早就想收復舊荊南治下諸州，當然力勸李存勖先伐蜀：「兩相而較，蜀為弱，況王衍童昏於上，幸臣謀私於下，國勢非王建時也。臣意先取蜀，然後順江東下，夷吳若覆掌耳。」李存勖鼓掌大笑：「卿真善計！」

高季興在洛陽待了一段時間，發現李存勖治下的中原混亂，宦官婦黨亂政，知道李存勖這樣胡鬧下去，早晚要壞事。而洛陽城中的宦官聽說高季興這個財主來了，都歡歡喜喜地來找高季興要錢，高季興剛開始還給點面子，後來這幫鳥人貪得無厭，高季興氣得想離開洛陽。

可李存勖捨不得高季興，想留下來喝茶聊天。郭崇韜勸：「陛下初平中原，四方來朝者，唯季興一人，如果扣下高季興，理虧在我，以後誰還敢來？不如放行高季興，為長遠計！」李存勖這才讓高季興回江陵。

高季興驚出一身冷汗，害怕李存勖變主意，出城後拍馬狂奔。並對侍從道：「此行二失，來洛陽大失，險此客死於此。皇帝縱我還江陵，亦一失也。」來到襄州（今湖北襄樊），唐山南東道節度使孔勍設宴招待高季興。高季興不敢多喝，少飲幾杯，於夜間趁人不備，強行出城，奔回江陵。

及至江陵，眾人前來問安，高季興緊緊握住梁震手，長歎數聲：「悔不聽公言，幾入虎口而不得出矣！」眾人問朝中形勢，高季興笑道：「吾本以為李家雄武英豪，今日觀之，猶豎子也。彼新得河南地，便舉掌謂功臣曰『天下自吾十指中得之！』滅梁豈是彼一人所為？驕傲成這樣，功臣莫不寒心。而且婦道干政，荒及酒色，李存勖混不了多長時間，我們不用怕他！」高季興在江陵招撫流亡到江陵的梁朝散兵，安撫百姓，大修戰艦，以備未來戰時之用。

因為高季興是第一個來朝見自己的諸侯，所以李存勖待高季興也算不薄，同光二年（西元九二四年）三月，李存勖加高季興尚書令，並封為南平王，這也是南平「國號」的由來。不過在這裡我更願意把江陵政權稱為荊南，荊南是個地域性很強且是官方正式的名稱，若稱南平，會和福建的南平混淆起來。

高季興上次沒拿下巴東諸州，心裡一直疙瘩疙瘩的，想找機會再伸手。唐同光三年（西元九二五年）十月，李存勖發兵大舉入蜀，高季興大喜，留長子高從誨守江陵，大起舟師，沿江西進取施州（今湖北恩施）。蜀中方面出馬的還是張武，張武聽說高季興又來了，故伎重演，橫鎖大江中。這回高季興長記性了，派水軍在前頭砍斷大鎖，然後前進。可惜手下都是飯桶，沒把鐵鎖砍斷，結果荊南艦船被這些破鐵鎖給掛住了，動彈不得。蜀軍箭石齊下，荊南水師又是慘敗，高季興只好故伎重演，跳上小舟，竄回江陵。

此時後唐軍已經進入蜀中，張武見大勢已去，投降了魏王李繼岌。同光三年（西元九二五年）十一月，唐軍下成都，王衍面縛出降。高季興正在府中吃悶食，聽說李存勖真把王衍給捉了，大驚，失箸於地：「我真是臭嘴，沒事勸李存勖伐什麼蜀，下一個就要輪到我了。」旁邊梁震勸高季興：「公勿憂，朝中亂象已生，李存勖雖得蜀中，不久必生大亂，江陵安枕無憂患。」高季興稍作寬心。

其實高季興即使不勸李存勖，客省使李嚴和樞密使郭崇韜也勸李存勖伐蜀，伐蜀和高季興關係並不大，也不必給自己戴什麼高帽子。不過高季興心裡也確實不放心李存勖，自古統一先伐蜀，然後都是順江陵東下取吳，隋文帝楊堅就是這樣玩統一的。後來的趙匡胤也是如此，先及蜀，次及江陵，後及吳。高季興再一想，如果李存勖真能統一，自己總是逃不掉的，自己對李存勖還算恭敬，想必李存勖也不會把自己怎麼著。

唐軍入成都後，魏王李繼岌刮了四川的地皮，撈了四十多萬的財帛，走山路成本太高，不如走水路方便。李繼岌命人押送財物乘船順江東下，準備運往洛陽。高季興家底太薄，對這些財寶眼饞得很，但因為是李存勖的東西，沒敢貪心。

唐同光四年（西元九二六年）四月，洛陽發生兵變，李存勖被殺，李嗣源稱帝。消息傳到江陵，高季興大喜：「豎子果不出吾所料！這些東西就沒必要送給李嗣源的，本就不是他的東西！」下令斬殺護財使者，將四十萬多萬財帛盡數劃到自己名下，狠狠發了一筆。

這筆錢既不是李存勖、李嗣源的，也不是他高季興和王衍的，而是老百姓的血汗錢。但百姓卻無權享用自己的勞動成果，因為他們「下賤」，「勞力者必治於勞心者」，一個個歷史風雲人物在無數白骨中建立起的自己生前身後名，卻殊不知，他們的這種所謂榮耀，卻帶著極濃重的血腥味。

作為一個身處四戰之地的小政權的統治者，高季興面臨的壓力是外人難以想像的，所以對高季興來說，必須抓住三點：軍力、財力、智力。尤其是智力，身邊沒幾個智囊絕對不行，作為高季興的頭號軍師，梁震也知道人才對於這個小政權的生存有多重要，給高季興推薦了陵州（今四川仁壽）人孫光憲。孫光憲有文才，善計略，高季興因是梁震所薦，而且孫光憲確實很有才學，便徵為掌書記。

高季興想從馬殷那裡刮點油水，孫光憲勸諫：「公誤矣！荊南狹小，百姓困餓，現在我們應該恢復生產，積蓄力量，再圖後舉。今攻楚，必為他人所乘，大事必去！」高季興大悟，方才罷手。沒有從馬殷這個老傢伙刮點油水，高季興又覺得李嗣源老實好欺負，於天成元年（西元九二六年）六月，上表李嗣源：「臣需要將養的人太多，江陵地頭太小，不夠用啊，請陛下寬容則個，把夔州（今重慶奉節）、忠州（今重慶忠縣）、萬州（今重慶萬縣）劃給臣吧。反正陛下龍馭萬方，也不在乎這點地皮。」

李嗣源哪裡捨得，給駁了回去。哪知道高季興跟黏膠似的，賴起了李嗣源，三番兩次的請李嗣源開恩。李嗣源被高季興逼到了牆角上：「朕出道數十年，哪曾遇到過你這號難纏鬼？」不過李嗣源看高季興確實不容易，看在荊南百姓的面上，給了高季興個面子。

但李嗣源是有條件的：「地方可以給你，但刺史均由朝廷任命。」高季興一聽就洩了氣：「騙子！自派刺史，地盤還歸你管，跟白給一樣。」高季興把李嗣源派到諸州上任的刺史全都亂棍打回去了，派高家子弟去守三州。高季興登鼻子就上臉，把李嗣源差點氣暈過去：「太可恨了，這都是什麼鳥人？不給點你顏色看看，以為朕就這麼好欺負？」

天成二年（西元九二七年）三月，李嗣源命山南東道節度使劉訓為北路軍，東川節度使董璋、副使西方鄴為西路軍，楚王馬殷為南路軍，三面討伐高季興。高季興見李嗣源來真的，忙向淮南的徐溫求救，徐溫發水師來救。江陵對淮南的戰略意義極大，江陵若失，淮南危矣。

劉訓來到江陵，高季興固守不戰，加上天降大雨，唐軍將士多數病倒，劉訓也成了病號。李嗣源又派樞密使孔循來督戰，孔循先禮後兵，勸高季興識點時務，別給臉不要臉。高季興不吃你這套，回信差點把孔循罵死。

孔循大怒，發軍攻城，高季興罵人一流，打仗也不遜色，堂堂大唐軍就是拿江陵孤城毫無辦法，只好撤軍。楚王馬殷表面上出兵，實則坐兵岳州，等待機會自撈好處。江陵本應把中原政權作為戰略腹地，和南方幾位大佬對抗，現在和李嗣源翻了臉，高季興做事也夠厲害的，奪了湖南入京進貢的物項，扣了馬殷使者史光憲，派人去廣陵向吳國稱臣。徐溫現在還不想得罪李嗣源，拒絕了高季興，不過徐溫玩的比高季興更絕，把高季興送的禮物給扣下了，讓高季興自個想辦法去。

高季興差點沒被徐溫氣死，淮南這路指望不上，高季興真是沒辦法了。唐天成二年（西元九二七年）六月，唐軍西路西方鄴部率水師在江上大敗荊南軍，高季興剛騙到手的三州又被李嗣源奪了去。

而馬殷這路也沒閒著，見史光憲被抓，大為憤怒。天成三年（西元九二八年）三月，馬殷親臨岳州（今湖南岳陽），派大將袁詮、王環以及兒子馬希瞻等人率舟師北上。楚軍善水戰，本身實力就在荊南軍之上，馬希瞻設計在劉朗浦（今湖北石首境內，即劉備迎娶孫權妹之處也）大敗荊南水軍。楚軍順江直趨江陵，高季興好漢本色，說打就打，說和就和，忙把史光憲送還馬殷，求馬大王給點面子。馬殷滅高季興容易，但卻少了一個戰略緩衝地帶，還是留下高季興更符合湖南的戰略利益，罷手回長沙。

三

沒過三個月，馬殷又和高季興幹了一仗，這回高季興總算找回了「軍事家」的感覺，在白田大敗楚岳州刺史李廷規。馬殷也不想打下去了，再打下去對雙方都沒好處。高季興得罪了李嗣源和馬殷，需要找一個靠山，此時吳國權臣徐溫病死，養子徐知誥主政淮南。高季興便再次向吳國稱臣，徐知誥出於戰略上的考慮，接受高季興的稱臣，封高季興為秦王。

高季興也老了，辛辛苦苦大半輩子，好賴也算給兒孫們謀下了一份不大但也能過得去的家業，溫飽是不成問題的。沒多久，高季興就病倒了，軍政大權交付長子高從誨處分。後唐天成三年（西元九二八年）十二月，在刀尖上跳舞的一代「巨猾」高季興病死江陵，年七十一歲。

江陵是南方各大鎮向中原政權朝貢的必經之道，所以高季興經常做劫道的買賣，等各鎮或寫信責罵，或出兵討伐時，高季興又不得不把吞到肚裡的東西吐出來，所以周遭各大藩鎮都瞧不起這個高季興。其實這個如跳蚤般大小的荊南政權能在梁、唐、晉、契丹、漢、周、宋、前蜀、後蜀、楚、湖南、吳、南唐十多個大政權的夾縫中生存五十多年，實在很不容易。江陵地寡民貧，又處四戰之地，所以高季興為了生存，萬般無奈之下，只能偷張家雞，摸李家狗，順帶著拔了王二家的蒜苗。各大鎮的頭腦們鄙夷高季興，不妨換位思考一下，如果他們是高季興，他們會如何去做？

高季興死後，長子高從誨襲位。遣使向吳國告哀。吳國主事的徐知誥讓傀儡皇帝楊溥封高從誨為荊南節度使。不過高從誨也沒怎麼瞧得起吳國，和自己一樣都是偏安政權，跟吳國混真不如跟李嗣源混。召集文武議事，高從誨先發表意見：「金陵離我們太遠，萬一有事，遠水難滅近火，不如轉向臣唐，唐主仁厚，必不以前事為意。你們意如何？」眾人也都是這個看法，高從誨決定降唐。

唐天成四年（西元九二九年）五月，高從誨分別寫信給楚王馬殷和唐山南東道節度使安元信，請他們代向李嗣源說通稱臣事。同時派押衙劉知謙去洛陽納貢，交了三千兩銀子的保護費，李嗣源為人寬厚，不看僧面看佛面，得饒人處且饒人。李嗣源一般不輕易對外動兵，既然高季興已經死了，舊怨算是有個了斷。七月，李嗣源封高從誨為荊南節度使，到了長興三年（西元九三二年）二月，李嗣源再封高從誨勃海王。

高從誨不比他老爹，總想靠劫道發財，高從誨善於處理各方的關係。荊南這麼弱，所以荊南的外交政策只能是以小事大，輕易不要開啟戰端，要想生存下來，就要犧牲一點尊嚴，這是無奈中的必然選擇。經過高從誨的努力，荊南的生存環境得到很大的改善，高從誨覺得活得很輕鬆。

高從誨為人「明敏，多權詐，親禮賢士。」高從誨聽說楚王馬希範喜歡追求生活品質，不禁眼饞，對手下說：「馬希範真乃大丈夫也。」高從誨希望左右拍拍馬屁，然後也好奢侈一番。

孫光憲起身道：「大王想錯了，我們和湖南不同，馬家的奢靡無度，不善恤其民，早晚要遭報應的。中朝皇帝性寬簡，善馭民，大王應該學唐朝，而不是馬家那幫少爺們。」高從誨的臉跟蘿蔔似的：「孟文說得對，與善人法，善；與惡人法，惡。」高從誨納諫如流，改節親士，減賦稅，寬刑罰，荊南百姓於是少安。

而荊南的首席幕僚梁震自從被高季興強留下，到現在差不多三十年了，雖然沒能在大鎮謀得宰相呼風喚雨，但高季興對自己言聽計從，口稱前輩，幾十年風風雨雨，梁震對高季興也很有感情。雖然高從誨人不錯，但畢竟自己也老了，是到了退出江湖的時候。梁震從容謂高從誨：「我事武信王三十年，本當再為大王效命，但震老矣，乞退鄉野以熙天年。大王聰明好學，必能保家守業，震去無憾了。」

高從誨哪裡捨得，苦苦強留，梁震執意要去，高從誨只好由他。梁震並沒有離開江陵，在郊外蓋了幾間草廬，優遊自樂。有時高從誨請梁先生入府議事，梁震騎黃牛，披鶴氅，從行江陵市中，見者皆歎為神仙中人。

北宋時蘇東坡和僧佛印的交往膾炙人口，而梁震和五代十國時著名詩僧齊己的交往卻不甚為人所知。梁震和齊己私交極篤，齊己有詩送梁震：「慈恩塔下曲江邊，別後多應夢到仙。時去與誰論此事，亂來何處覓同年。陳琳筆硯甘前席，用裡煙霞待共眠。愛惜麻衣好顏色，未教朱紫汙天然。」

雖然荊南的首席軍師已經換成了孫光憲，但高從誨、孫光憲、梁震的三角政治格局並沒有被破壞，梁震感高氏厚恩，也決意終老江陵，孫光憲在江陵也待了十多年，換地方也不見得比高氏更受重用。諸葛亮天下大才，但如果他保了曹操，最多也就和荀彧等人同一級別，哪有在劉備手下風光。

對於江陵君臣的善行，司馬光給予了高度評價：「孫光憲見微而能諫，高從誨聞善而能徙，梁震成功而能退，自古有國家者能如是，夫何亡國敗家喪身之有。」唐太宗李世民為什麼被稱為「千古第一明君」？除了李世民的雄才大略外，最重要的就是李世民從善如流，有過必改。拿高從誨君臣對比一下南漢和閩國的皇帝們，差距何其大也？

高從誨雖然人品尚不算惡劣，但作為亂世中人，「偷奸耍滑」的事情也沒少幹，當然他做的沒有石敬瑭、杜重威過分，只是想藉機撈點好處罷了。生存環境在一定程度上能決定人的性格生成，高從誨所處的地理位置，決定了高從誨只能在各路強豪中搶點「殘渣剩飯」，週邊四大國，真要跟荊南動真格的，誰都能滅掉高從誨。

後唐清泰三年（西元九三六年）四月，高從誨先是跟江東的徐知誥套近乎，寫信勸徐知誥順天應人，即皇帝位。徐知誥雖然沒有立刻即位，但高從誨這張感情牌打出去，就能得到徐知誥的好感，至少能穩住江東，別來找他的麻煩。

不僅如此，「千古一帝」石敬瑭奪位之後，高從誨就立刻上表祝賀。石敬瑭見有人比他對待耶律老爹還孝順，自然滿心歡喜，派翰林學士陶穀出使江陵。高從誨拍馬屁從來都不會半途而廢，大排戰艦於江上，請陶穀在望沙樓上吃酒，開始吹牛：「請陶大人轉告聖主，淮南兩川不服天威久矣，百姓貧苦，乞王師早伐叛逆。我大治兵甲，等待王師南下，為聖主效力。」陶穀回汴梁後把高從誨的「孝心」轉給大皇帝，石敬瑭大喜，送給高從誨一百多匹馬。

冷兵器時代，馬是極寶貴的戰爭資源，何況荊南地處水鄉，馬匹不多，高從誨狂吹一通，就得了這些寶貝，高從誨真是賺翻了。高從誨還覺得僅給這些馬不夠朋友，在「幫助」石敬瑭平定山南東道節度使安從進叛亂後，覺得自己有功，請石敬瑭把郢州（今湖北鍾祥）劃歸荊南節度，石敬瑭理都沒理他。

四

反正高從誨已經「不要臉」了，跟誰都是一樣混。晉開運三年（西元九四六年）十二月，石敬瑭的「爸爸」滅了石敬瑭的侄子石重貴，高從誨又拜倒在耶律德光的臭腳丫子下，援照「國際慣例」，耶律德光也送給高從誨一些馬匹。耶律德光以為高從誨是忠臣，可高從誨在拍耶律德光馬屁的同時，又拍上了河東節度使劉知遠的馬屁，請劉知遠做皇帝。當然條件是劉知遠統一中原後，要把郢州給他，劉知遠這時做皇帝八字還沒一撇呢，先哄住高從誨再說。

等劉知遠進入汴梁後，高從誨又來泡劉知遠：「陛下，說話要算數哦。」劉知遠早把這茬拋到腦後了，不給。高從誨大罵：「劉知遠是個大騙子！你不給我，我就拿不到了？」

這時「一代名將」杜重威在鄴都造反，高從誨覺得機會來了，出兵攻襄州（今湖北襄樊），被漢山南節度使安審琦給揍紫了臉。高從誨不服，轉攻郢州，結果又是一頓痛打，稀里嘩啦逃回去了。

高從誨被劉知遠騙得差點沒破產，心裡這個委屈，當下和劉知遠撕破臉皮，轉向南唐和後蜀稱臣。高從誨一方面是考慮要多拉幾個墊背的，二是貪圖這些大國的財貨，反正給他們跪拜，大把的錢就落到自己的口袋裡，划算買賣，為什麼不做？周邊大國發現高從誨這麼一個活寶，都狂笑不已，反正自己錢多，賞給高從誨兩個買窩頭錢，看他出洋相，也確實有趣。

不過高從誨慢慢就回過味來了，和過去中原皇帝的賞賜相比，周邊那些吝嗇鬼給的並不多，兜裡的錢越來越不夠花的。想來想去，還是跟中原混更好，一安全二多撈錢。反正劉知遠已經死了，劉承祐小毛孩子，好糊弄，便於漢乾祐元年（西元九四八年）六月，遣使謝罪，劉承祐沒和高從誨多計較，和荊南和好。

高從誨「人盡可夫」，名聲越來越臭，江湖中人送給高王爺一個雅號：「高賴子」。高從誨不管這麼多，要的就是現錢，石敬瑭那等貨色，都敢認比自己小十一歲的耶律德光做乾爹，自己沒必要害臊。

想在圈中混好，就兩種選擇：要麼德藝雙馨，要麼臭名遠揚，不吭不響是掙不到大錢的。高從誨也算是個一流的「炒作大師」，知道這個道理，臭就臭吧，反正自己就這點出息。

這些年高從誨也鬧得差不多了，漢乾祐元年（西元九四八年）十月，高從誨病死江陵府，時年五十八歲，長子高保融襲位。高從誨雖然和老爹高季興都是五代著名的活寶，但高從誨文化素質較高，為人也比較謙遜，荊南這塊小地皮在高從誨的統治下，形勢還算平穩，不能因為高從誨耍寶就小瞧於他，「小國寡君」，不能要求太高。

高保融做荊南節度使沒多久，後漢就沒了，郭威坐了龍廷。高保融知道這幫爺們惹不起，對後周點頭哈腰。以前高家的自從朱梁亡後，對中原政權上貢時有時無，幾年才拜一回祖宗，中間還和李嗣源、劉知遠鬧翻過。到了柴榮時，後周國力強大，橫掃南北，高保融害怕，不敢再玩爺爺和爸爸的油滑把戲，年年入貢。柴榮性本寬厚，見高保融如此恭敬，自然回饋不薄。以前梁朝曾經發往五千牙兵駐守江陵，軍餉由梁朝撥付。梁朝被滅，後唐為了照顧高季興，每年給一萬三千石鹽。後來時事多變故，鹽也沒了。柴榮平定淮南後，得到泰州鹽場，便歲給荊南鹽，作為歲用支出。因柴榮下淮南時，荊南也出兵「幫忙」，所以又賜給高保融一萬匹上等帛，高保融著實撈了一把。

對於柴榮的厚賜，高保融感激涕零，想在柴榮面前立上一功。寫信給後蜀皇帝孟昶，勸孟昶識點相，向周朝稱臣。孟昶覺得自己是大國皇帝，沒必要向這個曾經「鼠竊作賊」的傘販子柴榮低三下四，回絕了高保融的好意。

高保融為人有些愚鈍，不太會做事，所以荊南軍政多由同母弟高保勖打理。高保融在荊南過的倒也滋潤，一畝地三頭牛，老婆孩子熱炕頭，夠吃夠喝就可以了。荊南主要以中原政權為外交重點，畢竟中原政權實力最強。等到趙匡胤做皇帝的時候，高保融玩得更絕，對宋朝一年三入貢。其實荊南對中原的上貢還不夠中原回賜的多，但大國皇帝就要有點氣度，要的是人家這份孝心，而不是貪這幾個小錢。

宋建隆元年（西元九六〇年）八月，高保融病死，因為自己長子高繼沖還不到二十歲，怕他擔不起重任，改由兄弟高保勖做荊南主。高保勖是高從誨的愛子，極為寵愛，高從誨每次發脾氣的時候，只要保姆抱著小保勖站在他面前，高從誨立刻易怒為笑，荊南百姓給高保勖起了個外號：「萬事休」。

高家的幾位王爺，除卻演技比較差的高保融和高繼沖外，高季興、高從誨、高保勖個個都是活寶，洋相出了一火車。高季興和高從誨把耍寶舞台放在外交上，高保勖主要在內部胡搞，而且做得非常過分。

高保勖身體本不太好，但高保勖的夜生活卻非常豐富，當上王爺之後，高保勖大興土木，建造亭台，耗盡了荊南僅有的一點家當，荊南百姓怨聲載道，高保勖置之不聽。然後高保勖把江陵城中的妓女都召到府中，讓身體強壯的侍衛上前調戲這些妓女，浪笑聲四起，高保勖則摟著自己的妻妾，坐在簾後欣賞，以為笑樂。

老臣孫光憲屢勸高保勖自重，哪裡肯聽。不過高保勖命短，也幸虧命短，不然就要替高繼沖做亡國奴了。宋建隆三年（西元九六二年）十一月，高保勖因縱淫過度，病倒了。屢醫無效，高保勖也知道自己要完了，但繼承人的問題還沒解決，便問指揮使梁延嗣：「老子快不行了，你覺得應該立誰為荊南主？」梁延嗣對高繼沖印象不錯，勸高保勖立高繼沖：「貞懿王（高保融）捨子立王，大王應該感貞懿王之德，把位子傳給繼沖。」高保勖想了一下，也只有高繼沖了，就立高繼沖為嗣主。不久，只當了不到三年南平王的高保勖就成了「古人」。

高繼沖出頭實在不是時候，這時的大宋皇帝趙匡胤已經準備開始動手消滅這些割據政權了。此時湖南發生大亂，張文表要掀倒周保權，自立為湖南主。趙匡胤先派內酒坊副使盧懷忠出使江陵，觀察荊南虛實。盧懷忠在江陵把荊南的底細摸透，回來告訴趙匡胤：「荊南蕞爾小國，甲兵不過三萬，高繼沖年少無知，陛下欲取湖南，江陵必先平之。」

趙匡胤大喜，宋乾德元年（西元九六三年）正月，遣山南東道節度使慕容延釗為湖南道行營都部署，樞密副使李處耘為副，出兵討伐張文表，並告訴慕容延釗：「如此如此，這般這般。」慕容延釗假借道為名，要求路過江陵。高繼沖不知道慕容延釗要幹什麼，不答應，只願意出點錢糧犒王師。孫光憲當然知道趙匡胤要幹什麼，勸高繼沖：「中國自周世宗時已有統一的苗頭，今日宋朝皇帝對統一志在必得，江陵社區，豈能當虎狼之師？不如見機納降，王必不失富貴。不然，刀兵齊下，王將何歸？」

高繼沖還有些猶豫不決，畢竟祖父守在江陵已經五十多年了，高繼沖再不懂事，也知道祖業要是毀在自己手裡，日後入土，如何見祖宗於地下。但人類歷史上的競爭是從來不以弱者意志為轉移的，或者說弱者根本就沒資格擁有意志，只有強權，才是生存的唯一之道。

高繼沖想看看宋軍真是傳說中的這麼厲害？派叔父高保寅和梁延嗣帶著牛酒前來宋營犒軍。慕容延釗知道高繼沖會有這一手，先對梁延嗣胡扯一通：「此次南下只是借道江陵，別無他意，請南平王放心就是。」梁延嗣回去覆命，高繼沖這才安心。慕容延釗留下高保寅，設酒款待，找人把高保寅灌醉了。然後密遣騎兵部隊，抄近路奔馳百里，直撲江陵城下。宋乾德元年（西元九六三年）二月，高繼沖以為宋軍真是借路，出門相迎，碰上李處耘。

趙匡胤之前已經交代好了密計，照辦就是。李處耘讓高繼沖在這裡先等慕容延釗，說是軍情緊急，先過江陵去湖南。高繼沖有點傻帽，好容易喝了一肚子的涼風等到了慕容延釗，慕容延釗估摸著李處耘差不多進了江陵，便和高繼沖一路說笑來到江陵。等高繼沖來到城外，看到城上飄揚著宋朝旗幟，知道被趙匡胤給涮了，但此時身在虎穴，哪敢有半點不敬，不然慕容延釗就敢當下把他宰了。只好入城獻出印綬戶籍，以荊南三州十七縣之地，獻與慕容延釗。

自是，荊南政權不復存在，如果從後梁開平元年（西元九〇七年）五月，高季昌正式任荊南節度使算起，荊南政權存在了五十五年。荊南也是宋朝拉開統一大幕後第一個被消滅的地方割據政權。

其實在五代十國中，有些沒被正史所承認的政權，地盤和實力都遠強於荊南，比如李茂貞的岐（鳳翔），劉守光的燕，周行逢的湖南，塊頭都比較大。但荊南卻因為特殊的地理位置和複雜的外交形勢而占了一個大便宜，就是存在時間長於岐燕等政權。如果高季興換了除江陵外任何一個巴掌大的地盤，早就被人給滅了。

第九章

日落太原城——北漢的頑強存在

秦二世皇帝三年（西元前二〇七年）十月，「流氓無賴」出身的沛公劉邦率軍攻入秦都咸陽，秦王嬴胡亥素車白馬，奉綬來降，秦朝滅亡。後來項羽撕毀事前約定，把劉邦發配到漢中，封漢王。劉邦被封漢王的這一年（西元前二〇六年）也是中國歷史上赫赫有名的大漢帝國的開始之年，雖然這年劉邦沒有稱帝。

劉邦不甘心坐死異鄉，以韓信為將，明修棧道，暗度陳倉，東向擊項羽，四年夷強楚，統一天下。劉邦定都長安，國號大漢。經過七十多年的生聚教訓，漢朝國力強大，漢武帝劉徹神武雄略，北擊匈奴，徹底解除了匈奴這個北面夢魘，大漢帝國揚威四海。漢西域副校尉陳湯力斬匈奴郅支單于，送頭長安，上書漢元帝劉奭：「臣等將義兵，行天誅，賴陛下神靈，陰陽並應，天氣精明，陷陳克敵，斬郅支首及名王以下。宜縣頭槁街蠻夷邸間，以示萬里，明犯強漢者，雖遠必誅。」

是後，大漢帝國鐵騎縱橫，懸鈴塞外，海內有水井處，孰敢不賓？有漢一朝，臨御華夏四百年，威深德厚。後來漢朝的國號便成了一個民族永遠的名字：「漢族」！由於漢朝對歷史的影響實在太大，所以後來凡是劉姓建立的朝代，多以漢朝為名，除了不肖子孫劉寄奴。當然此後建立的好幾個劉姓漢朝中，許多都不是漢族人所建，頭一個就是匈奴後裔五部大都督劉淵，第二個就是五代時河東節度使劉知遠。

劉知遠是沙陀人，晉出帝石重貴被耶律德光俘虜北上，中原空虛，劉知遠趁亂南下入汴梁，建立漢朝，史稱後漢。可惜劉知遠命短，一年以後就崩了，他的不孝子劉承祐擅殺功臣，最終將鄴都的郭威逼反，劉承祐被殺。不久後郭威建立周朝，後漢僅僅存在四年就煙消雲散。

如果僅從五代的角度來看後漢，後漢確實如曇花一現，其他四代中最短的後晉和後周都存在了十年。但如果從血統傳承的角度來看，這個漢朝存在時間長達三十三年，因為劉知遠的弟弟河東節度使劉崇隨後在太原延續漢朝香火，年號還是後漢的乾祐，史稱劉崇為北漢。雖然《新五代史》稱為東漢，但因為在廣東還有一個南漢，南北容易對稱，一般都稱為北漢。

劉崇，生於唐昭宗乾寧元年（西元八九四年）。說起來可笑，五代十國時許多開國帝王在青少年時代都染上偷盜的惡習，朱溫偷鍋，王建偷驢，楊行密手腳也不乾淨。郭威雖然沒偷過東西，但喜歡賭博，還任性殺人。劉崇情況不比郭威好多少，劉崇「少無賴，好陸博意錢之戲」，想靠賭博發家致富，可惜技術沒學到家，蝕本買賣幹了不少。

後來賭不下去了，只好黥面入伍，混口飯吃。不過相對於其他從軍隊底層爬出來的帝王，劉崇的人生道路比較平坦，因為他有一個非常有出息的大哥劉知遠。劉知遠和晉高祖石敬瑭同在唐明宗李嗣源麾下用事，在河東軍和梁軍德勝大戰之時，劉知遠救過石敬瑭一命。石敬瑭稱帝後，讓劉知遠守河東重鎮。因為劉知遠的原因，特例提拔劉崇為都指揮使。

史上沒詳稱劉崇哪一年入伍，劉知遠在晉天福六年（西元九四一年）做河東節度使，這時劉崇已經四十七歲了。即使劉崇三十歲參軍，將近二十年的時間都沒混出個模樣，可見劉崇能力實在不怎麼樣。

當然，也有可能劉崇沒錢買通上級軍官，或者劉知遠不想讓兄弟過早出頭。說到好運氣，劉崇還不如石敬瑭，如果不是石爺攀上了李嗣源這條高枝，也不會混得多好。沒辦法，有時候就得「認命」，有關係不用，過期作廢。從古至今，關係學都是一門顯學，關係就是財富，尤其是在中國。

晉天福十二年（西元九四七年）二月，劉知遠在太原稱帝，國號大漢，隨後起兵南下入汴梁，和時間賽跑。為了安全起見，留兄弟劉崇守太原。繼位後拜劉崇為河東節度使，加同平章事，也就是以宰相銜領大鎮節度，這在五代十國時期極為普遍。劉知遠掛了以後，劉崇在漢朝的地位一下就從「大漢皇弟」變成了「大漢皇叔」，簡稱「劉皇叔」。

劉知遠雖說對這個兄弟不錯，但也知道歷史上以叔廢侄的故事屢見不鮮，所以也不敢放劉崇進汴梁，待在太原老老實實做你的節度使。劉崇和朝中幾位當道大佬楊邠、王章、史弘肇、郭威等人交情一般，尤其是郭威，兩人關係非常糟糕，劉崇知道郭威的能耐，總感覺這個郭雀兒將來對自己的威脅最大。

漢乾祐二年（西元九四九年）七月，郭威平定李守貞等人叛亂，回到京師，劉承祐厚加犒封，郭威一時鋒頭無限。劉崇吃起了乾醋，便問節度判官鄭珙：「皇帝年輕不懂事，四權臣用事，我擔心幾人於我不利，你有什麼好主意沒有？」鄭珙看問題很透徹：「幼主權臣最容易出事，天下不久必亂。主公雄踞河東，此出天子地也。河東易守難攻，主公當收租賦，練雄兵，以為自守計！譬如引箭，此時不發，等到別人殺過來，再拉弓就來不及了。」劉崇大喜：「好主意！」開始在河東刮地皮，搜羅了不少錢，充作軍資，廣募河東豪傑，日夜操練，以備不時之需。

形勢發展果如鄭珙所料，劉承祐發動乾祐之變，汴梁城中血雨腥風，郭威悲慟起兵於鄴都，中原大亂。乾祐三年（西元九五〇年）十一月，劉承祐死於汴梁城外，郭威成了汴梁城中的實際統治者。

消息傳來，劉崇大為悲憤：「郭威敢弒君，大逆不道，吾將董統六軍，南下討賊，我們劉家的天下，怎麼能讓郭雀兒奪去！」準備起兵討伐郭威。這時，探馬把郭威準備迎立劉崇所生子、武寧軍節度使劉贇之事報入太原，劉崇也不動動大腦，郭威能甘心把到手的果子再送給他？大喜：「我兒子做了皇帝，老子就是太上皇了，郭雀兒到底還有點人味。」

太原府少尹李驤早就看出郭威那點花花腸子，勸劉崇不要輕信：「郭威當世奸雄也，此舉不過是要拿武寧軍少主子當個墊背的，主公不要上了郭威的當。主公不如提銳旅下太行，控孟津（今河南孟津），以觀中原形勢。如果郭威真立了武寧，主公再收兵不遲。」劉崇卻不是這樣想的：「萬一我出兵激怒了郭威，給我兒子下黑手，豈不是畫蛇添足？」大罵李驤：「狗殺才！你想害我兒子?!」喝左右斬李驤。

李驤哪裡想到劉崇居然如此弱智，給這等奴才賣命簡直是污辱自己的智商，仰天大哭：「想我李驤也是一時才俊，怎麼與蠢物共計天下事，請速斬我。我尚有老妻，不忍淒涼獨活於世，願與之同死！」劉崇真是瘋了，獰笑：「那就成全你吧。」將李驤夫婦斬於太原市。

郭威做事就是穩當，知道他當皇帝最大的威脅就來自於河東，李存勖、石敬瑭、劉知遠就是從河東發家的，雖然劉崇沒多大能耐，但也不得不防。寫信給劉崇：「因武寧軍貴公子是高祖皇帝嗣子，所以朝議推立，請劉公勿疑。威臉上刺雀，形象不雅，自古哪有雕青天子？威誠漢忠臣也。」

劉崇相信了郭威的鬼話，在太原城中坐起了「太上皇」的美夢。其實劉贇已經入嗣劉知遠，即使當了皇帝，也是為劉知遠傳香火。當然劉贇畢竟是自己生的，劉贇稱帝後，自己就從「大漢皇叔」升級為「大漢皇父」了，確實誘人。

可惜劉崇「大漢皇父」的美夢永遠不會實現了，漢乾祐三年（西元九五〇年）十二月，郭威在澶州（今河南濮陽）發動兵變，廢掉劉贇，還兵汴梁，自立為帝，國號大周。劉崇一下子就懵了，知道「大漢皇父」做不了，只好低三下四的去求郭威把劉贇放回來，骨肉連心啊，自家的孩子只有自家心疼。周廣順元年（西元九五一年）正月十六日，噩耗傳來：廢帝湘陰公劉贇已「薨」於宋州（今河南商丘）。

劉崇哭天搶地，老淚縱橫，大罵郭威：「郭威害死我兒，宜其無後乎！」這時劉崇才想到李驤對他說的那番話，悔不聽李驤良言，為了表示一下歉疚之情，為李驤立祠。

如果劉崇真聽李驤之計，出兵南下，郭威還會不會殺劉贇自立？肯定會，但同時會有所顧忌，畢竟郭威在汴梁的根基尚淺，還沒有形成自己的政治集團，郭威因為「漢大臣不即推尊之，故未敢即立。」所以郭威可能會拖延稱帝時間。但這個時間段就是劉崇極為難得的戰略緩衝空間，出兵南向，和郭威爭天下，畢竟劉知遠的影響還在。等郭威把一切麻煩都解決了，劉崇也只好坐在太原城中哭鼻子了。

劉崇和郭威徹底撕破了臉皮，就是劉贇被殺的這一天，劉崇在太原稱帝，國號大漢，年號仍稱乾祐四年（西元九五一年）。以節度判官鄭珙、觀察判官趙華為宰相，二兒子劉承鈞為太原尹兼侍衛親軍都指揮使。劉承鈞暗中肯定要笑的，劉贇真要回太原，儲君的位子自己肯定撈不到。兄弟親情並不能影響到人對權力的愛慕，父子天性所出，該殺的照樣殺，兄弟又算得什麼？人性，從來都是這樣自私。

和五代同時並存的十國中，有九個是在南方建國，只有北漢孤零零的懸處北方。雖然北漢脫胎於五代天下第一重鎮河東，五代有三個朝代出身河東，但劉崇實在不怎麼幸運，他所遇上的對手郭威以及後來的柴榮，其能力和綜合素質遠遠強於李存勖所面對的朱友貞，石敬瑭所面對的李從珂，而劉知遠根本就沒有對手。

劉崇雖然做了皇帝，但根本高興不起來，顧謂將相們長歎：「本來漢家輪不著我為帝，只是高祖皇帝手創天下，一旦為郭威所奪，不得已而為之。朕孤守河東十二州，何其窘也，朕到底算是什麼樣的天子？你們算是什麼樣的宰輔節度？朕手頭也沒多少錢，所以待卿必然少薄，卿等勿怨朕。」劉崇說得也辛酸，眾人默默無語。

二

北漢建國倉促，地盤不大，只有十二州之地，財政情況比較差。劉崇每月只發給宰相俸祿一百貫錢，節度使更可憐，只有區區三十貫錢。以宋朝為例，宋朝是以「錢（銅錢）」為流通貨幣，一般來說，在北宋初期一兩白銀能兌換一貫銅錢（粗算一下，一貫錢折合差不多現在四百五十元），北漢宰相月工資差不多四萬五千元，節度使一萬三千多。這樣的高薪放在老百姓身上，肯定笑死。但宰相節度使們要同時養活七姑八婆一大家人，還要貪圖享受，上下打點，這些錢明顯不夠用。

這幫爺出來混，自然就是要撈錢的，看到劉崇身上沒多少油水可刮，只好把賊手伸向民間，史稱北漢「國中少廉吏」。這夥貪官如果知道後世罵他們貪財，肯定一肚子委屈：「皇帝沒錢給我們，我們只能自謀出路，千萬怪不得我們！」

北漢總戶數四萬，人口不過三十萬，卻要養活龐大的官僚機構和軍隊，後來劉崇還賄賂契丹，歲饋重金，河東百姓深受其苦。也難怪柴榮北伐河東時，百姓紛紛向周軍血淚控訴劉氏暴政，願意幫助周軍消滅劉氏，以解恨氣，可見劉崇的經濟窘迫到了什麼程度。

劉崇稱帝是被郭威逼出來的（當然郭威稱帝也是被劉承祐逼出來的），所以立國伊始，就要找郭威算帳，以報亡國殺子之仇。不過劉崇也知道靠自己那點家底實在不夠郭威吃的。北漢居處周朝和契丹之間，所以劉崇別無選擇，只能倒向契丹。

正好契丹皇帝耶律阮（耶律兀欲）知道中原政局動盪，想趁亂撈一把，讓西南路招討使潘聿撚寫信給劉承鈞問問情況。劉崇大喜，知道機會來了，便讓劉承鈞寫信告訴耶律阮：「本朝淪亡，紹襲帝位，欲循晉室故事，求援北朝。」為了能歸復故國，劉崇不惜做石敬瑭第二，要給自己找個「父親」。耶律阮興奮得亂蹦，一是因為即將多出一個孝子賢孫，二是能渾水摸魚，何樂不為？

沒等到耶律阮有所表示，劉崇已經開始找郭威報仇去了。北漢乾祐四年（西元九五一年）二月，劉崇大發境內精銳，由長子劉承鈞率軍南下，先攻晉州（今山西臨汾）。周建雄軍節度使王晏知道來者不善，乾脆固守不戰。劉承鈞督軍攻城，可惜王晏有點本事，北漢兵屢攻不下，還折了幾千弟兄。

劉承鈞無奈，只好翻過呂梁山，轉攻隰州（今山西隰縣）。周朝隰州刺史許遷真是好客，聽說河東軍來了，忙派步軍都指揮使耿繼業帶兵在長壽村（在隰縣下李鄉）迎接河東的客人。耿繼業沒等北漢兵準備戰鬥，迎頭就是一通猛擊，北漢軍大敗。

劉承鈞大不服氣，麾師攻城。還是沒有得手，北漢兵死傷慘重，眼看糧草吃的差不多了，再待下去沒準被許遷給吃了，只好撤回河東。

郭威的手下不是那麼好對付的，劉崇忙向契丹求救。耶律阮正等著劉崇呢。契丹當然願意幫忙，不過條件比較苛刻：北漢必須每年送給契丹十萬貫錢。劉崇也確實沒多少錢，但為了能在契丹和周朝的夾縫中生存下來，不答應也得答應，反正老百姓有的是錢。否則再和契丹翻了臉，劉崇無論如何都不可能同時對付南北強敵。乾脆豁出去老臉，派鄭珙帶著厚禮出使契丹，表示願意認耶律阮為叔父，請叔父大人快來救救侄兒吧。

從耶律阮的角度來說，中原政權始終不亡燕雲十六州，郭威也不例外。為了固守這大片沃土，契丹有必要在本國和周朝之間尋一個戰略緩衝地帶，在符合契丹戰略利益時，給郭威製造麻煩，除了北漢，沒有第二個選擇。

北漢乾祐四年（西元九五一年）六月，契丹皇帝耶律阮派燕王耶律述軋去太原，冊命劉崇為大漢神武皇帝，劉崇北向拜叔父，同時更名為劉旻。耶律阮既然認下了這門親戚，總得有所表示吧，讓耶律述軋帶去了九龍玉帶和一匹上等黃騮馬。

當年石敬瑭老不要臉，拜比自己小十一歲的耶律德光做義父，劉崇雖然只是認了個叔父，但年齡差距更大，劉崇比「叔父」耶律阮大了足足二十三歲。

如果石敬瑭地下有靈，肯定會笑壞肚子的：「哈，這個劉崇，讓我如何感謝你好呢，有你這個墊背的，我就不被人罵了。」可惜後人只記住了石敬瑭這個兒皇帝，不太有人知道劉崇這個侄皇帝，當然還有人會記得趙構這個大金國的侄皇帝。

石敬瑭認乾爹，耶律德光必須幫他滅掉李從珂，劉崇當然也不會白認叔叔，耶律阮自然也得出兵幫助劉崇滅掉郭威。隨後劉崇就使中書侍郎衛融去契丹國都上京（今內蒙古巴林左旗），一是替自己拜謝「義叔」，二請契丹出兵滅周。

北漢乾祐四年（西元九五一年）九月，劉崇準備南下攻周，屢請契丹出兵。耶律阮本想出兵，可群臣不想管閒事，耶律阮被大臣耶律盆都做掉了，契丹文武改奉耶律德光的長子耶律述律為帝，改名耶律璟。

契丹政權更迭的消息傳到太原，劉崇可不管這些，他只需要契丹幫他消滅郭威，耶律璟上臺後，劉崇照樣拜耶律璟為叔父。而劉崇的「新任叔父」耶律璟這一年只有二十一歲，而劉崇已經五十五歲了，劉崇越來越不要臉了，耶律璟足夠給自己當孫子了，結果卻成了自己的叔父。要是大哥劉知遠知道，不死也得給氣死。

耶律璟按照事先約定，北漢乾祐四年（西元九五一年）十月，派彰國軍節度使蕭禹厥領五萬慓悍契丹軍會同劉崇，南出陰地關（今山西霍邑北），再攻晉州（今山西臨汾）。此時周建雄軍節度使王晏已經調任武寧軍節度使，新任節度王彥超還沒有來到，守城的是周晉州巡檢使王萬敢、龍捷都指揮使史彥超。漢遼聯軍仗著人多勢眾，狂攻晉州不止，一路被打掉，下一路跟上去玩命。但王萬敢用兵有方，聯軍一直打到十二月，還是沒有得手。

老天爺看到劉崇這麼辛苦，想讓劉崇回家休息休息。天降大雪，一直下了十多天，北軍凍死凍傷無數。蕭禹厥也想家了，契丹軍也凍傷不少，連夜撤軍回去了。劉崇還賴著不走，這時周朝援軍已經趕到，北漢軍已經凍傻了，經不過周軍招呼，潰散而逃，周軍一直送到霍邑才收兵回去，劉崇只好坐在太原城中的火爐子邊大罵這鬼天氣。

吃過幾場大敗仗，劉崇總算領教到郭威的厲害了，知道郭威在一天，他別想占到郭威半點便宜，只好待在太原城慢慢盤算吧，希望郭威早點死，當然也希望自己能多活幾年。

劉崇真是好運氣，郭威果然死在了他的前面，北漢乾祐七年（西元九五四年）正月，好消息傳到太原：郭威病死，皇養子晉王柴榮嗣位。

劉崇激動得差點哭出來：「逆賊！該死久矣！」劉崇不顧自己已經六十歲高齡，帶著三萬大軍，會同契丹武定軍節度使楊袞所部萬人，以北漢頭號大將張元徽為前鋒，漢遼聯軍過團柏谷（今山西祁縣東），黑鴉鴉朝潞州（今山西長治）撲來，兵鋒所及，見者心驚。

可惜劉崇的對手是柴榮，這位五代史上第一明君英主，怕你什麼劉崇？高平一戰，大敗北漢軍，差點活捉了劉崇，劉崇好容易逃回太原城中。

劉崇驚魂未定，柴榮就已經殺到了太原城下，出軍四處攻城掠地，北漢大半州縣均為周軍所得。劉崇只好再賭一把，知道如果這次再輸了，九族性命從此休矣！

契丹皇帝耶律璟為了本國利益，絕不能讓柴榮滅了河東，再出兵來救太原。周軍史彥超部在忻州（今山西忻縣）胡來，帶著二十個弟兄就想掃掉契丹騎兵，結果戰死陣上，李筠逃回。隨後大雨連旬而下，周軍屢攻太原不得志，柴榮見一時半會拿劉崇沒奈何，也只好收兵回去。

三

劉崇知道有生之年是不可能恢復故國了，憂憤成疾，病倒了。劉崇心情極壞，經常痛哭，漸告不治。北漢乾祐七年（西元九五四年）十一月，劉崇死於太原，年整六十歲。劉承鈞毫無意外的繼位，尊可憐的父親為世祖神武皇帝，並遣使向契丹告哀。這回不在耶律璟面前裝孫子了，改稱兒子，耶律璟也不客氣，常呼劉承鈞為兒皇帝。（輩分也太亂了）。

後史對劉崇的評價非常差，薛居正就不客氣地把劉崇罵了一頓：「劉崇以亡國之餘，竊偽王之號，多見其不知量也。」從五代傳承的角度，北漢確實是「偽朝」，但我們應該多站在失敗者的角度看問題，哪怕這只是廉價的同情。

劉崇這輩子其實也挺不容易，長子被殺，國家被人所奪，劉崇不可能投降郭威，只能選擇一條不歸路。但一個近六十歲的老者，卻要做二十出頭小青年的兒子，於情於理實在說不過去。劉崇其實根本沒有必要如此糟踐自己的人格，契丹人貪圖的是厚利，而不是虛名。劉崇每年送給契丹的十萬貫錢，不算多，但這已經能買動契丹人。稱臣納貢已經實現了自己的政治目的，何必再出賣人格？人活一輩子，活著圖利，死後圖名，被後人指著屍骨臭罵，是做人的最大失敗，劉崇無論生前還是身後，都是個得不到多少同情的失敗者。

劉承鈞和老爹出身市井不同，劉承鈞有些文學素質，為人也謙恭，待人也和遜，深得好評。劉承鈞知道自己的生存環境，為了對抗周朝這個世仇，也只能全面倒向契丹，在契丹的卵翼下生存。劉家的幾位皇帝中，劉知遠的軍事能力最出色，劉崇能力一般，劉承祐就更不用說了。

劉承鈞即位後，「勤於為政、愛民禮士」，史家評價「境內粗安」。由於剛繼位，為了在艱難的形勢下頑強生存下來，劉承鈞不可能把精力用在「滅周興漢」上，先鞏固自己的統治基礎最要緊。劉崇和郭威有私仇，但他們都已經不在了，劉承鈞和柴榮根本就沒見過面，「國仇家恨」的程度不如劉崇，所以劉承鈞最大的願望就能守住河東，把家業平安的傳給兒孫，就已經很知足了。

劉承鈞覺得自己的翅膀比較硬了，便想弄出點屬於自己的特色。比如年號，乾祐年號還是十年前老大伯劉知遠定的，沒想到這個年號居然有四個皇帝在用，國史上罕見。不過劉承鈞早就瞧不上這篇老黃曆了，哪年哪月的破旗？就像隔夜饃一般，吃起來味道就是不一樣，換個吧。

北漢乾祐十年（西元九五七年）正月，劉承鈞下詔，改漢乾祐十年為漢天會元年，並大赦天下（其實就河東那塊地面）。用衛融為中書侍郎，段常為樞密使，蔚進主掌親軍。段常本名恒，宋朝史家為避宋真宗趙恒名諱，強行為段恒改了名。易恒為常的例子還有一個，漢文帝名劉恒，漢朝人也強行把北嶽常州改為恒山，五代楚國學士拓跋恒也因為趙恒的緣故，「改名」拓跋常。在封建時代，皇帝的名諱是必須要避的，不然就是不大敬，古人經常改名字，避聖諱是一個很常見的原因。

劉承鈞這時還沒有親生兒子，只有兩個養子，大的叫劉繼恩，小的叫劉繼元。說到這兩位小王爺，來歷非常有意思。劉繼恩和劉繼元同是劉承鈞的外甥，但他們同母不同父，劉繼恩本姓薛，劉繼元本姓何。

劉繼恩的生父薛釗本是個軍營小卒，後來被劉知遠看上，做了侄女婿，一步青雲而上。薛釗平生好酒，經常大醉，有次喝醉了，拔劍朝老婆劉氏就刺。劉氏反應機敏，脫掉外衣逃去。薛釗這時酒也醒了，害怕劉知遠和劉崇要拿他開罪，抹了脖子。劉崇見小外孫可憐，便讓劉承鈞養起來，改名劉繼恩。後來劉氏又改嫁給何某，生下一個兒子，沒多久何某也死了，劉崇又發善心，再把這個小外孫過給劉承鈞做養子，改名劉繼元。

劉承鈞讓大外甥劉繼恩做太原尹，太原是北漢國都，做太原尹實際上就等於確定了劉繼恩的皇儲地位。劉承鈞雖然被困在太原做「孤家寡人」，但並非對柴榮沒有想法，劉承鈞密使人去金陵和成都，連結孟昶和李璟，作為外應，因為他們最大的敵人都是柴榮，所以連橫戰略是少不了的。

雖然柴榮曾經大敗過父親，但那是舊曆，不算數，劉承鈞想給柴榮號號脈。正好此時柴榮再次率周軍主力南下和李璟爭奪淮南，同時周隰州（今山西隰縣）刺史孫議得病暴死，劉承鈞覺得這是個好機會，便於北漢天會二年（西元九五八年）二月，發兵攻隰州。周建雄軍節度使楊廷璋見劉承鈞偷奸取巧，氣不過，派都監李謙博火速去守隰州。李謙博趕在北漢軍來之前進入隰州，開始死守。

北漢軍殺到城下，開始攻城，不過李謙博善守城，打了幾回沒得手。楊廷璋覺得北漢軍打累了，就派人入城約好李謙博，各帶奇兵夜襲北漢軍，漢軍無備，被周軍殺了個痛快，死傷千餘，劉承鈞見偷雞不成蝕把米，只得自歎晦氣，收兵回去。

劉崇生前一直被郭威死死壓下一頭，劉承鈞不甘心自己再做柴榮的配角，還想出頭。北漢天會三年（西元九五九年）五月，柴榮北伐契丹，中途得病，只好罷兵南還。劉承鈞這次雖然吃了打，但心下癢癢，在邊境上動手動腳，看能不能在臭水溝裡摸出來條魚來。劉承鈞運氣不好，摸來摸去，結果摸到了李重進這條水蛇，被李重進狠狠地咬了一口，死傷萬把弟兄，劉承鈞無奈，認命吧。

一個月後，從汴梁傳來重大利好消息：柴榮病死，幼子柴宗訓即位。劉承鈞大喜，還沒笑完呢，又傳來周殿前都點檢趙匡胤發動陳橋兵變，建立宋朝的消息。劉承鈞愣了：「趙匡胤是哪部分的？想必不會比柴榮強吧。」

劉承鈞繼位以後，屢次南下摸魚，可別說大魚，一條小蝦米也沒摸過。不過劉承鈞就這點好，愈挫愈勇，韌性很強，這次沒摸到，下一次總該能摸到，人生最不缺的就是「下一次」。

機會又來了，趙匡胤建立宋朝之後，原守潞州的周昭義軍節度使李筠深感郭氏父子厚恩，不願跟趙匡胤這個子侄輩混江湖。也難怪，李筠當年在唐明宗子秦王李從榮手下做親衛軍的時候，趙匡胤還是個吃奶的娃娃，李筠為郭家建立的功勞不遜於趙匡胤，憑什麼給你下拜？算哪門子老大？不服！

劉承鈞聞訊大喜：「滅宋興漢，正在此時！」派人帶著蠟丸密信潛至潞州，勸李筠共同起兵滅掉趙匡胤。李筠不顧兒子李守節的苦苦哀勸，派判官孫孚、衙校劉繼忠去太原向漢朝稱臣，並請劉承鈞發兵南下。劉承鈞要的就是你這話，不過為了保險起見，劉承鈞想去請契丹人一起幫忙，劉繼忠承李筠之命，不希望契丹人摻和其中。劉承鈞覺得兩路兵馬也夠用的，北漢天會四年（西元九六○年）五月，劉承鈞親領雄兵南下。

行前，漢左僕射趙華勸劉承鈞：「李筠恃勇寡謀，不足成大事，我們犯不得因為李筠得罪汴梁。趙匡胤一世雄才，萬一彼引兵來犯我，陛下如何處置？」劉承鈞根本聽不進去。

趙華說對了一半，李筠能力一般，但正如諸葛亮《後出師表》所言：「故知臣伐賊，才弱敵強也。然不伐賊，王業亦亡。惟坐而待亡，孰與伐之？」劉承鈞坐在河東等死終不是個辦法，今天他不南下，趙匡胤早晚也要北上，不如見機行事。

劉承鈞率軍來到太平驛（今山西襄垣西南），李筠率文武伏拜山呼萬歲（為柴榮丟臉！），劉承鈞封李筠為西平王，地位高於漢宰相衛融。不過李筠看到劉承鈞只帶了萬把人，心中頗為後悔：

「早知道劉承鈞如此窮酸，我還跟他混什麼？兵還沒我多呢。」宴間，李筠哭道：「臣受周祖世宗厚恩，不得以為報，今天起事，為復故國故也。」

也不知道李筠有意無意，北漢和周朝有「殺子滅國」大仇，劉承鈞一聽，臉立刻沉了下來，暗自思襯：「李筠如此懷念偽周，豈能忠事於我？不如拿掉李筠，自得潞州。」等李筠準備回潞州備戰的時候，劉承鈞派宣徽使盧贊做潞州監軍，明擺著要架空李筠。盧贊也覺得自己是個人物，經常在李筠面前指手畫腳。李筠和劉承鈞本就不是一路人，勉強苟合一時，到底還是起了嫌憎。李筠只想滅掉趙匡胤為柴榮報仇，管不了劉承鈞，留下李守節守潞州，自率三萬精銳赴澤州（今山西晉城）扼守，北漢宰相衛融隨軍前去。

趙匡胤知道李筠不甘心給自己做小，宋朝新建數月，留下李筠這個炸彈終究不是個辦法。北漢天會四年（西元九六〇年）五月，趙匡胤親征李筠。宋軍的底子都是柴榮打下來的，戰鬥力沒得說，宋軍石守信、高懷德部在澤州城南遇上李筠，兩軍大戰三百回合，宋軍大獲全勝，北漢監軍盧贊戰死陣中，李筠逃到澤州死守。

趙匡胤痛打落水狗，北漢天會四年（西元九六〇年）六月，宋軍馬全義部狂攻澤州，隨後趙匡胤趕到，督軍急攻，烽火三舉，遂克澤州。李筠上天無路，舉族自焚。北漢宰相衛融被宋軍活捉，

趙匡胤勸衛融識點時務，衛融慷慨答道：「我家四十餘口衣劉氏之衣，食劉氏之食，受人之惠，反背其主，非忠也！今日被虜，也不會為陛下做事，早晚要逃回河東見我主。」趙匡胤大怒，讓衛士痛打，衛融被打得血流滿面，痛呼：「大丈夫死得其所矣！」趙匡胤見他如此硬挺，大為感動，放回衛融，用良藥治外傷，留在身邊。隨後趙匡胤兵發潞州，李守節不敢和趙匡胤作對，開門

投降。

正在太平驛蹲點視察工作的劉承鈞聞知敗報，這回總算領教了趙匡胤的厲害，嚇得連夜撤軍回到太原。劉承鈞後悔沒聽趙華的建議，紅著臉對趙華說：「卿可謂知人，李筠果然是個飯桶。此次朕全師而退，沒損失什麼，只是可惜了盧贊和衛融。」趙華心想：「你還不如李筠呢。跟著你也沒什麼意思。」向劉承鈞告老歸隱。劉承鈞苦留不住，只好由他去，改任兵部尚書趙弘為宰相。

此次南下，軍隊雖然沒有損失，但人才卻丟了不少：盧贊戰死，衛融被俘，趙華又走了。身邊沒有什麼智士。樞密使段恒給劉承鈞推薦了名士郭無為，稱其大才，郭無為本有機會跟郭威效力，但被郭威身邊人給設計趕跑了，郭無為便隱身抱腹山。劉承鈞久聞其名，有點利用價值，便召過來任宰相。

段恒算是北漢的老臣，為人長於治事，但段恒什麼都好，就是手伸得太長，居然管起劉承鈞的家事來。劉承鈞有個寵姬郭氏，準備冊封為妃，但段恒卻說什麼：「此女出身卑微，不足母儀天下。」估計段恒反對郭氏為妃不是這個原因，而是郭氏沒出錢餵飽段恒，郭氏恨透了段恒，俟機報復。

四

北漢天會七年（西元九六三年）七月，北漢宿衛殿直行首王隱、劉昭等人密謀造反，事機不密，被官府給拿了，咬出段恒是主謀。郭氏覺得機會來了，極力在劉承鈞面前搬弄是非：「恒心不善，留之必成國難。」劉承鈞愛女人勝過愛人才，先罷段恒出任汾州刺史，然後遣使去汾州，勒死段恒。

段恒和契丹的關係不錯，契丹皇帝耶律璟聽說段恒無端被殺，大怒，派人責罵劉承鈞：「翅膀硬了是不是？遇事也不給老爹打個招呼，私改年號，收納李筠，擅殺段恒，兒有三大罪，父豈能不問！」劉承鈞下半輩子全指望契丹人幫忙了，一旦契丹變心，自己將死無葬身處。只好奴顏婢膝向契丹父皇帝認錯。耶律璟根本沒瞧得起劉承鈞，冷言冷語給打發過去。

劉承鈞覺得人生很無趣，辛苦一世，均為兒女謀稻糧，真的沒意思。他參透了不少，開始信起佛來。他把五臺山高僧繼容請來做法事。這個劉繼容籍籍無名之輩，可他的父親卻大名鼎鼎。劉繼容是五代前期「大燕皇帝」劉守光的兒子，劉守光死時，劉繼容年幼，僥倖逃難。後來在五臺山做和尚，而且劉繼容是個做生意的好材料，念經之餘，發了不少財。劉承鈞貪圖劉繼容錢財，所以招過來向他討教致富門路。

雖然劉承鈞想逃避現實，但現實是永遠逃避不了的，即使把頭鑽進沙中，但屁股還露在外面，終免不了被人踢上一腳。劉承鈞鑽夠了沙子，探出頭來一看，自己依然夾在遼宋之間，北邊的乾爹貪婪無度，南邊的趙匡胤野心勃勃，劉承鈞急火攻心，又沒有辦法。劉承鈞對宰相郭無為歎道：「朕無親子，只有繼恩、繼元兩個外甥，但他們兩個能力有限，朕恐劉家基業，旦夕必毀在他們手上。」郭無為也沒什麼辦法，只好默然不應。

南邊的趙匡胤為人尚不失和善，不像耶律璟那麼粗野。趙匡胤曾經讓人給劉承鈞捎話：「朕知河東和周家世仇，河東屢次南犯，朕能理解汝之苦衷。現在朕做天子，和你們劉家素無仇恨。但為天下蒼生計，這樣耗下去有什麼意思？是個男人，我們盡出精銳，聚於太行，決一死戰。」

劉承鈞哪敢和趙匡胤決戰？手上幾萬個弟兄還不夠趙匡胤下酒的。派人去汴梁，向趙匡胤裝可憐：「河東地寡兵弱，難當大朝十分之一，若大朝來戰，承鈞必死。只是承鈞守父伯基業，不敢少怠，萬一劉家血脈毀在承鈞手裡，將無面目見祖宗於地下。」

趙匡胤見劉承鈞說得悽惶可憐，大發善心，對使者笑言：「回去告訴劉承鈞，朕知劉承鈞仁孝，誰其無祖宗？終朕之世，必不北向，給劉家的留條生路。」劉承鈞聞說大喜，不知說了多少趙匡胤的好話。

其實趙匡胤明顯是在騙人，之所以現在不動河東，是因為趙匡胤的統一戰略是先滅南方小國，積蓄實力後再北滅河東。如果河東沒有契丹做後臺，趙匡胤早就發兵了，豈會一等就是十幾年？當然趙匡胤即使滅了河東，也不會把劉承鈞怎麼樣。當然，最主要的是劉承鈞身邊沒有花蕊夫人這樣的絕色，不然不出七天，劉承鈞也會被趙匡胤給「想」死了。

劉承鈞已經在河東做了十三年的皇帝，威福享盡，大限也快到了。北漢天會十二年（西元九六八年）的七月，劉承鈞一病不起，臨死前持郭無為之手，淚流滿面，讓郭無為看他薄面，好生輔助劉繼恩，能活哪天算哪天吧。未已，劉承鈞病死。

劉繼恩在養父死後，還沒敢立刻繼位，先派人到契丹告哀，得到耶律璟的允許後，才放心的在太原稱帝，並尊養父為孝和皇帝。契丹人是如何對父祖頤指氣使的，劉繼恩清楚得很，他根本不敢招惹契丹人。

而汴梁城中的趙大皇帝，聽說劉承鈞死了，大喜，也顧不得曾經許給劉承鈞的「千金之諾」，本來就是哄弄小孩子的把戲，何必當真。北漢天會十二年（西元九六八年）八月，趙匡胤布局河東，對劉繼恩下手。以昭義軍節度使李繼勳、侍衛步軍都指揮使黨進、宣徽南院使曹彬為一路，建雄軍節度使趙贊、絳州防禦使司超、隰州刺史李謙溥為一路，棣州防禦使何繼筠、懷州防禦使康延沼為先鋒，北上伐漢。此時的劉繼恩正在城外為養父守靈，雖然古訓「禮不伐喪」，但相對於「禮」，世人更看重的是利，禮是虛的，利才是真的。

宋軍大進，在洞渦河一線大敗北漢軍，北漢軍民看趙匡胤這次來絕非是順走幾頭牛、幾隻雞那麼簡單，恐怕這次劉繼恩真的躲不過去了，人心大亂。北漢供奉官侯霸榮是個反覆小人，曾經在劉承鈞和趙匡胤之間來回穿梭（想起李仁達來了），侯霸榮見勢不妙，趙匡胤實力太強，劉家的快要失勢了，不如借劉繼恩的人頭去投趙匡胤，立下大功一件。

北漢天會十二年（西元九六八年）九月，侯霸榮趁人不備，竄出太原，溜到劉繼恩居室。劉繼恩正在哭喪，見侯霸榮橫刀進來，大驚失色，起身就逃，但沒跑兩步被侯霸榮追上，一刀殺死。劉繼恩從即位到被殺，只有六十六天，死時三十四歲。

宰相郭無為聞變，速遣甲兵來拿侯霸榮，侯霸榮只恨自己沒長翅膀，被官軍活捉，亂刀劈死，隨後眾人迎立劉繼恩同母弟劉繼元即位太原。不過坊間一直傳言，是郭無為派侯霸榮刺殺劉繼恩，然後再殺侯霸榮滅口的，不過史書上也沒有確鑿證據，只是「並人疑無為初授意於霸榮，後殺之以滅口也。」

劉繼恩「純孝」，而他的這個同母弟劉繼元卻心腸歹毒，上任後開始燒火，第一把火燒向世祖劉崇的兒子們，劉繼元殺掉劉鎬、劉鍇、劉錡、劉錫這四位叔父，劉崇的小兒子劉銑機靈過人，假瘋賣傻，僥倖逃過一劫。隨後劉繼元又想起自己髮妻段氏被養母郭氏欺侮過，雖然後來段氏發病身亡，但劉繼元卻把這筆賬算在了郭氏的名上，派心腹人范超在孝和皇帝靈前絞殺了郭氏。

劉繼元覺得該死的人都死了，渾身輕鬆。可惜劉繼元天生就不是一個享福的命，他想輕鬆，趙匡胤還不答應呢。沒過幾天，宋軍主力就殺到太原城下，趙匡胤寫信給劉繼元：「爾若知機，朕不負你，拜爾節度平盧軍，另，郭無為可守安國軍。」郭無為沒想到趙匡胤還惦記著自己，琢磨起來：「跟劉繼元這個小國寡君實在撈不到多少油水，不如跟著趙匡胤做大鎮節度。」動了心。

可劉繼元卻覺得這買賣太不划算，平盧軍地處山東，週邊都是趙匡胤的人馬，何況趙匡胤也不會讓自己掌兵權，被趙匡胤當鳥養著，還不如自做小國皇帝。劉繼元手下多不同意，郭無為不想放過這個好機會，開始演戲，拔劍狂號，做自殺狀。劉繼元不清楚郭無為肚裡有幾條蛔蟲，忙下座制止郭無為，並坐於上，問：「公何苦如此？」郭無為假裝好人，歎道：「陛下大誤矣，河東軍數萬而已，怎麼能擋住宋軍百萬虎狼師？不如從了宋主，至少還能保全富貴。」

劉繼元知道郭無為動了心，不想陪自己玩了，當然不從，繼續死守。並急使告於契丹，耶律璟不敢大意，北漢天會十二年（西元九六八年）十一月，耶律璟遣南院大王耶律撻烈率軍來救太原，宋軍暫時沒得手，又見契丹援軍前來，只好後退。

從客觀形勢上來看，郭無為說得很有道理，區區河東，無論如何都不可能頂住趙匡胤，滅亡是遲早之事。只是郭無為勸劉繼元降宋並非出於公心，而是出於私利。歷史上那些「為了統一而曲線救國」的豪傑們也都是這樣，降敵雖然出於私計，但他們「客觀」上卻「順應」了歷史潮流，但是我們不能因此而肯定「曲線救國」，誰就敢說當時趙匡胤就一定能統一天下？

李存勖何其強？夷強梁，敗契丹，掃兩川，威震天下，結果如何？劉繼元雖然國小兵弱，但在李克用之時，誰能想到朱梁居然被李克用的兒子滅掉？應該結合現代的歷史發展，再結合當時的歷史條件來審視歷史，因為歷史發展是一個漫長的過程，純粹以現代眼光看歷史，必然會犯下主觀的錯誤。

趙匡胤此時又改變「先南後北」的統一戰略，決定先拿劉繼元開齋，北漢天會十三年（西元九六九年）二月，趙匡胤親征河東，留皇弟趙光義守汴梁，大軍北上。

此時契丹皇帝耶律璟因殘虐好殺人，被手下給殺了，立耶律阮的兒子耶律賢為契丹主。劉繼元對此並不在乎，他只在乎契丹的援助，反正繼續給你當乾兒子，當然，你得幫忙。

宋軍北進，北漢侍衛都虞侯劉繼業（江湖人稱金刀楊令公楊業的便是）、馬進珂在團柏谷（今山西太谷西）準備迎戰，先派指揮使陳廷山去偵探軍情，不料陳廷山臨場變節，投降宋軍前部李繼勳。劉繼業和馬進珂覺得自己實力太弱，不夠李繼勳包餃子的，逃回太原。劉繼元見二人如此不中用，大怒，奪去二人兵權，軟禁城中。

宋軍隨後趕到太原，大軍圍城。三月，趙匡胤大駕光臨太原城下。劉繼元自恃有契丹援兵，不怕趙匡胤，竭力死守太原城。太原是北國重鎮，城牆高大堅固，宋軍打了兩個多月也沒攻下來。到了五月，趙匡胤決定請龍王爺來幫忙，掘汾河水灌城，水勢洶湧，灌入太原外城，城中一片汪洋，太原軍民驚恐萬狀。宋軍划艇攻城，北漢軍在城上未進水處設障，宋軍一通亂箭，雖然防禦工事沒有建起來，但汾河水中的水草卻因為入水口被堵住，外溢城下，流遍宋營。

北漢宰相郭無為前次沒有降宋，這次見趙匡胤親來，自然不想錯過好機會，再次勸劉繼元：

「亡國在目前，陛下此時不降，日後還有降時邪？」劉繼元仗著契丹力援，覺得還能堅持下去，不聽，郭無為很不高興，準備降宋。太監衛德貴不知道從哪得到郭無為企圖越城出降的消息，告訴了劉繼元。劉繼元火冒三丈：「老匹夫！知道你不是個安分的人！」派人察拿了郭無為，就地處死。

五

十五年前柴榮北伐太原，下起連旬大雨，軍士多病，不得已撤軍。這回趙匡胤又重複了柴榮昨天的故事，天降大雨，加上草地濕滑，宋軍對這種惡劣天氣極不習慣，紛紛病倒。加上契丹北院大王耶律烏珍率兵連夜馳至太原，下營城西無水處，擊鼓狂呼，一是給城上的北漢軍加油助威，二是嚇唬宋軍。宋軍不知對方來歷，驚慌自亂。

趙匡胤無奈，於北漢天會十三年（西元九六九年）五月，下令撤軍。因事出倉促，宋軍丟下軍糧茶布數十萬，宋軍撤走後，劉繼元出城把這些寶貝全都打包運進城。北漢連年用軍，財政狀況極其糟糕，得到這些東西，夠劉繼元吃上幾年的。

如此相似的過程，劉繼元自然想起姥爺劉崇當年迫退柴榮的事情，心情大好：「趙匡胤也沒什麼了不起的，柴榮比你強多了，他都拿河東沒辦法，你又如何小瞧了人？」

到了天會十九年（西元九七四年）的正月，劉繼元下詔改元廣運。當然這回劉繼元長了記性，先通知契丹的「父皇帝」，然後才敢改元。這兩年趙匡胤改變戰略方向，主攻南線，劉繼元才能喘出氣，以趙匡胤的實力，真要是天天纏著河東，估計劉繼元早幾年就得到汴梁報到去了。北漢廣運三年（西元九七六年）十月，忘恩負義的趙匡胤不明不白的死於萬歲殿，他的寶貝兄弟趙光義即位。

趙光義繼續奉行「先南後北」的戰略，這時江南只剩下吳越的錢俶和泉州的陳洪進，都比較好對付，錢俶已經被宋朝嚇破了膽，二年後，把老祖錢鏐辛苦半輩子打來的基業打包送給趙太宗，當然不給也可以，只是麻煩趙光義出兵練練錢俶，早晚還是個亡字。至於陳洪進，比錢鏐還油滑水靈，泉州區區彈丸地，給陳洪進一百個膽子，也不敢和趙光義過不去，只好交出泉州，到汴梁養老。

放眼中原，幽燕以北是契丹，澤潞以南是宋朝，中間只剩下一個不倫不類的北漢小朝廷。自宋朝建國以來，先後滅掉荊南、湖南、蜀、南漢、南唐、吳越、泉州，唯獨河東在契丹扶持下在大國夾縫中頑強生存了近三十年。在宋朝周邊各政權中，北漢「命」最硬，當然也最好，因為有個契丹乾爹給劉家撐起了保護傘。最後滅掉河東，是柴榮、王樸二十多年前就制定好的戰略，趙氏兄弟只不過是執行人而已。趙光義尚無軍功可言，自然不能放過劉繼元，不然何以服眾？

北漢廣運六年（宋太平興國四年，即西元九七九年）正月，宋太宗趙光義發動大規模的北伐戰爭，召良將，起雄兵，遣使分告各國北伐事。以宣徽南院使潘美為帥，總率三軍，崔彥進、李漢瓊、曹翰、劉遇四將各為一路，分攻太原四面。再派雲州觀察使郭進駐守石嶺關（今山西忻縣南），防禦南下的契丹援軍，另使閤門使田仁朗、供奉官劉緒作為後勤總接應。

劉繼元得信，巨大的恐懼湧上心頭，知道趙光義來者不善，再遣人向契丹求救。契丹皇帝耶律賢很討厭趙光義鬧出這麼大動靜，派人來問趙光義：「南朝伐漢，打的什麼旗號？」趙光義回答得堂堂正正：「河東久違王命，肆行不道，虐治萬民。為天下計，為黎庶計，朕當自討之，以謝天下！若北朝能識天命，兩家歡喜如初始，如果北朝救漢，則南北失和，唯有死戰！」

二月，趙光義下詔親征，留右僕射沈倫守東京，大駕北行，不夷平河東，趙光義看樣子是不會甘休的。同時，契丹援軍南府宰相耶律沙部、冀王耶律撻烈部、南院大王耶律斜軫部、樞密副使耶律抹只部南行救漢。

三月，宋軍郭進部在白馬嶺（今山西盂縣東北）大敗契丹軍，耶律撻烈戰死陣上，耶律沙也險些成為刀下鬼，正危急時，耶律斜軫趕到，萬箭齊射宋軍，宋軍被射退，耶律沙、耶律抹只勉強逃生。

敗報傳進太原城中，劉繼元驚哭：「休矣！奈何?!」奈何？沒奈何了。宋軍數十萬虎狼兵將太原城圍個水洩不通，鳥飛不過。同時宋軍分部攻取太原周邊州縣，解暉部克隆州（今山西祁縣東觀）、折御卿部克嵐州（今山西嵐縣），其他諸州縣，也多被宋軍攻下。

四月，趙光義親幸太原，先射信入城，勸劉繼元早降，劉繼元這時還不甘心受死，繼續死守。趙光義大憤，督軍急攻，趙光義這時還有點千古一帝的模樣，披甲冑，持劍上陣，指揮諸路攻城。侍衛勸趙光義小心，趙光義慷慨言之：「將士們不怕死，朕豈敢落人後！」眾人見皇帝如此愛護將士，激動萬分，狂呼衝城。

一時沒攻下來，趙光義命數萬弓箭手蹲在陣前，舉弩向城齊發，箭飛如雨，北漢軍嚇得都躲起來。但即使如此，宋軍還是沒有破城。這場太原之戰打得極為艱苦卓絕，劉繼元不服輸，甚至花錢收購宋軍射上城的箭，每箭十個大錢，劉繼元收集了一百多萬支箭，準備反射宋軍。

打了一個多月，趙光義不想再等下去，親赴西南營中，於夜間大發將士攻城。宋軍湧前攀雲梯而上，城下鼓角齊鳴，聲勢驚天動地。經過一夜苦戰，於黎明時分，宋軍攻下羊馬城。北漢宣徽使范超槌城來降，可宋軍以為范超要找他們打架，一刀砍死。劉繼元聞得范超出降，誅死范超家小，仍然不降。

趙光義又在城南指揮攻城，宋軍已經被北漢軍折磨得近乎失去理智，大呼：「皇帝待我何厚，今日死於此，無憾！」山呼海嘯般衝擊南城。劉繼恩在城中聽城外嘶喊大作，嚇得魂飛魄散。北漢前左僕射馬峰正抱病在家，想來想去，知道這次無論如何都逃不過去了。讓人抬他入宮見劉繼元，痛哭相勸：「陛下！天數已定，太原不過今日，必陷於宋。覆巢之下無完卵。再猶豫不決，宋軍一入，刀兵無情。陛下為太原百姓計，為劉氏血脈計，請速納降。」

劉繼元何嘗不知道此時的形勢，守肯定是守不住的，與其等死，不如投降吧，至少還能活命。當日夜，劉繼元寫好降表，派客省使李勳出城見趙光義，表示願意投降。趙光義大喜，率文武登太原北城，開始喝慶功酒。天剛放亮，劉繼元就帶著河東文武素衣白帽來到北城，跪拜請降。

趙光義好言相勸，就算趙光義想殺劉繼元，這時也絕不是動手的時候，大不了回汴梁，再送劉繼元一瓶牽機酒。劉繼元也害怕趙光義下殺手，乾脆把罪過都推過別人身上，伏地痛哭請罪：「陛下幸太原之日，臣即欲來降，奈何大軍中的亡命人怕死，強迫臣與陛下戰。」趙光義大怒，立命侍從察拿這些宋軍中的「敗類」，皆斬於城下。

北漢廣運六年（西元九七九年）五月，北漢滅亡。從西元九五一年劉崇在太原稱帝，到劉繼元出降，歷二十九年。趙光義封劉繼元為右衛上將軍、彭城郡公，帶回汴梁養起來。趙光義留戶部郎中劉保勳知太原府，大駕發還汴梁。走前趙光義「陰賊險狠」的毛病再次發作，命毀掉太原舊城，移治榆次。

古城太原自西元前四九七年建城，歷經千年滄桑，自古就是天下重鎮，北國名都。這裡留下了許多歷史名人的身影：劉琨、高歡、高洋、李世民、李存勖、石敬瑭、劉知遠等，一代代歷史人物在這裡崛起，走向大歷史的舞台，在歷史的天空中譜寫了一段段讓人難忘的歷史篇章，有巧奪天工之作，也有塗鴉之作，比如石敬瑭這個三流畫家。

歷史在西元九七九年的這一天凝固，古城太原的風流被歷史的狂風吹的無影無蹤，雖然新太原隨後崛起，但卻掩飾不了太原城的道道傷痕。趙光義，一代風流人物，做出如此不風流的愚事。他不僅害死了一代詞宗李煜，還扼殺了一代名都太原，天知道歷史怎麼會選擇這對寶貝兄弟。

在五代十國中，北漢最後一個建國，也是最後一個亡國。當時李存勖在太原如何風流，那時的太原，那時的五代十國，何其風流，公卿如雲從，名將似雨落，讓人心動，讓人驚歎歷史的造化。

自唐朝安史之亂後，動盪於中華大地的藩鎮之亂，中經五代十國的擴大，到了趙光義手裡，結束了，一切都結束了。

歷史掀開了新的篇章。

五代十國風雲錄到此全部結束。

大地好書推薦

書　　名：明朝那些事兒(壹)
作　　者：當年明月　著
定　　價：250 元

從朱元璋的出身開始寫起，到永樂大帝奪位的靖難之役結束為止，敘述了明朝最艱苦卓絕的開國過程，朱元璋PK陳友諒，誰堪問鼎天下？戰太平、太湖大決戰。臥榻之側埋惡虎，鏟除張士誠。徐達、常遇春等名將乘勝逐北，大破北元。更有明朝最大的謎團——永樂奪位，建文帝失蹤的靖難之役，高潮迭起，欲罷不能！

書　　名：明朝那些事兒(貳)
作　　者：當年明月　著
定　　價：250 元

《明朝那些事兒》，在第一冊朱元璋卷中，我們一直談到朱棣在驚濤駭浪中，終於排除萬難登上皇帝的寶座，史稱「靖難之役」，第二冊一開始的主角就是朱棣，也就是中國史上赫赫有名的明成祖—永樂大帝。

朱棣登基，一個輝煌絢麗的王朝就此揭開序幕，五度揮軍北上遠征蒙古，派鄭和下西洋足跡遠達非洲東岸，南下平定安南；編撰一部光耀史冊，留芳千古的偉大書籍—《永樂大典》，文治武功達到顛峰，明帝國進入空前盛世，朱棣後來於北伐蒙古歸來途中病逝。

明朝在經歷了比較清明的「仁宣之治」後開始近入一個動盪的時期，大宦官王振把持朝政胡作非為，導致二十萬精兵命喪土木堡，幸虧一代忠臣于謙力挽狂瀾，挽救了明帝國，但隨即在兩位皇帝爭奪皇位的「奪門之變」中被害身亡。 這一連串的事件和人物都精彩無比，可說是高潮迭起，讓人目不暇接，欲罷不能。

大地好書推薦

書　　名：明朝那些事兒(參)
作　　者：當年明月 著
定　　價：250 元

《明朝那些事兒》第三部接續上篇，從明英宗朱祁鎮成功復辟的「奪門之變」後寫起，敘述了忠奸不分的朱祁鎮聽信讒言，殺害曾救其於危難之際的大功臣于謙，而這也成為他繼「土木堡之變」後在歷史上留下的另一大污點。而在他病逝後，相繼繼位的兩位皇帝，憲宗和孝宗，一個懦弱不堪無所作為，一個心有餘而力不足，撂下的這副重擔落在了明代三百年中最能鬧的一個皇帝—「朱厚照」身上，寵八虎、建豹房、自封威武大將軍，朝廷中充斥著一幕幕荒唐的鬧劇，局勢更是動盪不安，也就在這種情勢之下，一位亙古罕有的文武奇才，踏上了歷史舞台中央，一生傳奇的經歷就此開始，他的光芒將冠絕當代，映照千古，他就是—「王守仁」，清剿盜寇，平定叛王，勇鬥奸宦，給後人留下許多近乎神話的不朽傳奇。

同時，本書本書中仍然不乏大量描寫精彩的權謀之術，戰爭之術，詭詐之術，相信必能一如既往般深深吸引您的目光。

書　　名：明朝那些事兒(肆)
作　　者：當年明月 著
定　　價：250 元

《明朝那些事兒》第四部，1521年正德皇帝朱厚照駕崩，無子嗣，兄終弟及，興獻王之子朱厚熜即位是為嘉靖皇帝，嘉靖皇帝借「議禮之爭」清除了一批前朝舊臣，總攬大權。此後他的生活日見腐化，一心想得道成仙，國家大事拋諸腦後，奸相嚴嵩因此得以長期把持朝政。同時大明王朝財政空虛，兵備廢弛，東南沿海的倭寇和北方的蒙古不時入侵成為明朝的心腹大患，抗倭名將戚繼光躍上歷史的舞台。本書主要講述嘉靖一朝，朝廷的權力鬥爭，和邊疆的抗倭戰爭，驚心動魄的歷史故事，波瀾壯闊的戰爭場面，值得您一讀再讀。

大地好書推薦

書　　名：明朝那些事兒(伍)
作　　者：當年明月　著
定　　價：280 元

《明朝那些事兒》第五冊內容包括兩大部分。第一部分是內爭。寫嚴嵩倒臺後徐階、高拱、張居正三個傑出的政治家各施手段，你方唱罷我登場。三人都是實幹家，為中興朝廷嘔心瀝血；同樣又都是陰謀家，剷除異己心狠手辣。而這兩點又均以張居正為最：一條鞭法和考成法的改革措施遺惠萬民、澤及百代；順我者昌，逆我者死，雖殺門生亦不眨眼。第二部分是外戰，亦即援朝抗日戰爭。從廟算到外交，從戰爭到和平，帷幄運籌神鬼莫測、驚心動魄。戰爭場面波瀾壯闊、殺聲震天。更描繪了一系列栩栩如生、呼之欲出的英雄人物，如「不世出之英雄」李如松，臨危受命、甘當大任的朝鮮名將李舜臣，誓死不退、以身殉國的老將鄧子龍等。本冊內爭部分寫盡爾虞我詐，波譎雲詭，讀來毛骨悚然；外戰部分極言金戈鐵馬，盪氣迴腸，讓你如臨其境。

書　　名：明朝那些事兒(陸)
作　　者：當年明月　著
定　　價：280 元

魏忠賢粉墨登場，東林黨高調出鏡，黨爭不休，是非不分？

探尋晚明三大著名疑案「打悶棍」、「妖書」及「紅丸」的歷史真相。

《明朝那些事兒》第六冊主要講述了晚明由「三大案」引發的黨爭，魏忠賢興起及袁崇煥之奮戰。

自張居正去世後，便無人敢管萬曆，為爭國本，萬曆與大臣們展開拉鋸戰，三十年不上朝。東林黨趁機興起，與齊、楚、浙三黨明爭暗鬥，藉國本之爭，扶持明光、熹二帝即位，成功掌握朝政。魏忠賢以貧民出身，利用熹宗昏愚，又傍上皇帝乳母客氏，與東林黨展開對決。

在外，援朝抗日戰爭後，明防禦線轉至遼東。沒落貴族之後李成梁打蒙古、滅女真，成為一代梟雄，卻養虎為患，努爾哈赤藉機興起，統一後金。為抗金、守城、奪失地，在帝師孫承宗的帶領下，袁崇煥從一介文人成長為邊疆大將，堅守孤城，最終擊敗努爾哈赤。

綿延半個世紀的文官爭鬥，見證輝煌帝國的由盛至衰，邊疆民族乘勢壯大，戍邊軍隊節節告退，說不盡的權謀之術、戰爭之策，道不盡的人性善與劣……

大地好書推薦

書　　名：明朝那些事兒(柒)
作　　者：當年明月 著
定　　價：280 元

明朝最後一位皇帝，自來有一些傳說。關於崇禎究竟是一個昏庸無能的皇帝，還是一個力圖奮起的人，一直眾說紛紜。不管怎麼說，這是一個殘酷的時代，也是一個精彩的時代。本書對這一段歷史進行了分析梳理，引人思索。

在這一時期，北方的後金勢力崛起，經過努爾哈赤的經營，勢力急劇壯大。努爾哈赤死後，皇太極即位。袁崇煥就在這一時期邁上了歷史的舞台。本文作者告訴我們，袁崇煥這個民族英雄，在歷史上不過是二流角色。為什麼這樣評價？因為我們所了解的歷史是遠遠不夠的，在這背後，還隱藏許多不為人知的祕密，關於袁崇煥的死因，更是與我們知道的歷史大不一樣：一場與他無關的爭權奪利，把他送上了死刑台。

大明的動亂此時才不過剛剛開始，隨後陝西等地爆發了各路義軍。也許你知道闖王高迎祥、闖將李自成、八大王張獻忠，但你知道「薛仁貴」、「曹操」和「劉備」也到明末來了麼？這絕對不是穿越小說裡的場景。而你又知道竟有義軍隊伍叫「逼上路」、「鞋底光」、「一塊雲」，甚至「三隻手」這樣的名字嗎？

本文作者當年明月一如既往的用詼諧的筆調，告訴你歷史的真相，以及糾纏在歷史背後那些洶湧澎湃的暗流。

近年來最暢銷的史學讀本

中國時報開卷版2007年美、日、中書市回顧，強力推薦。

榮獲「新浪圖書風雲榜」最佳圖書，

噹噹網「終身五星級最佳圖書」，

「卓越亞馬遜暢銷書大獎」，

暢銷600萬冊的最有閱讀價值讀物。

中國最後一個漢人王朝興衰的全程解說
原價1840　特價1499

五代十國風雲錄——十國卷／姜狼豺盡著. -- 一
版.-- 臺北市：大地, 2011.11
面：　公分. --（History：44）

ISBN 978-986-6451-35-5（平裝）
1. 五代史

624.2　　100022345

五代十國風雲錄——十國卷

HISTORY 044

作　　者	姜狼豺盡
發 行 人	吳錫清
主　　編	陳玟玟
出 版 者	大地出版社
社　　址	114台北市內湖區瑞光路358巷38弄36號4樓之2
劃撥帳號	50031946（戶名　大地出版社有限公司）
電　　話	02-26277749
傳　　真	02-26270895
E - mail	vastplai@ms45.hinet.net
網　　址	www.vasplain.com.tw
美術設計	普林特斯資訊股份有限公司
印 刷 者	普林特斯資訊股份有限公司
一版一刷	2011年11月

本書原出版者為：中國三峽出版社 簡體版書名：五代十國風雲錄
版權代理：中圖公司版權部。
經授權由大地出版社在台灣地區獨家出版發行。
定　　價：280元